本书出版得到以下资助

国家社会科学基金青年项目：
"我国制造业内外资企业竞合博弈与市场势力问题研究"
（批准号：14CJY037）

"中央党校人才强校专项基金优秀教研人才"项目

外资进入的市场效应与管制政策研究

杨振 著

The Market Impacts of FDI and Its Regulatory
Policy Implications

中国社会科学出版社

图目录

表目录

第一章 导论

19世纪，清政府闭关锁国、故步自封。在寻求正常贸易途径未果的情况下，西方列强用鸦片和大炮，打开了一扇近代中国通向世界的大门。2001年年底中国加入世界贸易组织（World Trade Organization，WTO），从此，国际贸易以及伴随开放而来的资本流动成为中国与世界联系的重要载体。外资作为活跃在中国经济版图上的一支重要力量，深刻改变了中国产业的组织结构和中国企业的竞争格局。外资在不同的历史时期发挥了不同的作用，带来竞争也带来垄断，技术扩散与技术封锁并存。在全球一体化的今天，外资企业对东道国宏观经济发展、微观企业运行和中观产业组织调整的影响日益深远，学术界关于外资进入对中国经济影响的研究与纷争，不亚于外资与内资企业在市场竞争上的精彩博弈。

第一节 研究背景

外商直接投资（Foreign Direct Investment，FDI）企业已成为中国经济发展的重要成分。外资进入初期，我国生产力水平低下、资金匮乏，在当时的背景下，外资的进入促进了相关领域技术的发展、人才的培养和资本的运作。与此同时，一片片未开发的市场逐渐被外资占据或控制，"以市场换技术"的争论也因此火热，有研究认为外资进入控制了中国市场，但并没有留下关键核心技术；也有研究认为，外资进入中国市场，带动了中国内地企业的技术模仿和技术创新，本土企业在"干中学"（Learn By Doing）过程中受益颇丰。直到现在，该争论还在业界和学术界持续。①

———————

① 如今，这样的反思越来越多，较典型的是汽车行业。中国家用汽车市场几十年来牢牢被外资（合资）企业控制着，自主品牌在竞争中处于相对弱势的地位。报道显示：德国大众与中国合作几十年来，关键汽车技术德方依然控制严格，中国企业从合作中获得的技术创新能力有限。

随着中国社会主义市场经济体系的确立，外资进入的速度越来越快、业务
范围越来越广、参与市场程度越来越深，尤其是中国加入 WTO 后各个行
业逐步对外资开放，大量的外资角逐中国市场。疑问随之而来：外资进入
中国，对中国的市场到底产生什么样的影响？在不同的发展阶段，外资进
入的影响存在哪些差异？什么因素导致行业容易受外资控制？要考察外资
进入的市场效应，回顾外商直接投资在中国发展的历史轨迹及其对国内市
场的影响是非常有必要的。在外资企业已经触及我们生活方方面面的今
天，外资的进入似乎理所当然，没有人会觉得外资企业有什么异样。① 但
从中国近代史来看，毫不夸张地说，外资的进入改变了中国的历史进程。

始于 1978 年的新中国改革开放，加速了外资进入中国的步伐。外商直
接投资在中国的活动轨迹大致可以划分为五个阶段（如表 1-1 所示）：

表 1-1　外商直接投资在中国发展的历史轨迹及其对国内市场的影响

外资进入阶段	国内经济形势和基础	外资活动形式	对中国市场影响
早期的外资活动（1949 年之前）	半殖民地半封建社会环境，传统的手工业生产为主，机器工业缺失	工业入侵，掠取原材料ᵃ	垄断部分制造业体系
新中国成立后至改革开放前的外资活动（1949—1978）	我国经济基础薄弱，生产力水平较低，经济体制落后	外资活动几乎停滞	无法对我国落后的经济基础和制度形成冲击
改革开放后至社会主义市场经济体制建立（1979—1994）	实行改革开放，经济基础依然薄弱，工业体系仍不完善	抢占市场、建立合资企业	提升了我国工业技术水平
社会主义市场经济体系下外资的活动（1994—2002）	现代工业体系基本建立，经济基础得到巩固，市场经济体制确立	与本土企业竞争、合作，独资、合资、合作形式的外资同存	本土企业吸收了外资技术溢出，利用外资水平提升
市场逐步开放背景下的外资涌入（2003 年至今）	加入 WTO，各经济领域逐步开放，经济增长速度连续 30 年稳定在 10% 左右	在部分行业占据主导地位，控制产业链关键环节	外资的垄断与竞争并存，部分行业被外资控制，产业安全成为一个重要考虑

注：a. 如砖茶制造业、机器缫丝业、制糖业、制革业、扎花业等行业中的外商企业对原材
料的掠夺。

资料来源：作者整理。

---

① 与 20 世纪 80 年代相比，外资新企业的进入引发的全国范围关注越来越小，我们已经对
"外资可以进入中国市场"这个问题习以为常了。

第一，早期的外资活动（1949 年之前）。外资活动并不是现代市场经济体系独有的产物，在闭关锁国的封建社会旧中国，外资活动就已经非常频繁。早在 19 世纪中叶，西方海上运输业列强凭借其先进的船舶修造工业，大规模进入中国，19 世纪 70 年代就已经垄断了中国华南地区的船舶制造业（汪敬虞、聂宝璋，1962）。这个时期的外资活动，多为恶意的"工业入侵"①，外资进入中国的目的就是要掠取原材料，支援母国的发展，中国早期工业体系几乎全为西方列强垄断。从这个角度来看，早期外资只是将我国作为原料"殖民地"，外资企业和民族工业之间缺乏合作和竞争，外资活动更没有技术水平的溢出。

第二，新中国成立后至改革开放前的外资活动（1949—1978）。新中国成立之初，我国经济基础薄弱，生产力水平较低，计划经济体制落后。尤其是在自力更生、艰苦奋斗信条的指引下，产业政策聚焦于重化工业，为完成资本积累，经济上的"类闭关锁国"状态重新出现。外资活动几乎陷入停滞状态，随之而来的一个好处是：外资也无法对我国的经济制度和经济基础形成冲击，在漫长的重化工业优先发展过程中，我国形成了以重化工业为主、大而全的产业结构，构筑了相对完备的工业体系，为后期依靠完善工业体系和配套设施吸引外资进入打下了坚实的基础。至改革开放前，我国真正意义上的对外开放尤其是外资大规模进入仍未开始。

第三，改革开放后至社会主义市场经济体制建立（1979—1994）。改革开放后，以广东沿海地区为突破口，外资大举进入中国市场。中国国内广大的市场规模吸引了众多外资企业，它们纷纷抢占市场，主动与国内的企业合作，许多重要的合资品牌都是在这一时期建立的。② 外资进入弥补了我国落后工业基础的先天不足，在一定程度上提升了我国的技术水平。这一阶段的外资进入，被认为是社会主义经济建设必要的和有益的补充（武超，1991）。

第四，社会主义市场经济体系下的外资活动（1994—2002）。十四届三中全会和十六届三中全会，分别提出建立和完善社会主义市场经济体制。市场经济体制逐步确立后，为弥补我国在要素供给尤其是资金方面的

---

① 详见汪敬虞（1965）对 19 世纪西方外资侵略中国工矿企业的研究和汪敬虞（1994）对外国在华金融活动的考察。

② 这一时期，主要是工业发展迅速，我国让出一部分市场以换取外国先进的制造技术。诸如大众汽车等主要的制造业合资企业都是在这一时期建立的。

不足，我们将目光转向国际市场，开始寻找国际资本。与此同时，中国的分税制改革使得地方政府之间的税收竞争日趋激烈，[①] 在以 GDP 为主要考核指标的导向下，地方政府的最优策略就是大量吸引外资，创造 GDP、创造税收、带动就业。此时的外资政策以大量吸引外资为主要方向，我国于 1995 年首次颁布《外商投资产业指导目录》，开始系统地分类指导外资的利用。

第五，市场开放和深化背景下的外资涌入（2003 年至今）。这一时期，中国已经加入了 WTO，各经济领域逐步对外资开放，经济增长速度连续 30 年稳定在 10% 左右。偌大经济体连续多年的超高速增长，外资是一支重要的推动力量。这一时期，外资对中国产业和企业的影响更为复杂，外资带来利润、税收和就业的同时，也带来了大量的污染等环境问题，学界也开始逐步反思我们以"量"为主的外资吸引政策，合理甄别和筛选外资是这一阶段的主要任务。与此同时，我国制定了《指导外商投资方向规定》，开始有的放矢地吸引外资。外资对中国市场的影响也表现出多样性，陈甬军、杨振（2012）的研究证实：在这一时期，外资同时表现出竞争性和垄断性特征。部分行业的外资控制比例在 50% 以上，外资企业借此实施市场势力，给消费者造成了较大的福利损失。

如图 1 - 1 所示，改革开放以来尤其是中国确立市场经济体制以后，外资进入中国的步伐开始加快。联合国贸易和发展会议（UNCTAD）统计数据显示：1979 年，外资流入中国的数量只有 8 万美元，而联合国贸发会议发布的《世界投资报告（2014）》显示，2013 年我国外国直接投资流入量达到 1240 亿美元，创历史新高，仅次于美国居全球第二位。2014 年我国吸收外资规模首次超过美国成为全球第一，[②] 再次证明了中国仍是全球范围内对外国直接投资最具吸引力的经济体。但同美国的外资流入相比，我国的外资流入呈现出一些独有的特征。

图 1 - 2 提供了中国和美国 1982—2013 年外商直接投资流入量的同比增长数据，[③] 从图中可以直观地观测到：作为世界上吸引外资最多的前两

---

① 张五常在《中国的经济制度》一书中，生动描绘了分税制改革后地方政府之间的竞争如何促进经济发展、地方合约结构如何影响吸引外资的行为。

② 资料来源：《2014 我国吸收外资规模首居世界第一 外商对华投资增长动力未减》，新华网，2015 年 1 月 31 日。

③ 1979 年中国外资流入量非常小，由于存在基数效应，1980 年和 1981 年的同比增速高达 71150% 和 365%，若将其放入图中，则会影响差异的直观显示，因而只报告了 1982—2013 年的同比增速情况。

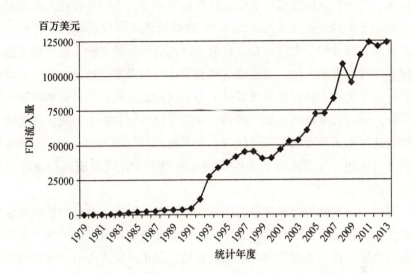

图1-1　改革开放以来各年度进入中国市场的FDI流入量

资料来源：http：//unctadstat. unctad. org/wds/ReportFolders/reportFolders. aspx，联合国贸易和发展会议（UNCTAD）统计数据库。

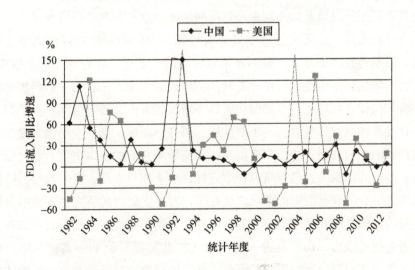

图1-2　中美FDI流入量同比增速的比较（1982—2013年）

资料来源：http：//unctadstat. unctad. org/wds/ReportFolders/reportFolders. aspx，联合国贸易和发展会议（UNCTAD）统计数据库，并经计算整理所得。

位国家，外资流入的速度和节奏还存在较大差异。中国外资流入的波动性要显著小于美国外资流入的波动性，① 在外资流入同比正增长的年份，美国外资流入增速快于中国；在外资流入同比负增长的年份，美国外资流入下降的幅度也大于中国。对造成这种差异成因的考察，也是本研究的动机之一。一个直观、待验证的感觉是：与美国相比，我们的外资利用限制更为严格，同时资本流动性相对较弱，在宏观经济形势的上升期，外资流入的增长速度小于外资利用限制较少、资本流动较强的美国；在宏观经济形势的下行区间，外资流出在美国受到的限制更少，因而流出的速度也非常快。

随着外资流量增加和存量的积累，外资对中国相关市场的影响在逐步发生变化，针对外资的政策也逐步从全面大量吸引外资转向合理、高质量地利用外资。这一系列行为与政策的转变，源于外资进入对中国市场影响机制和程度的历史变化，正是这一点，激发了本研究的构思和创作，以求全面评估外资进入的市场效应。

综观外商直接投资相关研究的文献发展趋势，不难发现文献的发展与理论界和职能部门对外商直接投资的认识相关。早期的研究主要集中在讨论是否利用外资以及如何利用外资等问题上。这一时期的担忧在于：一旦允许外资放开，市场可能马上被外资控制，中国企业就难以在竞争中胜出。后期随着改革开放，理论界和职能部门认识到了外资的外部正效应，研究领域也逐步转变到考察外资对经济增长的影响上来，相关话题集中在外资如何促进结构优化、如何促进经济增长等方面。随着微观企业数据可获性提高和微观计量方法的不断发展，研究不断深入到企业层面，逐步考察外资的进入如何促进生产率提高、如何影响企业的出口决策、如何影响企业的治理体系等；已有研究汗牛充栋，成果相当丰硕，但一致性的结论却少之又少。现有研究的不足之处在于，对外资效应的研究主要集中分析外资的宏观影响和微观影响，前者如外资如何影响经济增长，后者如外资是否有技术溢出，而外资进入的中观（产业层面）影响一直被忽略。现有关于外资对产业层面影响的研究文献，主要集中在外资对产业结构的影响和外资对产业集聚的影响两个方面，而全面考察外资进入对产业组织以

———————————

① 中国和美国数据的统计显示，中国数据的标准差为 40.71，而美国数据的标准差则为 60.17，同时，检验发现两者波动性存在统计意义上的差异。

及企业竞合关系的文献则非常稀缺。外资对我国产业组织层面影响文献的稀缺，一方面在于数据不足，我国统计体系中关于外资的统计指标设计相对宏观，企业层面的外资活动记录数据研究者难以获得，因而考察外资进入对中国产业的竞争和合作关系异常困难；另一方面在于研究方法改进的困难，产业组织的研究在很长一段时间内是以博弈论的标准范式进行的，所得的结论是约束条件下的均衡结果，属于定性判断，以数据为基础、兼容企业决策过程和消费者选择偏好的研究方法也是近些年来才有所发展。本研究尝试两个方面的突破：第一，从产业组织角度观测外资进入对中国产业的影响，窥视外资进入如何改变产业内部及企业之间的竞争和合作关系，弥补相关文献研究的不足；第二，在研究方法上，引入前沿实证研究方法，尝试在新实证产业组织（New Empirical Industrial Organization, NEIO)[①] 的框架下系统地研究外资进入的市场效应，这也将是国内首次运用新实证产业组织方法全面考察外资进入市场效应的研究成果。[②]

第二节 研究意义

考察外资进入的市场效应，是经济发展到一定阶段的现实诉求，这与改革开放后中国与世界经济联系更加紧密的事实密不可分，尤其是近年来外资大规模进入中国市场带来的宏观和产业层面的冲击更不可小视。因而，必须寻找外资影响中国市场以及产业组织方式的经验证据，才能更好地推进外资的管制政策优化。数据表明，中国 2013 年 FDI 流入量达到 1240 亿美元，世界排名第二位，仅次于美国（2269 亿美元），[③] 2014 年更是跃居世界第一位。外资进入中国市场的深度和广度在不断拓展，这也要求我们必须清晰认识外资带来的市场效应。尤其是中国加入 WTO 以后，各行业逐步对外资开放，制造业中的外资更是百花齐放。外资支撑起了中

---

① 随着企业层面微观数据可获性的增强，新实证产业组织方法成为产业组织研究领域的主流，国内学者也开始引入和使用新实证产业组织方法，周末（2012）在其博士论文中系统、全面介绍了新实证产业组织方法的文献脉络以及其在反垄断和政府管制领域的潜在功效。

② 我们的研究团队已经在这方面取得了一些进展，详见陈甬军和杨振（2012）、杨振和陈甬军（2013）、杨振和李陈华（2013）。

③ 数据来源：联合国贸易与发展会议（UNCTAD）发布的《世界投资报告（2014)》。

国机电和高新技术产品出口的半边天，商务部数据显示：2013 年，机电产品出口比重已达 57.3%，但机电产品有 61.2% 是由外资企业生产的，51.1% 是通过加工贸易方式出口的；高新技术产品出口比重为 29.9%，但高新技术产品中 73% 是由外资企业生产的，65.3% 是通过加工贸易方式出口的。① 事实上，入世后外资企业几乎撑起了中国出口的半边天。

如图 1-3 所示，自 20 世纪 80 年代中后期，外资企业出口占全国总出口的比重逐步增加，21 世纪以来，这一比重基本保持在 50% 上下，最高位已经接近 60% 的水平。由此可以看出，外资对中国经济产生了深远影响。缺乏对外资进入市场效应的辨识，使得在外资政策制定过程中，我们不清楚是应放开外资管制还是加强外资管制，开放市场的速度和节奏如何把握；在产业政策制定过程中，我们不清楚应当利用外资促进产业竞争还是限制外资的竞争，外资到底带来的是竞争还是垄断；在反垄断政策制定过程中，我们不清楚是否应当针对外资采取与本土企业不同的反垄断策略。② 对外资进入引发市场效应认知的缺失，将使我们的外资政策、产业政策、反垄断政策陷入僵局和困境。

考察外资进入带来的市场效应，具有重要的理论意义和现实意义。其理论意义表现在：第一，揭示外资进入对市场竞争的影响方式。与传统国际商务（International Business，IB）理论和跨国公司（Multi - National Enterprises，MNES）相关理论相比，本研究对外资市场效应的考察拓展了该领域的研究内容，从产业层面揭示外资进入对市场竞争状况的影响。第二，描述外资进入对企业生产效率的影响方式和渠道。本研究进一步丰富了外资生产率溢出效应的文献，将外资来源的异质性和外资组织形式的内生性纳入考察，更精确地描述了外资进入对本土企业生产率的影响。第三，提出了外资进入引致的福利效应变动测度方法。对外资市场效应的考

---

① 数据来源：中华人民共和国商务部，2013 年商务运行情况发布会。发布会文字实录请参见相关报道：http://money.163.com/14/0116/11/9IN5OPQB00255OO9.html。

② 同国内本土企业相比，外资企业在本国普遍面临更严格的反垄断审查，在西方发达市场经济体系中所积累的应对反垄断审查的经验较多，因而外资企业的垄断或合谋行为可能更隐蔽、更难取证和调查。如美国，1890 年就颁布了第一部反垄断法《谢尔曼法》，反垄断已经经历了一个多世纪，几乎大型的企业都专门设立了法律合规部门应对反垄断审查。中国的《反垄断法》2008 年才开始实施，本土企业在市场经济中的经营也不过 30 多年，因而中国反垄断的主要对象可能就是外资企业。2014 年上半年，不少外资企业遭到中国行政管理部门的反垄断调查。如高通、微软、奔驰等大型外资企业因要高额专利费、捆绑销售和零、整售价比例等原因被调查。外资企业在中国被广泛关注，甚至引发了中国外资政策是否在做方向性调整等疑问。

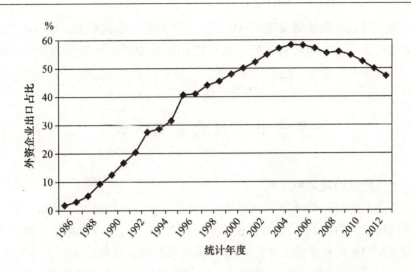

图1-3　外资企业出口商品总值占全国比重（1986—2013年）

资料来源：中华人民共和国商务部外资司：《中国外贸统计》（2014），第25页。

察，最终要反映到福利水平的测度上，外资进入带来的福利效应是现有文献研究的薄弱之处。本研究则全面考察了外资竞争带来的福利效应和外资进入引致的要素资源配置变动带来的福利效应。从以上三点来看，本研究丰富了现有研究文献，具有重要的理论意义。

对外资进入市场效应的考察，更具有重大的现实意义。首先，它为外资政策的制定提供了可靠的经验证据，相关研究方法也可以用来评估现有外资政策和外资管制方式的效果，以及外资政策调整前后带来的福利调整。其次，它可以为产业政策的修订和调整提供合理依据。外资的进入对各个产业的影响是存在很大差异的，经验研究也表明现有外资政策可能和产业政策存在冲突。因此，考察外资进入对产业组织的影响有利于产业政策的调整和优化。再次，它还为反垄断政策的制定和调整提供了一定的经验证据。外资在中国部分行业已经处于垄断地位，[①]有施加市场势力的可能性，本研究可以定量分析其垄断竞争效应，从而提供直接证据。最后，

---

① 这已经引发了外资对中国产业安全的大讨论。中国产业安全中心发布的《2006—2007中国产业外资控制报告》指出：最近几年，外资并购中国企业呈现出"井喷式"的发展态势。外资不但在某些行业形成垄断态势，并且进入我国钢铁、金融、水泥等支柱企业进行并购，重点转向并购大中型企业或整体并购同一行业的骨干企业。可参见北京交通大学中国产业安全中心蒋志敏、李孟刚刊发的《外资并购危及产业安全》，《瞭望》2008年第28期。

它还为政府的外资管制策略提供依据。本研究的一系列结论，不仅可以用来检验现有外资管制的有效性，还可以用以形成新的外资管制思路和框架，为决策者提供了一定的政策导向。

第三节　研究范围界定

一　外资的定义与分类

本研究所使用的外商直接投资（FDI），如无特别说明，均按照国家统计局定义，指的是"外国企业和经济组织或个人（包括华侨、港澳台胞以及我国在境外注册的企业）按我国有关政策、法规，用现汇、实物、技术等在我国境内开办外商独资企业、与我国境内的企业或经济组织共同举办中外合资经营企业、合作经营企业或合作开发资源的投资（包括外商投资收益的再投资），以及经政府有关部门批准的项目投资总额内企业从境外借入的资金"。①

本研究后续研究中部分区别了西方外资企业和港、澳、台资企业。对外资的企业组织形式所做的区分，是根据研究主要选用的国泰安中国非上市公司数据库（China Non – listed Enterprise Database）② 中的定义进行区分的。③ 其中，西方外资企业形式的中外合资经营企业、中外合作经营企业、外资独资企业在数据库中的代码分别为 310、320 和 330、340；港、澳、台资企业组织形式中的合资经营企业（港、澳、台资）、合作经营企业（港、澳、台资）、港澳台商独资经营企业在数据库代码分别为 210、220 和 230、240。数据库代码中，企业注册类型代码 330 和 340 分别表示西方外商独资及西方外商投资股份有限公司，统一定义为西方外商独资企

---

① 资料来源：http：//www. stats. gov. cn/tjzd/tjzbjs/t20020327_14299. htm。具体研究中，对该数据库的利用和处理方式有所差异。

② 该数据库涵盖了大型生产企业的基本情况和财务状况等方面数据。该数据库的数据来源于国家统计局，统计区间为 1998—2009 年。非上市公司数据库包括非上市公司基本情况、财务数据两大部分，涵盖了 41 个工业行业的大型生产企业（销售额＞500 万元）的基本情况及 200 多万条财务信息数据。

③ 严格来说，定义一个企业是否为外资企业，要判断外资占股比例是否已经达到实际控制企业的水平。遗憾的是，数据库中关于企业股本结构数据多数是缺失的，好在数据库建设时就已经根据一定的标准确定了企业的分类标准。因此，在研究的过程中，直接选用了该数据库提供的企业划分类型。

业；同样，企业注册类型代码 230 和 240 表示港、澳、台商独资及港、澳、台商投资股份有限公司，统一定义为港、澳、台商独资企业。[①]

二 外资进入市场效应的界定

关于外资进入中国市场产生的各种影响，不同的学者根据不同的研究目的各自定义了外资进入效应。如 Sembenelli 和 Siotis（2008）检验了外资进入的竞争效应与技术转移效应；陈琳和林珏（2009）定义了两类外资溢出效应：技术溢出效应和竞争示范效应。关于外资进入的生产率效应这一界定，应用得更为广泛（Javorcik，2004；Arnold & Javorcik，2009）。本研究将外资的竞争与垄断效应、生产率外溢效应、技术效应、资源配置效应、福利变动效应统称为广义的外资进入市场效应。之所以这样定义，一方面在于外资进入后对中国相关产业的市场运行有方方面面的影响，另一方面在于这些影响都是参与主体的经济行为的结果，主要包括但不限于以下几方面的效应：

第一，外资的竞争与垄断效应。从外资企业与本土企业之间的竞合关系来看，可以将外资进入的效应分为竞争效应与垄断效应。前者指外资企业与本土企业在市场上表现出互相竞争的关系，两类企业同在一个市场进行价格或非价格竞争；后者则意味着外资企业凭借其强大的自身实力、所有权优势和垄断优势地位，对在位本土企业进行排挤，进而施加自身市场势力，进行垄断市场、排除或限制竞争的行为。

第二，外资的生产率外溢效应。一般来说，进入中国的外资企业普遍有着相对较高的生产率，外资进入本地市场，与本土企业进行竞争、合作、合资的过程中，本土企业可能从中学习到先进的管理方式、生产技术，从而提升本土企业的生产率。与现有文献一致，将这种市场效应称为外资的生产率外溢效应。

第三，外资的技术效应和资源配置效应。现有文献表明，生产率的增长源于两方面：一是技术效率（Technical Efficiency，TE）的增长，表现为要素投入结构和总量不变情形下产出的增长；二是资源配置效率（Re-allocation Efficiency，RE）的改善，表现为特定技术水平下要素投入结构转换和要素的高效率流动带来的产出增长。外资的进入可以通过影响技术效率和资源配置效率来间接影响本土企业的生产率，从这个意义上来说，

[①] 关于数据库中的企业注册类型代码，请见附录 2。

外资进入的技术效应和资源配置效应与外资的生产率外溢效应具有逻辑上的一致性。

第四，外资进入引致的福利效应。外资进入产生的福利变动效应，本研究分为两类：一类是由外资进入带来的竞争或垄断导致的福利所得或损失，本研究的第三章通过检验外资进入对市场势力溢价水平的影响，测度了因为外资进入带来的良性竞争所得到的福利改善。另一类是因外资进入导致要素资源配置优化而带来的福利改善，第六章和第七章将对这类福利变动进行实证检验和测度。

三 考察对象：中国制造业

外资对中国产业的影响相当广泛，最近几年外资主要流入产业发生了一些重要变化。外资进入不同的行业，产生的市场效应也不尽相同。制造业是立国之本、兴国之器、强国之基，外资对中国制造业将会产生长期和深远的影响。本研究选取中国制造业为研究对象，主要原因在于以下几方面：

第一，外资进入中国制造业规模大、行业分布广泛、投资项目居多。商务部数据显示，截至 2013 年，制造业外商投资企业数量占所有外资企业总数的 63.75%，合同外资金额比重高达 56.33%；[①] 从产业结构来看，截至 2013 年，外商直接投资在第二产业的企业数为 519768 家，占比 66.11%，第二产业合同利用外资金额高达 1.84 万亿美元，占比 60.04%，[②] 而制造业是第二产业最主要的组成部分。因此，制造业中外资的市场效应可能更复杂、更具代表性。平新乔（2007）计算了 FDI 在中国的分布，结论表明，"到 2004 年年底，外资企业在制造业产品的国内市场份额已上升至 18%，在制造业的资本形成中约占 17%，在制造业的劳动力市场上已占到 19% 的比重"。这也证实了制造业中外资行为的影响举足轻重，因此以制造业为研究对象具有非常好的代表性。

第二，制造业中的外资活动频繁，外资企业进退市场行为较显著，为计量外资进入市场效应提供了天然的实证研究素材。与其他产业相比，制造业中的外资行为表现出更大的波动性：与其他产业相比，每年新增的外商投资中，投资在制造业的外资波动性相对较大。最近四年的数据显示出

---

① 数据来源：中华人民共和国商务部外资司：《中国外资统计（2014）》，第 21 页。

② 同上书，第 22 页。

了这样的波动：2011 年外商直接投资制造业成立企业数量占当年所有新成立外资企业数量的比重为 65.78%，制造业外资金额比重占 57.19%，两个指标均为四年内最高水平；而 2013 年，新成立外资企业中制造业企业数量比重仅占 28.5%，制造业外资金额仅占 36.76%，[①] 为四年内最低水平。实证研究中正需要波动幅度较大的经济变量，从技术角度更容易识别出特定因素对被解释变量的影响。现实经济运行中，外资进入和退出制造业的行为也频繁发生，尤其是当市场外部经营环境发生较大变化时，制造业中的外资市场行为表现更明显。2007 年源于美国的金融危机发生之后，中国劳动力短缺、土地成本上涨、外资"超国民待遇"[②] 终结，一系列因素叠加，使得外资撤离中国制造业的现象开始出现。[③] 这种外部冲击，是经济学中难得的天然实验。因此，从技术角度来看，选择制造业进行研究具有微观计量方法上的便利性。

第三，制造业企业层面数据更适用于新实证产业组织的前沿研究方法。经典的科布—道格拉斯（Cobb–Douglas）生产函数是新实证产业组织领域最为常用的简单生产函数，采用建立在企业异质性生产率上的科布—道格拉斯生产函数，更好地描绘了企业的生产决策过程，而数据包络分析（Data Envelope Analysis，DEA）等其他参数或非参方法则无法还原企业的生产决策过程。本研究采用制造业企业层面数据，因此计算的企业异质性生产率更加准确。同制造业相比，非制造业产业的要素投入更加复杂和多样化，要素的异质性问题更加突出，获得非制造业企业的生产率更为困难。即便可以计算出相应的结果，由于要素异质性难以度量，也难以保证结果的稳健性，甚至估计结果可能都是有偏的。因此，从技术角度来看，以制造业为研究对象，得到的结果更加精准。

关于制造业的定义，采用国家统计局国民经济行业分类中关于 C 类

①　数据来源：中华人民共和国商务部外资司：《中国外资统计》（2011—2014 年各年度）。

②　一直以来，外商投资企业享受着比国内企业更好的优惠政策。如《中西部地区外商投资优势产业目录》中的鼓励类项目，外商可在投资总额内享受进口自用设备免征进口税；对于新办的外商投资的高新技术企业，从开始获利年度起，第一年至第二年免征所得税，第三年至第五年减按 7.5% 的税率征收企业所得税。在减免税期满后，仍为先进技术的，报有关部门批准，可延长三年减按 10% 的税率征收企业所得税，经营期在十年以上的，可减按 15% 的税率标准征收企业所得税。而对于自主品牌在西部地区的发展优惠政策，却难以在相关政策中觅得踪影。

③　一些加工制造业面临的境况更糟糕，2009 年耐克关闭在中国唯一一家鞋类生产工厂，2012 年阿迪达斯也关闭在华唯一自有工厂。事实上，最近几年，许多国内外制造企业的生产工厂已经从东部沿海地区转向西部，甚至是劳动力更便宜的东南亚地区。

制造业的定义与分类:① 该门类包括代码为 13—43 的门类,该分类中对各子行业的界定也非常清晰。在实证研究中,我们采用的是国泰安非上市公司数据库中的产业代码,经过比对研究,两者的代码内容指向一致,不存在制造业代码指代内容的分歧。

第四节　研究框架与主要内容

一　研究逻辑与主线

本研究着眼于对外资进入市场效应的全面综合评估,在对现有文献进行梳理和评述后,行文根据上一节对外资市场效应的定义,分为三条主线开展:

第一,运用新实证产业组织方法,计算中国制造业行业层面的市场势力溢价(Markup)水平,接着进一步考察外资的进入对中国制造业市场势力溢价的影响,从而判断外资的竞争或垄断属性。根据实证研究结果,讨论相应的外资进入管制政策,并提出外资政策与产业政策、竞争政策和反垄断政策的协调问题。

第二,与现有文献不同,本研究考虑了外资来源的异质性和外资组织形式内生性,考察外资来源异质性、外资组织形式的差异对生产率溢出效应有什么样的影响,从而根据研究结果提出对外资进入组织形式的限定和引导方式,优化外资监管策略。

第三,采用 Petrin 和 Levinsohn(2005)的总生产率增长(Aggregate Productivity Growth,APG)分析框架,将总生产率增长分解为技术效率和资源配置效率,进而考察外资的进入分别对技术效率和资源配置效率有何影响。为了详细考察外资进入对资源配置效率的影响以及由此带来的福利变动,本研究发展了一个资源误置与福利损失测度的分析模型,② 在此模型基础上,重点考察外资不同的市场选择行为对劳动要素配置的影响,根

① 工业行业代码详见附录 1。需要说明的是,国民经济行业分类的现行版本是 2011 年版本,该版本与之前的 2002 年版本相比,在两位数代码层面部分产业代码有所调整。鉴于本研究使用的数据为 2011 年前的数据,为避免代码指代冲突,这里的产业代码分类按照"国民经济行业分类与代码 GBT4754—2002"的划分标准。

② 该模型主要内容见《经济研究》网站(www. erj. cn)工作论文,编号:WP422。

据实证研究结论提出外资政策与就业政策的协调以及自由要素市场构建等建议。

二 研究框架与内容

图1-4展示了本书的逻辑结构、框架及技术路线图。基于该研究框架，本研究主要涵盖三部分内容。第一部分为研究框架及理论基础，包含第一章和第二章内容；第二部分为研究的核心内容，主要从实证角度提供关于外资进入市场效应的经验证据，包含第三章至第八章；第三部分为本研究的结论性评述及政策建议部分，即本书第九章内容。

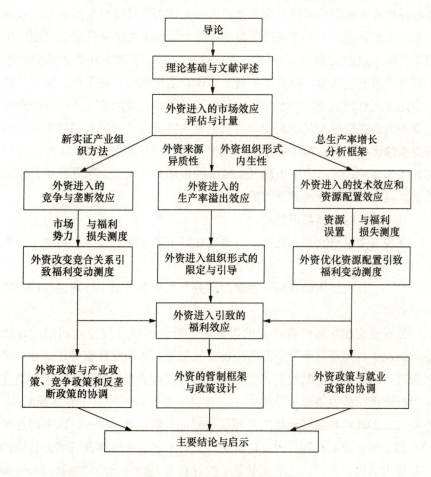

图1-4 本研究技术路线图

各章内容概述如下：

第一章为导论部分，概括介绍研究动机、研究意义，界定研究范围，明确研究框架与内容，并提出可能的创新与不足之处。第二章详细梳理有关外资进入效应的相关研究文献，将文献分为外资进入对宏观经济发展影响、外资进入对微观企业效率影响、外资进入对企业竞合关系影响以及外资进入对福利水平影响四部分，并对重要文献进行评述。第三章采用新实证产业组织研究方法考察外资进入对中国制造业市场势力波动的影响，即外资进入的竞争与垄断特征，进一步采用并拓展了周末、王璐（2012）计算福利损失的模型，用以计算外资竞争与垄断引致的福利效应。第四章聚焦于外资异质性问题，从外资来源异质性和外资组织形式内生性入手，着重分析外资来源地不同对生产率影响的差异以及外资内生组织形式选择对生产率的影响。为了克服外资组织形式内生性带来的估计偏误问题，采用了二阶段最小二乘法（2SLS）进行估计。第五章考察外资进入的技术效率与资源配置效率，研究了制造业总体总生产率增长的来源，探索了外资企业进入对制造业生产率增长的影响及其贡献。第六章主要讨论外资进入带来的资源配置及其福利变动。第七章主要研究外资进入如何影响劳动等要素的优化配置。第八章拓展研究的范围，以中国加入 WTO 作为天然的经济学实验，探讨中国市场开放带来的市场势力效应。第九章进行研究总结，提出外资管制的政策与建议。

三　可能的创新与不足

在现有文献研究基础之上，本研究在以下几方面进行了创新性工作和有益的尝试：

第一，首次运用新实证产业组织研究方法全面考察了外资进入的垄断和竞争效应。

已有研究在考察外资进入的影响时，割舍了内外资企业间的竞合关系，忽视了对外资竞争与垄断效应的定量测度。本研究从直接评估和计量外资进入的竞争和垄断效应入手，运用新实证产业组织方法计算了制造业细分行业市场势力溢价水平的大小，考察了外资进入的竞争和垄断效应。本研究对 FDI 与东道国经济关系相关文献的贡献在于：其一，以中国这个最大的发展中国家和转型经济体为例，估计了制造业整体及各细分行业的市场势力溢价；其二，之前文献基于统计意义上的市场势力溢价（Census Markup）进行研究，而该指标一直以来遭到主流实证产业组织研究的批判，本研究采用新实证产业组织方法估计出的市场势力结果更准确；其三，本研究首次发现了 FDI 与市场势力溢价之间存在非线性关系，而不是简单的线性关系。这些结论将对我国外资管制政策产生重要的影响。

第二，首次计算了外资进入带来的福利水平变化，为研究外资进入引致的福利效应提供了一个基础分析框架。

本研究开创性地将外资进入引致的福利效应分为两类：外资进入的竞争与垄断引致的福利变动和外资进入的资源配置效应引致的福利变动，并对两类福利损失分别进行测度。同时，发展了一个资源误置与福利损失测度的基本模型，可以直接测度资源误置带来的福利损失大小。

第三，全面评估和计量了外资进入的市场效应，提供了一个外资管制的基本思路，为外资政策制定和优化提供了经验证据。

本研究提出了外资政策与产业政策、竞争政策、反垄断政策以及促进就业的政策间可能存在的冲突。之前的外资政策，基本出发点是尽可能多地吸引外资，但量化政策下的外资企业进入，可能带来的是垄断地位的延伸。忽视了外资的反竞争效应而盲目引入外资以期带来本土产业的良性竞争和发展，最终则可能会"揠苗助长"，让具有垄断势力的外商企业得以在本土市场拓展其市场势力。本研究提供的诸多经验证据，能够指导外资政策的制定和优化，从而形成一个完善的外资管制体系。

受数据结构和质量限制，本研究也存在一些不足之处。例如，在考察外资进入的竞合和垄断效应时，采用的是美国密歇根大学"中国数据在线数据库"中的产业层面数据，无法按照来源国来分解 FDI 进而考察不同来源国的 FDI 对各产业的竞争和垄断效应。而已有证据表明 FDI 的外溢效应与 FDI 的来源国相关（Buckley et al.，2007），且不同来源国的 FDI 行为有显著性差异，尤其是西方国家 FDI 与港、澳、台的 FDI 行为差异更明显（Wang et al.，2009）。因此，不同来源国的 FDI 对产业市场势力溢价水平有什么影响有待进一步验证。

在实证分析部分，本研究虽然尝试做了各种稳健措施以保证结果的可靠性，但也难免存在一些局限。例如，在测度外资进入改变资源配置引致福利损失时，只估计了劳动要素扭曲配置及其福利效应问题，而不能完全代表和准确测度其他要素的扭曲配置情况。因其他要素成本数据可获性问题，无法计量资本、中间投入品及购买的中间服务等资源错配引致的福利问题，但我们的思路和框架同样适用于这些投入要素的分析，这将是我们未来研究的内容之一。

第二章　理论基础与文献评述

　　对外商直接投资的研究成为众多学者的主攻方向，已有文献多次、反复、规范、系统地研究了与外商直接投资相关的各种问题，至今仍是国际贸易、国际商务和产业组织领域的研究热门。

　　外商直接投资领域研究的"兴盛"主要有三个方面原因：第一，全球化趋势的深入。随着中国这个最大的新兴市场国家逐步融入全球化进程，世界各行业巨头纷纷寻求机遇到中国进行投资，以新兴经济体尤其是以中国为研究对象的研究越来越多。对中国外商直接投资问题的研究，更是吸引了众多的国内外学者。第二，发展中国家的诉求。以中国为代表的发展中国家，开始关注大量吸引外资后的一些负面效应，如外资进入与环境问题、外资进入与产业安全问题等，出于自身利益，发展中国家迫切希望认清外商直接投资对本国经济发展的影响，因此，研究外商直接投资也是发展中国家的利益诉求。第三，研究方法的规范性。在国际商务（IB）研究领域，越来越多的学者从经济学、管理学和产业经济学领域吸收新的研究方法和思路，[1] 研究方法越来越规范，使得外商直接投资相关研究朝着精细化方向发展。

　　本章主要提出研究的理论基础，侧重于评价外资影响的相关研究，在回顾相关理论和研究文献时，[2] 将现有关于外资影响评估的文献分为外资对宏观、微观、产业及福利变动影响这四个方面。

---

　　[1]　早在 1960 年，斯蒂芬·海默（Stephen Hymer）就在其具有重大影响的博士论文中基于产业组织理论（IO）来分析跨国公司投资行为，但在产业组织理论发展早期，基于产业组织理论对外资行为及其影响的研究并不常见。详见 Dunning 和 Rugman（1985）对 Hymer 论文贡献的评述。

　　[2]　在本书中，根据研究的主题不同，我们提供了更细致、全面的文献梳理与评述，请参阅各章研究内容中的相关文献评述。

第一节　外资进入与宏观经济发展

本研究的理论基础之一是外资进入对东道国宏观经济发展影响理论。已有研究认为，外资进入对东道国经济增长的影响源于两个方面：外资方因素和东道国因素。

一方面是外资方因素，主要是通过外资企业的技术扩散和外溢实现的（Borensztein 等，1998）。技术扩散在经济发展中发挥着重要作用，技术扩散可能通过多种渠道来实现，比如新想法的传播、新技术的推广、高技术产品的引进、外国技术的应用以及并购导致的人力资本质量提升。[①] 除此之外，跨国公司[②]的外商直接投资也被认为是提升技术水平的一个重要渠道。而跨国公司的研发投入（Research & Development，R&D）通常在一个经济体中占有较高的比例。Borensztein 等（1998）实证研究了 FDI 在促进技术扩散和经济增长中的作用，他们从内生增长模型[③]出发，认为技术进步通过"资本深化"实现，表现为新资本品种类的引入。跨国公司拥有更多的先进知识和技术，因此可以通过低成本使用新的资本品最大化公司利润。通过运用 69 个国家层面外资利用数据，他们发现 FDI 的确是技术转移的重要推动因素，FDI 对经济增长的贡献甚至大于东道国国内投资对经济增长的贡献。Barrell 和 Pain（1997）实证检验了欧洲国家的外资利用与技术进步及其对经济增长的促进作用，也发现了外资企业的技术转移加速了东道国企业的技术进步水平。

另一方面是东道国因素，理论逻辑认为外资进入对经济增长促进作用是存在门槛的，这个门槛可能是东道国的金融市场体系（Hermes 和 Lensink，2003；Alfaro 等，2004；Azman – Saini 等，2010）和人力资源水平（Borensztein 等，1998；Noorbakhsh 和 Paloni，2001）。一个世纪以前，熊彼特就认识到了一个良好、功能完善的金融中介市场对技术创新、资本积

---

① 参见 Easterly 等（1994）发展的通过国际贸易和人力资本积累带来技术扩散进而促进经济增长的研究框架。

② 跨国公司理论由 Dunning 创立并发展，用跨国公司的所有权优势、区位优势和内部化优势来解释跨国公司的经营行为及其对东道国的影响。

③ 内生经济增长理论认为，技术进步是长期经济增长的主要动因。

累以及经济增长的作用。Alfaro 等（2004）采用 1975—1995 年国家层面数据的实证结果显示，FDI 本身对经济增长的作用是难以确定的，但是，金融体系完善的国家通常能够从 FDI 中获益更多。Azman - Saini 等（2010）运用门限回归模型（Threshold Regression Model）重新检验了地方金融市场如何影响 FDI 对经济增长促进作用的发挥，结论显示只有东道国金融市场发展到一定门槛时，FDI 才促进经济增长，否则 FDI 对经济增长并没有显著影响。与之相类似，Borensztein 等（1998）发现东道国人力资本水平影响了本土企业吸收先进技术的能力。他们的实证结果表明，东道国达到一定的人力资源储备门槛后，FDI 比国内资本投资具有更高的效率。Barros 和 Cabral（2002）则提供了一个吸引 FDI 的"补贴博弈"模型，认为一国吸引外资与东道国经济体相对大小和东道国失业率相关。

　　Nair - Reichert 和 Weinhold（2001）进一步考察了 FDI 与经济增长之间的因果关系问题，发现 FDI 的使用效率提高了经济增长率水平，并且在经济相对开放的国家这一"促增长"效应更明显。Chowdhury 和 Mavrotas（2006）运用智利、马来西亚和泰国 1969—2000 年的时间序列数据考察了两者之间的因果关系，有意思的是，他们发现了不同的证据：在智利，GDP 的增长使得 FDI 进入显著增加，而不是相反；但是在泰国和马来西亚，同时发现了 GDP 与 FDI 之间的双向因果关系。类似地，Hansen 和 Rand（2006）也发现 FDI 与 GDP 之间存在双向格兰杰因果关系（Granger Causal Relationships），进一步，他们证实 FDI 促进 GDP 的增长渠道来源于知识转移以及新技术的采用。

　　在肯定了外资对东道国经济会产生一定影响后，后期的研究文献多从国家层面和总体层面的研究转向微观层面，生产率溢出问题一直以来都是这个领域的热衷话题。

第二节　外资进入与微观企业效率

　　本研究的理论基础之二是外资进入的生产率外溢理论。FDI 与东道国企业生产率之间的关系一直是经济研究者们重点关注的话题。

一　企业生产率估计：参数、非参与半参方法

要测度生产率外溢效应，首先应选择一个合理的生产率估计方法。目前，生产率的估计总体来看可以有三类方式：参数估计方法、非参数估计方法和半参数估计方法。

（1）生产率估计的参数方法。这类方法通常由一个特定的生产函数出发，利用企业运行数据求解最优目标函数或通过回归的方式来确定特定参数的值，进而得到要素的产出弹性，求解出索洛余值（Solow Residual）近似替代生产率。参数法比较直观，但也存在较大的缺陷，比如对规模报酬和产出弹性不变的假定并不符合经济运行常态。[①]

（2）生产率估计的非参数方法。这类方法主要有数据包络分析法（Data Envelope Analysis，DEA）、Malmquist 指数法和随机前沿分析方法（Stochastic Frontier Analysis，SFA）。这些分析方法摆脱了学界对于生产函数假定随意性的批判，采取工程类的思想构造生产前沿边界，进而计算目标企业与生产前沿的距离作为其效率水平。与参数方法相比，非参数方法在要素产出弹性的估计上无计可施，且估计出的参数背后的经济学意义值得探讨。

（3）生产率估计的半参数方法。[②] 半参数方法结合了生产函数设定和非参估计，由 Olley 和 Pakes（1996）发展并由 Levinsohn 和 Petrin（2003）延伸。在估计方法的选择上，Wooldridge（2009）进一步提出了更稳健的矩估计方法。[③] 在实证产业组织领域，借助经典的科布—道格拉斯（Cobb - Douglas，CD）生产函数、运用半参数估计来推导计算生产率，一直以来都是实证产业组织学者采用的一个重要方法。早期产业组织领域估计 CD 生产函数时，普遍采用 OLS 方法，但是 OLS 方法忽略了企业异质性生产率问题，由此带来的内生性和联立性问题一直被学者忽略。

[①]　事实上，规模报酬不变是一个非常强的假定。陈甬军、周末（2009）以及陈甬军、杨振（2012）都指出，规模报酬影响了企业的市场势力溢价水平。基于规模报酬不变假定下的市场势力溢价测度都存在估计偏误问题。

[②]　聂辉华、贾瑞雪（2011）对 Olley 和 Pakes（1996）方法的基本原理进行了介绍；余淼杰（2011）在其附录部分也详细介绍了 Olley 和 Pakes（1996）方法并根据其研究需要进行了修改和拓展。

[③]　本研究的主要目的是用来估计制造业资源误置带来的福利损失，而不是讨论制造业要素产出弹性与生产率问题。Wooldridge（2009）一文，提供的是一种估计方法，本身并没有发展和构造新的生产函数。本书采用 Wooldridge（2009）方法，主要作用是用来估计生产函数以及企业层面异质性生产率，生产函数的构造还是建立在 OP 和 LP 方法上，只是国内学者很少将 OP、LP 方法与 Wooldridge（2009）估计范式结合起来。

这些问题由 Olley 和 Pakes（1996）以及 Levinsohn 和 Petrin（2003）[①] 指出，并提出了合理的解决方法。

实证产业组织领域 CD 生产函数与半参数估计方法逐渐成为主流选择，其原因在于：第一，与其他参数和非参方法相比，考虑了企业异质性生产率后的 CD 生产函数，更好地描绘了企业的生产决策过程：如在 Olley 和 Pakes（1996）一文中，企业投资（I）决策在企业确定资本存量（K）以后进行，两类决策都在企业识别了自身的生产率水平之后进行。这个企业决策过程是其他生产率估计方法忽略的地方。第二，企业层面数据的可获性增强使得基于 CD 生产函数的研究更流行。实证产业组织中，企业层面数据的可获性增强，企业层面数据与 CD 生产函数的结合，将使得企业层面生产率的测度更加精准。

本研究使用的主要是企业层面数据，并计算企业层面的异质性生产率，因此采用了包含异质性企业生产率的 CD 生产函数。该方法已被众多研究中国制造业生产率的学者运用。但国内大多数学者在估计生产函数时，只是简单采用 OP 或 LP 方法，没有使用 Wooldridge（2009）的稳健估计方法，如张杰等（2009）、余淼杰（2010）、聂辉华等（2011）、鲁晓东等（2012）。国外有部分学者采用 OP 或 LP 方法联合 Wooldridge（2009）估计的方式，如 Petrin 等（2011），因此本研究采用这种方式在国内还是比较前沿的处理方式。

二　外资进入与生产率：理论关系与经验证据

（一）外资进入与生产率溢出：理论分析框架

理论上来说，外资企业的进入对本土企业有正反两方面的影响。产业组织理论表明，外资企业的进入可能提高本土企业生产率，也可能抑制本土企业生产率。

首先，外资企业拥有更多的无形资产，如技术水平、市场营销与管理技能、供应链的驾驭和协调能力以及更好的声誉。虽然这些无形资产是通过经验积累得到的，但它们可能通过本土企业的"干中学"（Learn By Doing）产生外溢，因此我们可以预期外资企业的进入会提高本土企业的生产率。

其次，本土企业从外资企业进入中受益的另一渠道是，人力资本的流

---

① 如无特别说明，后文中提到的 OP 和 LP 方法即为 Olley 和 Pakes（1996）以及 Levinsohn 和 Petrin（2003）的简称。

动。被外资企业雇用的工人获得了本土企业就业工人不具有的独特技能，这些员工一旦离开外资企业进入本土企业工作，将会产生人力资本外溢效应，人力资本的提高则有助于本土企业生产率的提升。

然而，外资企业的进入理论上也可能抑制本土企业生产率的提高，尤其是在短期内（Aitken 和 Harrison，1999）。在一个非完全竞争的市场，假定企业面临共同的固定成本，同时外资企业有更低的边际成本，外资企业则有扩大生产的激励。一旦外资企业扩大生产，就会导致本土企业面临的剩余需求曲线发生变动，本土企业被迫降低生产。固定成本则被摊销到一个更小范围的产出上，导致本土企业的平均生产成本上升。如果这种因需求效应导致的成本上升过快，本土企业可能面临着生产率的下降。

外资企业对生产率的理论影响取决于这两股相互抵消的力量：本土企业面临需求降低导致的生产率下降和本土企业因外资技术外溢带来的生产率提升。

外资进入对本土企业生产率的影响可以通过外资进入如何影响本土企业平均成本来说明。在图 2 – 1 中，横轴表示本土企业的产出水平，纵轴表示本土企业的生产成本，AC_0 和 AC_1 分别表示外资企业进入前、后本土企业的平均生产成本。在外资企业进入之前，本土企业的生产最优决策在 A 点。外资进入后，本土企业因外资的技术溢出效应而受益，平均成本移动至 AC_1，若不考虑外资进入导致的本土企业需求下降，本土企业将在 B 点进行生产。但是，受上述需求效应的影响，本土企业会压缩自己的生产，真实的生产成本会从 AC_1 曲线上的 B 点上升至 C 点，此时本土企业可能面临着生产率下降的压力。就图 2 – 1 而言，外资进入对本土企业生产率影响的净效益为负，两种效应的综合结果是外资进入降低了本土企业的生产率水平。

（二）生产率溢出及其条件性：经验证据梳理

实证研究中，FDI 是否影响了东道国企业生产率？这个问题在研究的不同阶段产生了不同的观点和判断。

早期的研究主要判断外资进入是否影响企业生产率，令人诧异的是，早期研究只有少数文献支持 FDI 产生正向生产率溢出的论断。[1] 如 Haddad

---

[1] Javorcik（2004）认为，早期的研究受方法和数据的限制，难以将 FDI 的作用分离出来，因而不容易得到 FDI 正向生产率溢出效应的确凿证据。

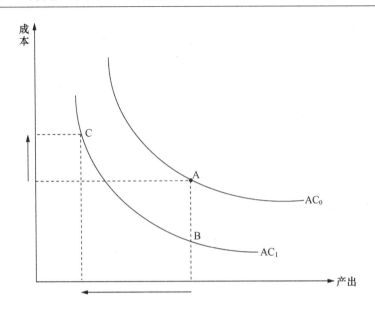

图 2 - 1　本土企业应对外资企业进入的产出变动

等（1993）通过实证拒绝了 20 世纪 80 年代后期摩洛哥制造企业生产率因为外资进入而显著提高的假设。Aitken 和 Harrison（1999）运用委内瑞拉工厂（Plants）层面数据的结果显示，外商独资企业进入与本土企业生产率增长的正向关系只存在于小企业中，外商以合资形式进入则显著降低了本土企业生产率。如果将两类相互抵消的影响一起考虑来计算外资的净生产率效应，他们发现外资的净生产率效应是非常微弱的。正如 Rodrik（1999）指出的那样，如今的政策研究文献过分地夸张了 FDI 正向生产率溢出效应，但经验证据却少之又少。

后期的研究大都肯定了外资进入会对本土企业生产率产生影响，相关研究也越发细致，开始讨论外资如何影响以及在什么条件下才能够影响企业生产率。Haskel 等（2002）运用工厂层面的面板数据估计了 FDI 的生产率外溢效应，得到的结论与外溢理论一致：在同一产业中，本土企业的全要素生产率（TFP）与外资企业份额表现出正相关关系；但在同一区域中，企业的全要素生产率与外资份额并没有显著的关系。这表明，FDI 的外溢效应是沿着产业而非区域传播的。基于企业层面数据，Javorcik（2004）发现 FDI 对本土企业生产率的正向外部性依存于外资企业与上游供应商之间的合同关系。Aghion 等（2004）利用 20 世纪 80 年代英国对外开放政策改变市场进入条件这一天然的实验，考察了外资的进入对东道国企业生产率的影响，发现外资企业就业人数比例代表的外资份额提升导致了东道国企业的全要素生产率的提高，因而也提高了总生产率水平。Branstetter（2006）通过运用日本企业层面数据发现，FDI 与国际贸易类似，都是知识溢出的渠道，而且，日本数据显示，FDI 对知识溢出的影响是双向的：外资企业对本土企业有技术溢出，本土企业也对外资企业有技术溢出，从而生产率水平可能都因此提升。

国外关于外资来源异质性对东道国生产率影响关系的文献较为丰富，研究对象既有发达国家也有发展中国家。Dunning（1980）以及 Kogut 和 Singh（1988）较早地发现了外资的来源国异质性问题，认为外资来源不同可能会影响其进入东道国的方式。Grosse 和 Trevino（1996）分析了1980—1992 年美国外资流入数据，他们认为母国的市场特征及与东道国进出口关系会影响外资进入东道国的行为。国内学者也开始关注外资来源的异质性问题，[1] 如周燕、齐中英（2005），徐康宁和王剑（2006），平新乔等（2007）、Wang 等（2009）、杨振和陈甬军（2013）等。

然而，外资生产率的溢出效应并不是无条件的。Sjöholm（1999）采用印度尼西亚制造业企业层面数据进行实证研究，发现外资进入对本土企业生产率的影响因产业不同而有所差异，并且在竞争激烈的产业中，这种生产率外溢效应更明显。同时，本土企业与外资企业之间的技术差距是生产率外溢的一个重要条件，技术差距越大，生产率外溢效应也越大。Noorbakhsh 和 Paloni（2001）通过对发展中国家吸引外资的行为进行实证检验，发现人力资本存量是吸引外资投入的最重要因素，并且这一因素起着越来越大的作用。Girma（2005）运用门限回归模型，证明 FDI 的生产率溢出效应存在非线性的"技术吸收能力"门槛效应。在本土企业的技术吸收能力达到某一特定值之前，FDI 的溢出效应随企业技术吸收能力增强更显著。但也存在一个最低的技术吸收能力阈值，当企业的技术吸收能力低于这一水平时，FDI 的溢出效应并不显著。

以中国为研究对象，张建华等（2003）对外资的技术溢出效应和溢出渠道做了较为全面的综述。王玲和涂琴（2008）考察了中国制造业外资生产率溢出的条件，发现了生产率的溢出途径，他们的结果显示，企业

---

[1]　关于外资来源异质性的文献梳理，参见本书第四章第二节内容。

获得的生产率溢出，主要是从本地区其他行业外资参与中获得，企业所在行业内的生产率溢出则并不显著。并且这两类溢出效应的影响条件有一定差异，吸收空间是地区内行业间溢出的最主要影响因素。除此之外，企业吸收能力、内资企业和外资企业合作程度以及市场适度竞争（陈涛涛，2003）都是生产率溢出发生的重要条件。

最新的文献还涉及本土企业的所有权性质与外资企业的生产率外溢之间的关系。国内学者在这方面开展研究的包括王成岐等（2006）、王争等（2008）。王成岐等（2006）利用1995—2003年间中国制造业行业层面数据，实证考察了不同来源国外资企业与不同所有制结构内资企业组合产生的溢出效应模式。他们的结论表明，并不存在普遍一致的外资进入与内资企业绩效关联关系，外资企业影响内资企业绩效与外资来源国不同和企业所有制形式有关。王争等（2008）则专门考察了外资溢出对中国私营企业生产率的异质性影响，发现私营企业吸收生产率溢出的能力是有差别的，他们从生产链的上下游关联进行分析，认为私营企业吸收外资水平和后向生产率溢出时存在"门槛效应"。同时，后向生产率外溢也因下游企业是否外资控股有关。本书第四章借鉴吸收了他们的研究成果，将外资进入中国市场时企业组织形式（如合资、合作、独资）的选择视为内生，构建了一个外资来源异质性、企业组织形式内生性条件下生产率溢出效应测度的计量模型，发现外资来源的异质性对不同所有权类型的内资企业生产率影响是不同的。同时，外资采取的企业组织形式的差异对不同所有制类型的内资企业生产率影响也存在差别。

第三节　外资进入与企业竞合关系

一　新实证产业组织中的市场势力估计新方法

已有讨论FDI及其市场效应的文献采用统计意义上、基于会计数据的市场势力溢价作为分析的基础。比如Sembenelli等（2008）采用如下的方程计算市场势力溢价：市场势力溢价 =（总产值－工资成本）/（工业增加值＋原材料净成本），这种计算方法，即统计意义上的市场势力溢价（Census Markup），受制于会计数据带来的各种缺陷，在很大程度上是市场势力溢价的有偏估计。更严重的问题在于会计数据本身并不适于经济意义上的分析（Shapiro，1987）。新实证产业组织理论（NEIO）为市场势力的测度提供了便利，新实证产业组织方法开创了产业组织领域研究的一个重要分支，[1] 使得基于产业组织的研究越来越注重微观经济基础，使用的微观计量方法不依赖于企业会计数据，得到的参数估计具有清晰的经济学意义。

本研究沿用新实证产业组织中早期由 Hall（1986，1988）开创并由 Roeger（1995）发展的市场势力测度模型。现将本章文献的脉络梳理如下：

Hall（1986，1988）关于市场势力测度的模型是从索洛余值（Solow Residual）分析开始的，Hall（1988，1991）证明了索洛余值（Solow Residual）具有方差不变的特征，该余值与导致产出和就业变动的任何外生变量都是完全不相关的。利用 Solow（1957）计算余值的办法，Hall 将 Markup 植入索洛余值方程中，为在宏观环境下讨论市场势力提供一个基本框架，避免了估计需求弹性这一棘手问题。在要素使用内生性问题处理上，寻找了三个工具变量，估算了两位数行业市场势力溢价，讨论了可能存在的测量误差及其影响方向。Shapiro（1987）认为市场势力溢价（Markup）并不是反映企业行为的一个通用指标，市场需求方特性——需求弹性也需要同时进行测度，用市场需求弹性和代表性企业需求弹性的比值来描绘企业行为，并同时估计 Markup 和需求弹性。Domowitz 等（1988）扩展了 Hall 的模型，详细估计了 4 位数代码产业市场势力，在模型中加入中间投入品，降低了可能存在的向上估计偏误（Overestimate）问题。该文在 Hall 基础上做了两个重要改进：一是将市场结构（Market Structure）和产业特征（Industry Characteristic）植入市场势力溢价模型来估计；二是使用了一个含有技术因素的特定生产函数进行估计。其缺陷仍然是没有摆脱内生性问题，仍须寻找合适的工具变量（Instrumental Variable，IV）。Konings（2001）也是基于 Hall（1988）的模型，同 Domowitz 等（1988）一样加入了中间投入品，该文对 Domowitz 等（1988）使用的含有技术因素的特定生产函数进一步拓展，使其更为一般化。并研究了比利时竞争政策对 Markup 的影响，同时运用了广义矩估计（General Method of Moment，

---

① 李国栋（2009）与周末（2012）两篇博士论文是国内较早地系统性介绍新实证产业组织方法及其应用的重要文献。刘忠和袁莎（2011）对市场势力测度模型发展进行了文献梳理。

GMM）方法来处理内生性问题。

　　基于 Hall 的后续文献面临的最大问题就是工具变量的选择，也是文献批评 Hall 方法的主要原因。Hall 的方法受到来自至少三个方面的质疑和批评：第一，要素投入带来的内生性问题需要外生工具变量来矫正，而找到合适的外生工具变量本身就十分困难。第二，Hall 采用的工业增加值数据的生成过程使得所谓的外生变量（原油价格等）在逻辑上就与增加值数据相关（Waldmann，1991），而无关假定是 Hall 方法估计的基础。Waldmann（1991）认为 Hall 发现的一些产业高市场势力溢价有悖现实，Hall 所计算的市场势力溢价并不反映企业的市场势力（Market Power），尤其是非制造业数据，基于 Hall 模型的 Domowitz 的结论也因此可能不可靠。第三，存在估计方法的问题。Norrbin（1993）采用序贯 Bonferroni 矫正方法来检验 Hall 提出的无关假定，得到几乎完全不同的结论。

　　Roeger（1995）引入一个更可靠的、免于寻找工具变量的方法来估计市场势力溢价。他认为 Hall（1988）在内生性问题的处理上方法不妥，选择的三个外生变量可能并不是完全外生的。该文对比了以要素数量为基础的索洛余值计算方法和以要素价格为基础的索洛余值计算方法。① Roeger（1995）通过计算两种方法下计算结果的差值，发现两者并不一致，进而证明了两者的差异大部分可以由不完全竞争来解释，因此将其归因于市场势力的存在。在此基础上，Roeger（1995）成功地避免了工具变量的选择问题，形成了一个可靠的市场势力溢价估计方法。Martins（1996）回顾了 Hall 和 Roeger 的方法，在 Roeger 模型的基础上加入了中间投入品，研究了 14 个 OECD 国家的产业市场势力溢价水平。

　　本研究采用的市场势力溢价估计方法基于 Roeger（1995），并根据研究目的，将外资进入这一核心变量纳入产业组织理论框架中进行分析，首次将新实证产业组织方法应用到外资效应评估中。

二　外资进入影响市场结构及市场绩效的证据

　　外资企业与本土企业的竞合关系，可以概括为两类：一类是外资对本土企业经营的抑制，表现为外资对内资的挤出。这类挤出式的排他性竞争对本土企业的影响是致命性的，因为一旦国内投资被挤出，本土企业便无法与外资企业进行面对面（Face to Face）的竞争。Borensztein 等（1998）

---

　　①　Roeger（1995）将两类方法分别定义为原始法（Primal Method）和对偶法（Dual Method）。

提供了一个理论解释，认为现实中外资对通过产品市场竞争和自身在金融市场的优势，可能替代本土企业。另一类是外资企业与本土企业同在一个市场中经营而形成的竞合关系。这种竞合关系是产业组织理论意义上的竞合关系，表现更为复杂，是本研究着重讨论的地方。

Markusen 和 Venables（1999）解释了 FDI 如何影响同一产业内的本土企业。外资企业与本土企业在产品市场和要素市场的竞争中更倾向于降低本土企业的利润，但是与供应商的"连接效应"（Linkage Effects）使得本土企业可能降低要素投入成本、提升利润。他们发展了一个理论框架来分析这些效应，分析了在外资企业作为本土产业部门的互补企业语境下，本土产业部门如何扩大生产、取代外资企业并最终将外资企业逐出本地市场。他们的理论结果与现实中新兴市场国家的一些案例不谋而合。这表明，外资企业与本土企业可能存在着竞争关系。Driffield 等（1998）以英国制造业为例，也证实外资企业的进入挤压了本国企业的利润空间。

外资进入对产业层面的影响比较直观。FDI 项目的进入，将改变一些相关产业的供给和需求水平。FDI 在某一产业的竞争可能惠及其他产业中的企业。比如，通过竞争降低价格，会通过"前向"效应传递给消费者，给消费者带来福利提升。实证结果表明，FDI 影响东道国市场环境及市场结构的方向是不确定的。Blomström（1986）以墨西哥制造业为例，发现跨国公司份额对市场集中程度有显著的正向影响，跨国公司份额越高，市场越呈集中趋势。Singh（2011）用印度制造业的数据进行实证分析，同样发现了FDI 会显著导致市场集中。与他们的结果相反，Driffield（2001）以英国为研究对象，揭示了外资进入显著导致产业集中程度下降，其作用机理在于增加了本土产业层面的市场竞争程度。杨丹辉（2004）通过跨国公司进入对中国市场结构变动分析认为跨国公司的进入在促进我国产业组织结构优化的同时导致市场结构二元级差增大。

三　外资进入影响市场势力与溢价水平的争论

市场势力溢价（Markup），是产业组织理论中的一个重要概念，指的是企业将价格定在边际成本之上的能力，是垄断势力的外在表现。完全竞争市场下，企业之间的充分竞争将会最大化产出和福利水平。企业施加市场势力是市场竞争不完全的一种表现，将会导致福利水平的下降。关于外资进入如何影响市场势力溢价水平的研究，仅有的几篇文献集中以发达国家为研究目标，并且实证研究结论也没有形成一致的意见。

总体来说，关于外资进入影响市场势力溢价水平的观点有三类：

第一类文献认为外资进入不会对市场势力有显著影响。Co（2001）以448家西班牙企业面板数据，发现"绿地"投资（Greenfield FDI）对市场势力溢价没有显著影响。消费者的偏好以及对品种多样性的追求也可能不允许外资垄断市场。Helpman，Melitz 和 Yeaple（2003）以及 Nocke 和 Yeaple（2007）的结论表明，不论企业采取多么好的技术、提供多么好的产品，消费者对多样性的喜好阻止了企业垄断整个市场。也就意味着，即便是外资企业在各方面都优于本土企业，也无法垄断整个市场。

第二类文献认为外资的进入导致市场势力溢价水平的上升。Hymer（1970）在产业组织理论框架下首次讨论了跨国公司存在的市场势力问题，他的结论是在东道国市场竞争不完全的角度上得到的。他认为东道国市场的非完全竞争性给了跨国公司施加市场势力的机会，因此外资企业的进入会导致相应产业市场势力的提高。Neary（2009）分析了贸易成本的下降和东道国吸引外资的自由化政策可能导致大规模的跨国兼并活动，而跨国兼并则是提高市场集中度、提升市场势力的一个重要方式，其重要性不亚于"绿地"投资。运用西班牙企业层面数据，Sembenelli 等（2008）则发现FDI长期对产业的市场势力溢价有显著的正向影响，但这种关系只存在于研发密度高的行业。

第三类文献认为外资进入可能降低市场势力溢价水平。外资的流入可能带来生产者之间面对面的竞争而惠及消费者，外资的进入还对本土企业产生激励效应。发展中国家的本土企业在先进技术的运用上通常会落后于发达国家，即便是在发展中国家的较为成熟的产业中，运用的技术也经常是过时的。外资企业的进入带来了新技术，能够刺激本土企业采取新技术的动机。因而导致企业间技术竞争，从而可能系统降低市场势力溢价水平。

国内从产业角度分析外资进入影响的研究并不多见，基于市场结构分析的外资效应评估，杨丹辉（2004）认识到了外资进入对产业结构的影响，谷克鉴（2005）描绘了外资的进入如何促进国内竞争并使得中国国民部门与外资部门之间竞争力差异逐步缩小的现实。那么，外资的进入是否会因其自身优势控制东道国市场？目前，国内学者仍停留在外资的竞争和垄断属性研判上，相关文献并没有发展中国家和转型经济体的经验证据，本研究将为外资在中国这个最大的发展中国家的垄断竞争效应提供经验证据。

第四节　外资进入与福利水平测度

在一个理想的完全竞争市场，小规模的外商直接投资项目不会对东道国的福利水平产生影响。如果 FDI 具有福利效应，能够带来福利改善或导致福利损失，它必然是通过改善或恶化东道国市场扭曲来实现的。比如，外资（跨国公司）的行为可能改善了东道国市场扭曲程度，这些市场扭曲可能包括不合理的税收制度、劳动市场的不完全性以及非最优化的关税体系等方面。具体地说，假定中国劳动力市场具有买方垄断特征并且劳动力使用未到达"刘易斯拐点"，如果 FDI 是以使用中国廉价劳动力为目的进入中国生产，中国劳动力获得的收入增加若大于因 FDI 进入带来的进口关税收入降低，则 FDI 的进入对中国来说是具有福利增加效应的。

关于外资福利效应的理论研究文献，多数考察了东道国整体福利变动。Reis（2001）从内生增长模型出发发展了一个"外资回报"外溢模型，证实外资可能因其资本回报流回母国而降低东道国福利，且福利的变动与 FDI 进入之间并不是线性关系。同时，该文还描述了 FDI 正向和负向福利效应发挥的前提条件。Mukherjee 和 Suetrong（2009）则提供了外资对东道国福利影响的另一个解释，他们通过分析东道国[①]企业私有化与外资进入激励之间的因果关系发现，外资进入可能对东道国进行企业私有化产生激励，从而促进东道国整体福利水平的提升。

实证研究中关于外资福利效应的文献则比较稀缺。从外资技术转移角度对供应链上下游企业利润的影响出发，Blalock 和 Gertler（2008）假设跨国企业在东道国开展业务时会将技术转移给其供应商以增加生产、降低要素投入价格。为了避免单一供应商可能存在的"敲竹杠"（Hold‐up）问题，外资企业有激励提供多样化的技术手段。这些多样化技术手段的扩散引致了潜在供应商进入市场与在位供应商进行竞争，因此降低了要素供给市场的价格。由此产生的效应在于，处于供应链下游的外资企业和非外资本土企业都享受到了低价供应品。进而，他们利用印度尼西亚国家统计局

---

① 他们的分析主要以发展中国家和转型经济体为对象，认为这些国家正在经历从国有走向私营的私营化浪潮，并享受着外资进入带来的经济增长。

企业层面的调查数据对上述假定进行实证分析，研究结论显示，外资企业的技术转移存在帕累托改进，供给方和需求方企业的产出水平和利润水平均有所提高。具体地，粗略的估计结果显示，中间产品提供商生产者剩余增加了 1.1%，而最终产品供给商的生产者剩余增加了 0.7%，消费者剩余增加约 5.8%。

另有学者从外资进入对工资水平的影响出发来考察外资进入的福利效应，Feenstraa 和 Hanson（1997）的研究是非常有代表性的一篇文献。他们发现 20 世纪 80 年代，外资进入墨西哥导致该国熟练工人的工资水平上升，在外资集中的区域，外资份额上升能够解释 50% 以上的熟练工人工资上升这一事实。

事实上，外资进入还存在另外两种福利效应：[1] 外资进入的竞争与垄断引致的福利变动和外资进入的资源配置效应引致的福利变动，这两类福利效应是现有研究的空白之处，后文将对两类福利损失分别进行测度。

外资进入的竞争与垄断引致的福利变动测度的实际上是消费者剩余和生产者剩余，属于标准的福利经济学分析内容；外资进入的资源配置效应引致的福利变动测度的是对完全竞争的偏离，也在常规的福利经济学分析框架下。

---

[1] 第三章、第六章和第七章将分别详述两类外资引致的福利效应。

第三章　外资进入与产业市场势力波动

对外资市场效应的评估和计量是处理好外资政策、产业政策和反垄断政策关系的重要问题。本章采用中国 1999—2010 年 28 个两位数和 447 个四位数代码制造业面板数据，首先估计了两位数代码制造业的市场势力水平，然后进一步考察外资进入的市场效应，并测度外资引致的福利变动。研究表明：制造业各行业存在显著的市场势力，但金融危机前后市场势力溢价水平波动较大。全样本结果显示制造业市场势力溢价约为 6.2%，但金融危机前样本证实市场势力溢价高达 22.1%。细分产业中，外资的竞争效应占主导，但在部分产业中外资表现出了反竞争效应。制造业总体层面上，外资进入与市场势力波动之间呈现 U 形非线性关系，拐点稳定在外资比重为 47.3%—54.0% 的区间内。从福利角度来看，外资进入的竞争效应，使得垄断带来的无谓损失减少了 3334.69 亿元；但 FDI 的反竞争效应使得相应行业垄断福利损失增加 2407.44 亿元。

第一节　产业组织视角下的外资竞争行为

一　外资竞争效应计量的难题

外商直接投资企业已成为中国经济发展的重要成分。自 20 世纪 90 年代中期，中国就已经成为世界上第二大吸引外资的经济体（UNCTAD，2011）。为了指导外商投资方向，使外商投资方向与我国国民经济和社会发展规划相适应，早在 1987 年，国务院办公厅就转发了国家计委关于《〈指导吸收外商投资方向暂行规定〉的通知》，后形成的《指导外商投资方向规定》又根据经济发展的现实情况作了调整；为优化外商投资的结构，我国于 1995

年首次颁布《外商投资产业指导目录》，并先后六次进行修订；① 而 2000 年颁布的《中西部地区外商投资优势产业目录》也进行了三次修订，均逐步放宽了外资方向性准入等方面的限制。② 近年来外资投资方向性管制法规如表 3 - 1 所示。

表 3 - 1　　　　　　　　　　近年来外资投资方向性管制法规的调整

法规	修订次数	版本年份	主要特征
《指导外商投资方向规定》	0	1987	国务院办公厅转发国家计委关于《〈指导吸收外商投资方向暂行规定〉的通知》，明确把外商投资项目分为鼓励、允许、限制和禁止四类，其中对外资准入领域做了较大的限制。
	1	1995	初定为《指导外商投资方向暂行规定》，改变我国外商投资准入领域过窄的问题，引导外商投资方向，拓宽外商投资领域。
	2	2002	修订为《指导外商投资方向规定》。重点鼓励农业新技术、农业综合开发和能源、交通、重要原材料工业，属于高新技术、先进适用技术，属于新技术、新设备，能够发挥中西部地区人力和资源优势的外资项目。
《外商投资产业指导目录》	0	1995	外商投资项目分为鼓励、允许、限制和禁止四类。鼓励类、限制类和禁止类的外商投资项目，列入《外商投资产业指导目录》。是第一部规范外商投资、引导出口贸易的法规，同时并行发布了《指导外商投资方向暂行规定》，调整其投资的产业方向。
	1	1997	下放外商投资项目审批权限：在《外商投资产业指导目录》鼓励类中，除需要国家综合平衡的外商投资项外，不需要国家综合平衡的鼓励类外商投资项目由省、自治区、直辖市和计划单列市自行审批，该审批权限下放到省一级。
	2	2002	新《外商投资产业指导目录》明显提高了对外商直接投资的开放程度，加大了对外商直接投资产业投向的引导力度。总条目有 371 条，鼓励措施由 186 条增加到 262 条，限制措施由 112 条减少到 75 条。

---

① 国家发展与改革委员会于 2014 年 11 月 4 日起就《外商投资产业指导目录》修订稿公开征求意见，开始了第六次修订，也是取消限制项目最多的一次。国家发改委、商务部于 2015 年 3 月 13 日对外发布了《外商投资产业指导目录》（2015 年修订），并于 4 月 10 日起施行。

② 除外资准入限制外，还有许多方面的限制被放松，包括投资范围、外资审查、资本构成、出资比例、投资期限、资本及利润的汇出、征税及税收优惠、经营管理与劳动雇用、国有化与征用、关于解决投资争议的原则和程序等方方面面。

续表

法规	修订次数	版本年份	主要特征
《外商投资产业指导目录》	3	2004	为配合国家宏观调控政策，指导目录进一步调整，取消了钢铁、水泥、电解铝等领域的鼓励类政策。
	4	2007	总条目有478条，其中：鼓励类351条、限制类87条、禁止类40条，分别比旧版增加了94条、9条和5条，鼓励类条目增加约37%。引导外资更多投向现代农业、高新技术产业、现代服务业、高端制造环节和基础设施。
	5	2011	新《外商投资产业指导目录》总条目473条，其中鼓励类354条、限制类80条、禁止类39条，分别比原来增加3条、减少7条、减少1条。取消了部分领域对外资的股比限制，鼓励类和限制类中有股比要求的条目比原来减少11条。将高端制造业作为鼓励外商投资的重点领域，促进外商投资使用新技术、新工艺、新材料、新设备，改造和提升传统产业。
	6	2015	主要特点：一是大幅减少限制类条目，限制类条目从2011年版《外商投资产业指导目录》的79条减少到38条。二是放宽外资股比限制，"合资、合作"条目从2011年版《外商投资产业指导目录》43条减少到15条，"中方控股"条目从2011年版《外商投资产业指导目录》44条减少到35条。三是鼓励类条目数量基本不变，保持政策总体稳定性和连续性。鼓励类修改了76个条目，主要是调整指标和优化结构，促进外商投资使用新技术、新工艺、新材料、新设备，进一步提高利用外资质量。
《中西部地区外商投资优势产业目录》	0	2000	为第一版目录，引导外资流向中西部地区。列出了中西部地区20个省、自治区、直辖市的优势产业，以农牧业产品深加工、发展旅游、植树造林、开发矿产资源、交通基础设施建设和新型电子元器件开发制造等领域为重点，鼓励外商进行投资。该目录共包括中西部地区优势产业255项，其中属于我国《外商投资产业指导目录》中鼓励类项目126项，属于允许类96项，限制类33项，根据中西部地区的实际情况，现在均作为外商投资的鼓励类项目。
	1	2004	与《外商投资产业指导目录》相比，适用于中西部地区的新《中西部地区外商投资优势产业目录》在条目内容上增加了鼓励类目录267条，有股比限制的条目也从《外商投资产业指导目录》的48类缩减为6类，进一步体现了对中西部地区扩大开放的支持。
	2	2008	提高利用外资质量，防止严重污染环境和高能耗、高物耗、资源消耗大的产业和项目及落后工艺、设备向中西部地区转移。 新《中西部地区外商投资优势产业目录》共列条目411条，比原目录增加126条，修改了原有条目154条，进一步扩大了中西部地区开放的领域和范围。

法规	修订次数	版本年份	主要特征
《中西部地区外商投资优势产业目录》	3	2013	鼓励外商在中西部地区发展符合环保要求的劳动密集型产业，推进资源节约和综合利用，提高服务业发展水平，注重充分发挥中西部地区特定资源、产业基础以及劳动力、资源等比较优势，推动重点产业将资源优势转化为经济发展优势。 新《中西部地区外商投资优势产业目录》条目共 500 条。除传统制造业外，新目录中增加了服务业领域相关条目，并严格限制中国明令淘汰的落后生产能力和高耗能、高排放等不符合国家产业政策的项目向中西部地区转移。

资料来源：作者整理。

　　随之而来的一个疑问是，为什么要如此频繁地调整全国层面的外资利用结构，这些政策是如何调整的、背后的调整逻辑是怎样的？政策调整应当依据什么样的标准，是否应当在评判外资对中国产业和市场的影响基础之上才能更好地调整外资管制政策？不难看出，外商投资市场准入制度一直在随经济发展的阶段不断调整，[①] 然而政策制定与调整的困境在于，当前还缺乏一种有效的定量方法对外资进入的市场效应进行合理评估，从而忽视了外资政策与产业政策可能存在的冲突。[②] 错误的外资监管政策，可能保护了低效率者和既得利益者。比如盲目对外资进入进行限制，可能在很大程度上保护了现有的国外投资者利益（江小涓，2002），强化其在东道国的垄断势力。平衡外资政策与产业政策，客观上要求将外资进入的市场效应纳入产业组织理论的框架下来考察。

　　外资企业正在深刻地影响着产业组织结构的调整，企业间的竞争关系也因外资企业的进入而发生巨大改变，比如零售制造业外资的大量涌入甚至激发了一场对于产业安全的讨论。在另外一些产业，外资凭借其跨国公司优势将其在母国的垄断地位延伸至东道国，形成外资企业主导行业发展的格局。可见，外资表现出了竞争和反竞争特性。从产业层面研究外资进

---

　　① 有关改革开放以来我国外商投资市场准入制度的详细梳理，请参见张于喆《"负面清单"管理有助于接轨国际投资发展趋势》，《上海证券报》2013 年 11 月 12 日。

　　② 事实上，外资政策与其他政策也可能存在冲突。谷克鉴（1993）指出，外资生产函数的基本结构、竞争参照系的确定、国家外汇收支失衡的风险能够为外贸政策规范外资政策提供基础。

入的市场效应、评估和计量外资进入福利效应，是处理好外资政策、产业政策及反垄断政策关系不可回避的重要问题。这一问题，在制造业外资大量涌入的语境下，显得更为迫切。制造业一直以来都是外资投入的重要领域，商务部数据显示，截至 2013 年，制造业外商投资企业数量占所有外资企业总数的 63.75%，[①] 合同外资金额比重高达 56.33%。因此，考察制造业外资进入的市场效应，具有重要的现实意义。

现有研究主要考察外资的技术溢出效应及其对生产率的影响，割舍了内外资企业间的竞合关系，因而忽视了对这个重要问题的定量测度。基于市场结构分析的外资效应评估，重新认识到了外资进入对产业结构的影响（杨丹辉，2004）。但随着实证产业组织学的兴起，结构学派主张的市场结构与竞争关系的逻辑受到重大挑战，对市场竞争关系及绩效的直接计量备受推崇。基于此，本章从直接评估和计量外资进入的垄断竞争效应入手，运用实证产业组织方法计算了制造业细分行业市场势力溢价水平的大小，考察了外资进入的市场效应，并首次计算了外资进入引致的福利效应。

二 外资进入与市场势力波动

现有关于外资进入对产业或企业运营影响的文献提供的大量证据表明，FDI 与市场势力溢价逻辑上存在着紧密的联系，但没有证据明确这一影响方向。这些文献有两类，一是关于 FDI 是否促进了东道国企业生产率的提高；二是关于 FDI 是否改变了东道国的市场竞争环境。

外资的外溢效应理论。许多研究都曾经指出，FDI 存在着明显的外溢效应（Cheung 和 Lin，2004；张海洋，2005），能够显著提高本土企业的生产率水平，从而有可能改变企业之间的竞争状态。一般地，较高的生产率会导致较大的市场势力溢价（Bernard 等，2003）。因此，如果 FDI 被证实提高了本土企业的生产率，则外资进入可能提高企业市场势力溢价；如果 FDI 抑制本土企业生产率的提高，则可以推断出市场势力溢价倾向于降低。但截至目前分析，由于 FDI 与生产率的关系没有明确，它与市场势力溢价之间的关系仍不能确定，原因之一在于 FDI 对东道国企业生产率的影响因国别和产业而异；原因之二在于 FDI 对生产率的影响可能受限于 Borensztein 等（1998）所说的门槛效应，外资进入初期其外溢效应可能难以显现。

外资的竞争效应理论。外资企业的进入带来更多竞争的假设更符合大

---

① 数据来源：中华人民共和国商务部外资司：《中国外资统计（2014）》，第 21 页。

家对现实的认知，但从产业组织角度来讲，外资涌入可能导致两种相反的结果。第一种结果是所有企业都在市场参与竞争，市场缺乏退出机制或退出成本比较高，所有企业赚取较低的或零经济利润；第二种结果是在竞争下，低效率的企业被市场淘汰，最终产业呈现集中趋势，在位企业分享较高的垄断利润。经验结果表明，FDI 影响东道国市场环境及结构的方向也是不确定的。大量的研究支持外资进入带来市场集中度下降这一观点（Driffield，2001；江小涓，2002），其作用机理在于外资进入增加了本土产业层面的市场竞争程度。然而，跨国公司的自身优势使得其更容易将垄断势力施加到新兴市场，从而导致外资主导的市场势力加强，使得市场结构表现出二元级差特征（杨丹辉，2004）。基于 FDI 对市场势力可能存在的两种截然不同的影响，我们认为，在外资进入初始阶段，FDI 的竞争效应可能占主导地位；在第二阶段，随着外资的积累及本土化经验的提升，FDI 则有可能表现出反竞争效应，强化自身垄断势力。因此，从一个较长的考察期来看，FDI 对产业市场势力溢价的影响可能呈现出 U 形非线性特征，下文将对这一关系进行检验。

第二节　市场势力溢价与福利变动测度模型

本节将描述新实证产业组织关于对产业市场势力溢价水平直接计量的基本方法和逻辑框架，并拓展模型、嵌入"外资进入"这一核心变量。

一　市场势力溢价水平的估计模型

此处沿用 Roeger（1995）的方法，Roeger 发展了 Hall（1988）具有先驱意义的模型。Hall（1988）引入了直接估计市场势力溢价的方法，他首先引入一个具有三种投入要素的标准生产函数：

$$Q_{it} = A_{it} F(N_{it}, K_{it}, M_{it}) \tag{3-1}$$

其中，i 代表产业，t 表示年份，Q 为总产出。$F(\cdot)$ 为一般化的生产函数，A 为技术水平。N、K 和 M 分别代表劳动力投入、资本投入和中间原材料投入。按照 Solow（1957）的方法，总产出的增长率可以分解为要素加权增长率[①]和技术增长率的和：

――――――――――

① 为了简化分析，本书假设要素市场是完全竞争的。

$$\dot{Q}_{it} = \alpha_{Nit}\dot{N}_{it} + \alpha_{Kit}\dot{K}_{it} + \alpha_{Mit}\dot{M}_{it} + \dot{\varphi}_{it} \qquad (3-2)$$

其中 $\dot{I}_{it} = \Delta I_{it}/I_{it}(I = N, K, M)$ 表示相应要素的增长率水平，$\dot{\varphi}_{it} = \Delta A_{it}/A_{it}$ 且 $\alpha_{Jit} = P_{Jit}J_{it}/P_{it}Q_{it}(J = N, K; M)$。在完全竞争及规模报酬不变的假设下，Hall（1988）证明索洛余值（Solow Residual）φ 具有方差不变的特征，与导致产出和就业变动的任何外生变量 ΔW 都是完全不相关的，[①]即：

$$\mathrm{cov}(\dot{Q}_{it} - \alpha_{Nit}\dot{N}_{it} - \alpha_{Kit}\dot{K}_{it} - \alpha_{Mit}\dot{M}_{it}, \Delta W) = 0 \qquad (3-3)$$

但是，索洛余值的方差不变性在不完全竞争情况下不再成立，在不完全竞争条件下，价格与边际成本分离。记 $\mu_{it} = P_{it}/MC_{it}$，可以得到：

$$\dot{\varphi}_{it} = \dot{Q}_{it} - \alpha_{Nit}\dot{N}_{it} - \alpha_{Kit}\dot{K}_{it} - \alpha_{Mit}\dot{M}_{it}$$
$$= (\mu_{it} - 1)(\alpha_{Nit}\dot{N}_{it} + \alpha_{Kit}\dot{K}_{it} + \alpha_{Mit}\dot{M}_{it}) + \dot{\varphi}_{it} \qquad (3-4)$$

方程（3-4）是 Hall 用来估计产业市场势力溢价程度的基本模型，但是 Hall 的方法受到来自至少三个方面的质疑和批评。第一，要素投入带来的内生性问题需要采用外生工具变量来矫正，而找到一组合适的外生工具变量本身就十分困难。第二，Hall 采用的工业增加值数据的生成过程使得所谓的外生变量（原油价格等）在逻辑上就与增加值数据相关（Waldmann，1991），而无关假定是 Hall 方法估计的基础。第三，估计方法的问题。Norrbin（1993）采用序贯 Bonferroni 矫正方法来检验 Hall 提出的无关假定，得到几乎完全不同的结论。

为了避免这些问题，Roeger（1995）引入一个更可靠的、免于寻找工具变量的方法来估计市场势力溢价。他将 Hall 以要素数量为基础的索洛余值计算方法称为原始法（Primal Method）。在规模报酬不变的情况下，原始法计算的索洛余值可以表示为市场势力溢价形式：

$$SR = \dot{Q}_{it} - \alpha_{Nit}\dot{N}_{it} - \alpha_{Mit}\dot{M}_{it} - (1 - \alpha_{Nit} - \alpha_{Mit})\dot{K}_{it}$$
$$= \beta_{it}(\dot{Q}_{it} - \dot{K}_{it}) + (1 - \beta_{it})\dot{\varphi}_{it} \qquad (3-5)$$

其中市场势力溢价用勒纳指数表示为 $\beta_{it} = (P_{it} - MC_{it})/P_{it} = 1 - 1/\mu_{it}$。

Roeger（1995）则采用以要素价格为基础的对偶法（Dual Method）来计算索洛余值，同样可以表达为市场势力溢价形式：

[①] 此处为 Hall 表达式的拓展，在 Hall 模型里没有原材料投入，并且资本投入也被认为是固定的。

$$DSR = \alpha_{Nit}\dot{P}_{Nit} + \alpha_{Mit}\dot{P}_{Mit} + (1 - \alpha_{Nit} - \alpha_{Mit})\dot{P}_{Kit} - \dot{P}_{it}$$

$$= -\beta_{it}(\dot{P}_{it} - \dot{P}_{Kit}) + (1 - \beta_{it})\dot{\varphi}_{it} \qquad (3-6)$$

根据方程（3 – 5）和方程（3 – 6），在完全竞争情形下（此时 $\beta_{it} = 0$），原始法和对偶法计算的结果应当一致，但实际上由于存在规模经济或不完全竞争，两者并不一致，两者之差可以写为：

$$PSR - DSR = (\dot{Q}_{it} + \dot{P}_{it}) - \alpha_{Nit}(\dot{N}_{it} + \dot{P}_{Nit})$$

$$- \alpha_{Mit}(\dot{M}_{it} + \dot{P}_{Mit}) - (1 - \alpha_{Nit} - \alpha_{Mit})(\dot{K}_{it} + \dot{P}_{Kit})$$

$$= \beta_{it}[(\dot{Q}_{it} + \dot{P}_{it}) - (\dot{K}_{it} + \dot{P}_{Kit})] \qquad (3-7)$$

Roeger（1995）证明了两者的差异大部分可以由不完全竞争来解释。改写方程（3 – 7）可以得到：

$$PSR - DSR = g(P_{it}Q_{it}) - \alpha_{Nit}g(P_{Nit}N_{it}) - \alpha_{Mit}g(P_{Mit}M_{it})$$

$$- (1 - \alpha_{Nit} - \alpha_{Mit})g(P_{Kit}K_{it})$$

$$= \beta_{it}[g(P_{it}Q_{it}) - g(P_{Kit}K_{it})] \qquad (3-8)$$

其中 $g(\cdot)$ 表示括号内部分的增长率，记方程左边部分为 Z_{it}，加入随机扰动项得到：

$$Z_{it} = \beta_{it}X_{it} + \varepsilon_{it} \qquad (3-9)$$

其中 $X_{it} = g(P_{it}Q_{it}) - g(P_{Kit}K_{it})$，这是在 Roeger 方法上加入中间投入品后的基本模型。β_{it} 是我们关心的重要变量。Roeger 方法的优越之处在于：第一，避免了寻找合适工具变量这一难题；第二，可以直接采用名义产出和成本数据而不需要对原始数据进行平减，因此结果更精确。

二 非线性关系检验与福利测度模型

在静态估计市场势力的情况下，我们无法计算各个产业每个年度的市场势力溢价水平并作为因变量来构建模型，但却可以在不破坏 Roeger 模型的结构下，通过将 FDI 植入方程（3 – 9）来评估 FDI 的市场效应。与现有文献相似，假设 FDI 与市场势力溢价之间的关系是线性的，且对产业 i 来说，其市场势力溢价不随时间变动，① 则有：

$$\beta_{it} = \beta_i = \beta_0 + \beta_{i1}FDI_{it} \qquad (3-10)$$

将方程（3 – 10）带入方程（3 – 9），得到：

---

① 限于数据，我们假定市场势力溢价因产业而异，但不随时间变动。如果数据样本足够大，可以放宽这一假定。后续研究中，我们将尝试新方法在小样本下估计动态市场势力。

$$Z_{it} = \beta_0 X_{it} + \beta_{i1} FDI_{it} X_{it} + \varepsilon_{it} \qquad (3-11)$$

其中，β_{i1} 为 FDI 对市场势力溢价的影响，用来测度 FDI 竞争效应和垄断效应的强弱。但是，正如本章第一部分指出的，FDI 与产业市场势力溢价的关系可能不是线性的。因此，FDI 可能以二次方的形式进入方程，从而有：

$$\beta_i = \beta_0 + \beta_{i1} FDI_{it} + \beta_{i2} FDI_{it}^2 \qquad (3-12)$$

关于外资进入引致的福利计量，沿用周末、王璐（2012）拓展的方法，该方法将市场势力的计量和福利测度直接联系起来。外资进入引致的市场势力边际变动可以通过方程（3-10）对 FDI 求导得系数 β_{i1}，在周末、王璐（2012）方法基础上，测度外资引致边际福利变动的方法如下：

$$MDWL_i = \beta_{i1} DWL_i$$

$$= \frac{1}{2}\beta_{i1}\left(\frac{P_i - MC_i}{P_i}\right)P_i Q_i$$

$$= \frac{1}{2}\beta_{i1}\left(1 - \frac{1}{\mu_i}\right)P_i Q_i = \frac{1}{2}\beta_{i1}\beta_i P_i Q_i \qquad (3-13)$$

其中，$MDWL_i$ 为 i 行业的边际无谓损失，DWL_i 为行业 i 的垄断损失，$\mu_i = P_i/MC_i$，$P_i Q_i$ 为 i 产业总产值。因此，同没有外资进入的情形相比，FDI 引致的福利变动可以近似由下式求得：

$$DWL_{fdi} = \int_0^{FDI_{iT}} MDWL_i(FDI_i) dFDI \qquad (3-14)$$

这里，FDI_{iT} 采用考察期 T 内 i 行业的平均外资份额。需要注意的是，在这里若无谓损失为负，说明 FDI 的福利效应为正。

三　实证数据来源与变量设定

（一）数据来源

此处采用的是产业层面数据，两位数代码和四位数代码的产业层面数据均来源于中国数据在线（China Data Online），该数据库集成了中国官方发布及调研得到的中国经济运行数据，由美国密歇根大学运营。该数据库被实证研究中国经济的国内外学者广泛使用。

我们据此构造了两个面板数据：28 个两位数代码制造业样本和 447 个四位数代码制造业样本。因为统计指标的变动，该数据库分为两个相连续的区间：1999—2002 年及 2003—2010 年。① 两个统计区间内部分四位数代码行业名称、隶属的上一级两位代码行业有所变动，比如有的产业

_____

① 其中，2003 年之前的数据包含信息量更大，一些指标在 2002 年后就不再统计和公布。

四位数代码相同，但 2002 年前后指代的产业却不同。为了避免这样的错误，我们根据产业名称和内容，对 2002 年前后的四位数代码行业进行重新匹配，以 2002 年以后的代码名称为标准，保证了行业代码和名称的一致性。

在数据的筛选中，我们进一步剔除了一些缺失及不符合逻辑的观测值，标准如下：①剔除行业代码、总产值、工人工资、年平均固定资产净值缺失的观测值；②剔除外资企业产值高于整个产业产值的观测值；③剔除只在 1999—2002 年出现、2003 年后新统计数据中不包含的产业。

另外，与资本成本计算相关的指标，比如真实利率水平及投资品价格指数，来源于国际货币基金组织（IMF）。

（二）变量定义、测度与估计偏误

总产出。此处运用名义总产值而不是工业增加值，因为增加值数据被认为会高估市场势力溢价水平（Domowitz 等，1988）并且结果不稳健（Basu，1997）。另一个备选的指标是销售收入，这一指标被 Konings（2005）采用，但是销售收入反映的是总产出在市场上实现的价值。这会低估市场势力溢价，因为一般来讲，销售收入通常低于总产出水平。名义总产值数据可以直接在数据库中获取。

劳动力成本。我们的最终模型只需要劳动力总成本数据，而不需要工资率的计算或估计，此处用总工资作为代理指标。用总工资作为劳动力成本的潜在问题是它可能会低估劳动在总产出中的份额，最终导致市场势力溢价的高估（Norrbin，1993），原因在于非货币福利同样构成企业的劳动力成本。

资本投入与资本成本。此处采用年度平均固定资产净值作为资本投入的代理变量。与 Martins 等（1996）相似，资本的使用成本 P_{Kit} 用如下公式计算，采用国家层面的水平值：①

$$P_{Kit} = P_{It}(R_t + \delta) \qquad\qquad (3-15)$$

其中，P_{It} 为 t 年度投资品价格指数，R_t 表示 t 年度实际利率水平，假定不随产业变动。δ 为折旧率，此处计算按照所有产业采用每年折旧 5%

---

① 为确保精确，这里应当使用各产业的实际利息率和折旧率。但是，受数据限制这里采用国家层面数据来替代。

的标准。①

原材料成本。Shapiro（1987）及Domowitz等（1988）指出，忽略中间投入品比如原材料，将导致市场势力溢价的错误估计。这个问题在研究中国制造业时会进一步放大，因为中国制造业通常需要大量的中间原料投入。在数据库中，我们无法直接获取原材料成本，更为一般的做法是视原材料成本为总产值与产出增加值的差，此处采用这一做法。

外商投资比重。这里采用四种方式来度量外商投资比例。第一种是计算外商投资企业总产值占产业总产值的比重；第二种是用外商投资企业总产出增加值占整个产业产出增加值的比重来表示；第三种和第四种分别是利用平均固定资产净值和总固定资产来计算相应比重。

（三）数据基本情况

选用的样本数据跨度为1999—2010年，这一时间段涵盖了金融危机发生的区间，所以在实证分析中将考虑金融危机的潜在影响。表3－2报告了样本中劳动力和原材料成本占总产出的份额。

表3－2　　　　　　　　　劳动力与原材料成本占总产出份额

产业代码	产业名称	劳动成本份额		原材料份额	
		两位	四位	两位	四位
—	制造业整体	0.055	0.060	0.761	0.774
13	农副食品加工业	0.029	0.035	0.800	0.787
14	食品制造业	0.050	0.057	0.751	0.772
15	饮料制造业	0.047	0.044	0.695	0.715
16	烟草制品业	0.034	0.061	0.324	0.509
17	纺织业	0.061	0.062	0.792	0.793
18	纺织服装、鞋、帽制造业	0.093	0.108	0.771	0.787
19	皮革、毛皮、羽毛（绒）及其制品业	0.084	0.058	0.780	0.792
20	木材加工及木、竹、藤、棕草制品业	0.051	0.053	0.775	0.775
21	家具制造业	0.070	0.072	0.782	0.784
22	造纸及纸制品业	0.055	0.056	0.774	0.787
23	印刷业和记录媒介的复制	0.079	0.080	0.724	0.747

---

①　因数据限制无法获得各产业折旧水平，故采用5%的折旧水平。当我们用10%和15%分别估计时，结果保持不变。

续表

产业代码	产业名称	劳动成本份额		原材料份额	
		两位	四位	两位	四位
24	文教体育用品制造业	0.101	0.086	0.787	0.789
25	石油加工、炼焦及核燃料加工业	0.018	0.030	0.837	0.792
26	化学原料及化学制品制造业	0.043	0.044	0.782	0.776
27	医药制造业	0.058	0.056	0.696	0.710
28	化学纤维制造业	0.032	0.041	0.830	0.797
29	橡胶制品业	0.055	0.061	0.775	0.771
30	塑料制品业	0.055	0.062	0.788	0.791
31	非金属矿物制品业	0.061	0.063	0.743	0.745
32	黑色金属冶炼及压延加工业	0.043	0.043	0.794	0.777
33	有色金属冶炼及压延加工业	0.037	0.051	0.808	0.764
34	金属制品业	0.054	0.058	0.786	0.804
35	通用设备制造业	0.063	0.066	0.767	0.768
36	专用设备制造业	0.067	0.068	0.771	0.775
37	交通运输设备制造业	0.050	0.065	0.789	0.787
39	电气机械及器材制造业	0.047	0.059	0.804	0.782
40	通信设备、计算机及其他电子设备制造业	0.043	0.056	0.824	0.806
41	仪器仪表及文化、办公用机械制造业	0.066	0.082	0.798	0.769

注："两位"和"四位"分别代表两位数代码和四位数代码产业样本。

　　运用两位数和四位数代码样本得到的结果显示，劳动成本在总产出中的比重平均水平分别为 5.5% 和 6.0%。劳动力在总产出中的份额随产业变化而变动，浮动在 1.8%—10.8% 之间，但远远低于工业化国家这一指标的值。美国 1958—1981 年间这一指标的平均值为 17%（Domowitz 等，1988）。中国产业中劳动力在总产出中份额极低的事实不断被学者证实。他们认为，中国工人每小时的收入只有美国 2002—2004 年平均水平的 3%（Lett 等，2006），2008 年美国水平的 4%（Banister 等，2011）。两位数与四位数代码样本中，原材料在总产出中的份额平均分别为 76.1% 和 77.4%，高于工业化国家这一指标的水平值，[①] 印证了中国的制造业仍是

---

　　① 如 Shapiro（1987）和 Domowitz 等（1988）指出的，忽略原材料投入将会误估市场势力溢价。以中国为研究对象时，这个问题更严重。

以低附加值、加工制造为特征的模式①，劳动力回报仍只占总产出的一小部分。

过去十几年间大量的外资涌入中国，在工业经济领域，外资作用尤为重要（江小涓、李蕊，2002）。我们计算了各行业中以四种指标分别计算的外资企业的参与程度（见表3-3）。结果表明，"通信设备、计算机及其他电子设备制造业"和"文教体育用品制造业"的外商投资比例居制造业的前两位，分别为68.2%和53.0%（按工业总产值比重计算），与江小涓和李蕊（2002）对1991—2000年间的统计结果一致：1991—2000年，这两个产业的外资比重也是最高的，分别为65.39%和59.46%。通过对比江小涓和李蕊（2002）的结果，发现2000年后有18个产业外资比重提高，9个产业外资比重降低。②从制造业整体来看，外资企业在制造业中贡献的比例大约在33%左右，呈增长趋势。

表3-3　　　　　　　各细分行业外资比重（四位代码行业）

产业代码	产业名称	外商投资比重			
		A	B	C	D
—	制造业整体	0.324	0.328	0.342	0.334
13	农副食品加工业	0.272	0.307	0.285	0.276
14	食品制造业	0.378	0.409	0.377	0.373
15	饮料制造业	0.340	0.361	0.383	0.379
16	烟草制品业	0.021	0.027	0.027	0.026
17	纺织业	0.281	0.291	0.313	0.307
18	纺织服装、鞋、帽制造业	0.482	0.517	0.522	0.518
19	皮革、毛皮、羽毛（绒）及其制品业	0.423	0.430	0.411	0.411
20	木材加工及木、竹、藤、棕草制品业	0.213	0.233	0.279	0.278
21	家具制造业	0.485	0.524	0.480	0.478
22	造纸及纸制品业	0.314	0.314	0.373	0.375
23	印刷业和记录媒介的复制	0.344	0.350	0.339	0.333
24	文教体育用品制造业	0.530	0.523	0.549	0.541

---

①　1995年加工制造业占贸易总值的比例为47%；2000年这一比例为48.5%；2008年这一数据仍保持在41%。

②　江小涓和李蕊（2002）的结果中没有报告烟草制品业的数据。

续表

产业代码	产业名称	外商投资比重			
		A	B	C	D
25	石油加工、炼焦及核燃料加工业	0.164	0.140	0.137	0.135
26	化学原料及化学制品制造业	0.276	0.272	0.309	0.298
27	医药制造业	0.233	0.242	0.229	0.218
28	化学纤维制造业	0.233	0.238	0.252	0.251
29	橡胶制品业	0.309	0.325	0.351	0.337
30	塑料制品业	0.414	0.448	0.491	0.480
31	非金属矿物制品业	0.204	0.219	0.264	0.259
32	黑色金属冶炼及压延加工业	0.097	0.078	0.095	0.093
33	有色金属冶炼及压延加工业	0.117	0.092	0.120	0.115
34	金属制品业	0.326	0.343	0.380	U 0.373
35	通用设备制造业	0.240	0.238	0.270	0.263
36	专用设备制造业	0.256	0.239	0.251	0.244
37	交通运输设备制造业	0.288	0.281	0.296	0.287
39	电气机械及器材制造业	0.407	0.417	0.433	0.421
40	通信设备、计算机及其他电子设备制造业	0.682	0.661	0.615	0.598
41	仪器仪表及文化、办公用机械制造业	0.498	0.506	0.436	0.420

　　注：外资比重计算方法：A. 以总产值比重衡量的外商投资比例；B. 以增加值比重衡量的外商投资比例；C. 以平均资产净值比重衡量的外商投资比例；D. 以固定资产总值比重衡量的外商投资比例。

第三节　外资竞合及其福利效应实证结果

　　基于两位数和四位数代码产业样本，本节主要解答三个问题：中国制造业各行业市场势力溢价程度如何、FDI 与市场势力关系是否呈 U 形非线性特征、FDI 引致的福利效应有多大。

一　制造业总体市场势力溢价及外资的竞合效应

　　首先假设市场势力溢价与 FDI 关系呈线性特征，表 3-4 和表 3-5 分别报告了两位数和四位数代码制造业总体的回归结果。

表 3 - 4　　　　　　　　　　**两位数代码产业样本回归结果**

样本区间	混合面板 OLS		面板固定效应	
	全样本 （1999—2010）	危机前样本 （1999—2007）	全样本 （1999—2010）	危机前样本 （1999—2007）
市场势力溢价	0.062 *** （7.162）	0.221 *** （27.462）	0.062 *** （6.833）	0.221 *** （28.235）
外商投资 A	-0.276 *** （-5.043）	-0.222 *** （-5.705）	-0.277 *** （-4.833）	-0.217 *** （-5.387）
外商投资 B	-0.236 *** （-5.812）	-0.236 *** （-5.812）	-0.229 *** （-5.461）	-0.229 *** （-5.461）
外商投资 C	-0.311 *** （-5.744）	-0.241 *** （-6.104）	-0.313 *** （-5.511）	-0.234 *** （-5.716）
外商投资 D	-0.315 *** （-5.748）	-0.243 *** （-6.148）	-0.316 *** （-5.509）	-0.236 *** （-5.750）
观测值	302	218	302	218

注：括号中的数值为 t 统计量的值；*、** 和 *** 分别表示在10%、5%和1%的显著性水平下通过显著性检验。在固定效应回归结果中，产业效应及时间效应已经包含。A. 以总产值比重衡量的外商投资比例；B. 以增加值比重衡量的外商投资比例；C. 以平均资产净值比重衡量的外商投资比例；D. 以固定资产总值比重衡量的外商投资比例。

采用两位数代码行业样本，运用混合面板最小二乘法进行回归的结果显示：1999—2010 年间制造业平均市场势力溢价水平为 6.2%。考虑到2008 年金融危机对制造业可能存在的重大影响，我们剔除了 2008—2010年数据，采用"危机前样本（1999—2007）"重新估算，发现 1999—2007年间制造业市场势力溢价水平竟高达 22.1%。① 这一水平比工业化国家略高，Martins 等（1996）的多国家样本结果显示，1970—1992 年间，美国制造业平均市场势力溢价为 15.2%，日本为 20.8%，法国和澳大利亚为17.3%，但这一水平低于荷兰 26.3% 的市场溢价水平。Badinger（2007）通过估算欧盟十国的市场势力溢价，发现这一水平平均高于30%。

考虑到产业的异质性和时间因素，运用面板固定效应回归结果显示，

———————

① 制造业总体市场势力溢价水平在金融危机后大幅下降，证明此次金融危机对中国制造业影响巨大。

制造业平均市场势力溢价水平估计结果与 OLS 结果保持一致。这一结论符合中国处在转型经济时期这一事实：20 世纪 90 年代中期中国才开始进行国企改革，市场自由化程度还有待进一步提高，得到较高的市场势力溢价水平不足为奇。

FDI 市场效应结果显示，FDI 总体有显著的促进竞争效应。为了验证结果的稳健性，我们分别放入四种度量外资企业份额的指标重新进行回归，发现不论运用哪种指标，FDI 与市场势力溢价均表现出显著的负相关关系。本研究结果与 Sembenelli 等（2008）发现的 FDI 显著降低市场势力溢价水平具有一致性。考虑到产业特性及时间效应的影响，我们采用面板固定效应方法重估方程（3-3-9），FDI 具有竞争性的结论保持不变。

用四位数代码产业样本进行估计，得到的市场势力溢价水平与两位数代码产业样本结果基本一致，但观测到的外资市场效应在危机前后却有显著差别（见表 3-5）。两种估计方法都证实了市场势力的存在，金融危机前制造业市场势力溢价水平维持在 22% 左右。金融危机发生后，中国制造业面临着外部需求的大幅下降，制造业企业整体的市场控制能力被削弱，全样本结果显示制造业市场势力溢价只有 6.1%。与危机前 FDI 促进竞争的强烈证据相比，FDI 的促进竞争效应在危机后变得极其微弱：在全样本回归结果中，只有以增加值比重衡量的外商投资与市场势力之间表现出显著的负相关关系。金融危机后制造业萎缩，劳动力成本上升引致外资撤离至工人成本更低的东南亚国家，可能部分解释了上述问题。

表 3-5　　　　　　　　　　四位数代码产业样本回归结果

样本区间	混合面板 OLS		面板固定效应	
	全样本 （1999—2010）	危机前样本 （1999—2007）	全样本 （1999—2010）	危机前样本 （1999—2007）
市场势力溢价	0.061 *** （32.319）	0.213 *** （85.342）	0.061 *** （32.166）	0.221 *** （85.591）
外商投资 A	0.003 （0.457）	-0.086 *** （-8.453）	0.003 （0.452）	-0.079 *** （-7.736）
外商投资 B	-0.077 *** （-7.687）	-0.077 *** （-7.687）	-0.070 *** （-6.966）	-0.070 *** （-6.966）
外商投资 C	-0.005 （-0.770）	-0.078 *** （-7.909）	-0.006 （-0.776）	-0.074 *** （-7.353）

续表

样本区间	混合面板 OLS		面板固定效应	
	全样本 （1999—2010）	危机前样本 （1999—2007）	全样本 （1999—2010）	危机前样本 （1999—2007）
外商投资 D	− 0.005 （− 0.689）	− 0.079 *** （− 7.933）	− 0.005 （− 0.696）	− 0.074 *** （− 7.386）
观测值	3779	2605	3779	2605

注：括号中的数值为 t 统计量的值；*、** 和 *** 分别表示在 10%、5% 和 1% 的显著性水平下通过显著性检验。在固定效应回归结果中，产业效应及时间效应已经包含。A. 以总产值比重衡量的外商投资比例；B. 以增加值比重衡量的外商投资比例；C. 以平均资产净值比重衡量的外商投资比例；D. 以固定资产总值比重衡量的外商投资比例。

对 FDI 来说，中国市场具有特殊性，其市场化程度低并且中国吸引外资的政策强度大。外资的涌入在初期可能带来更多的是竞争，而不是垄断。但随着外资的积累，外资企业容易实施第一阶段获得的市场势力，从而可能阻碍竞争。现在我们放松 FDI 对市场势力溢价线性关系的假定，检验 FDI 对市场势力溢价的影响是否呈现理论分析的 U 形曲线。表 3 − 6、表 3 − 7 以及表 3 − 8、表 3 − 9 分别利用两位代码和四位代码产业样本进行检验。我们发现，即便采用两种回归方法、利用四种外资比重指标，外资进入与市场势力之间的 U 形非线性关系的结论保持不变。

表 3 − 6　　　　FDI 与市场势力溢价的非线性关系估计结果
（两位代码、OLS 估计）

全样本回归	混合面板 OLS			
	模型（1）	模型（2）	模型（3）	模型（4）
市场势力溢价	0.269 *** （9.660）	0.370 *** （15.890）	0.286 *** （9.607）	0.285 *** （9.715）
外商投资	− 1.136 *** （− 7.181）	− 0.734 *** （− 5.523）	− 1.163 *** （− 6.874）	− 1.189 *** （− 6.979）
外商投资的平方项	1.165 *** （5.757）	0.681 *** （3.922）	1.203 *** （5.288）	1.256 *** （5.393）
常数项	− 0.005 （− 0.626）	0.003 （0.887）	− 0.007 （− 0.851）	− 0.007 （− 0.867）

全样本回归	混合面板 OLS			
	模型（1）	模型（2）	模型（3）	模型（4）
U 形曲线拐点	0.488	0.539	0.483	0.473
观测值	302	302	302	302

注：括号中的数值为 t 统计量的值；＊、＊＊和＊＊＊分别表示在10%、5%和1%的显著性水平下通过显著性检验；模型（1）—模型（4）分别采用以总产值、增加值、平均固定资产净值和固定资产计算的外商投资比例；固定效应结果控制了产业和年份效应。

两位数代码产业样本估计结果（见表3-6和表3-7）表明，FDI 对产业市场势力的影响并不是简单的线性关系，制造业总体表现出显著的二次方形式，呈 U 形曲线形状。表明外资的进入在初期可能带来竞争，达到一定的外资存量后，其垄断效应则显现出来。进一步，我们计算了 U 形曲线的拐点，发现拐点基本稳定在外资水平为 0.473—0.540 的区间内。意味着，外资比重在达到47.3%—54.0% 这一区间之前，FDI 促进竞争的效应占主导；当超过这一区间，FDI 的反竞争效应则占主导。当前制造业整体外资比重大约为33% 左右，正处于 U 形曲线的下降通道，还没有到达 U 形曲线的底端，这决定了未来一段时期内外资政策的基本方向仍然是扩大外资进入的规模和领域。我们同样采用两种回归方法和四种外商投资比例计算方法进行回归，结果稳健，外商投资及其平方项的系数均在 1% 的显著性水平下拒绝原假设。

表3-7　　　　FDI 与市场势力溢价的非线性关系估计结果

（两位代码、面板固定效应）

全样本回归	面板固定效应			
	模型（1）	模型（2）	模型（3）	模型（4）
市场势力溢价	0.146＊＊＊ （3.194）	0.251＊＊＊ （6.434）	0.155＊＊ （3.245）	0.136＊＊＊ （2.876）
外商投资	-1.181＊＊＊ （-11.369）	-0.827＊＊＊ （-5.916）	-1.159＊＊＊ （-10.429）	-1.195＊＊＊ （-10.691）
外商投资的平方项	1.141＊＊＊ （8.721）	0.766＊＊＊ （4.315）	1.130＊＊＊ （7.628）	1.182＊＊＊ （7.839）

续表

全样本回归	面板固定效应			
	模型（1）	模型（2）	模型（3）	模型（4）
常数项	0.111***	0.047**	0.107***	0.114***
	(4.334)	(2.806)	(4.084)	(4.374)
U形曲线拐点	0.518	0.540	0.513	0.506
观测值	302	302	302	302

注：括号中的数值为 t 统计量的值；*、** 和 *** 分别表示在 10%、5% 和 1% 的显著性水平下通过显著性检验；模型（1）—模型（4）分别采用以总产值、增加值、平均固定资产净值和固定资产计算的外商投资比例；固定效应结果控制了产业和年份效应。

表 3-8　　　　　FDI 与市场势力溢价的非线性关系估计结果

（四位代码、OLS 估计）

全样本回归	混合面板 OLS			
	模型（1）	模型（2）	模型（3）	模型（4）
市场势力溢价	0.097***	0.253***	0.101***	0.102***
	(18.757)	(39.226)	(18.665)	(19.145)
外商投资	-0.233***	-0.167***	-0.239***	-0.251***
	(-8.744)	(-4.885)	(-8.841)	(-9.304)
外商投资的平方项	0.234***	0.103***	0.243***	0.254***
	(9.164)	(2.756)	(8.917)	(9.449)
常数项	-0.006*	0.002	-0.006*	-0.006**
	(-2.355)	(1.858)	(-2.439)	(-2.486)
U形曲线拐点	0.498	0.811	0.492	0.494
观测值	3779	3779	3779	3779

注：括号中的数值为 t 统计量的值；*、** 和 *** 分别表示在 10%、5% 和 1% 的显著性水平下通过显著性检验；模型（1）—模型（4）分别采用以总产值、增加值、平均固定资产净值和固定资产计算的外商投资比例。

当采用四位数代码产业样本检验制造业总体 FDI 与市场势力之间的非线性关系时，结论没有显著变化（见表 3-8 和表 3-9），但我们得到了一个更宽范围的 U 形曲线拐点区间。我们认为，可能的原因在于细分产业具有研究者观测不到的异质性，在数据加总过程中要求更宽的数据区间来涵盖各自产业面临的拐点。因此，以制造业整体为研究对象时，用两位数代码产业样本得到的 U 形曲线拐点区间更为可靠。

表 3 - 9 　　　　FDI 与市场势力溢价的非线性关系估计结果
（四位代码、面板固定效应）

全样本回归	面板固定效应			
	模型（1）	模型（2）	模型（3）	模型（4）
市场势力溢价	0.153*** (32.931)	0.255*** (34.202)	0.149*** (32.656)	0.149*** (32.762)
外商投资	-0.152*** (-8.527)	-0.141*** (-4.070)	-0.106*** (-5.587)	-0.120*** (-6.431)
外商投资的平方项	0.104*** (5.691)	0.080* (2.103)	0.058*** (2.855)	0.074*** (3.692)
常数项	0.037*** (6.860)	-0.003 (-0.874)	0.036*** (6.550)	0.036*** (6.627)
U 形曲线拐点	0.731	0.881	0.914	0.811
观测值	3779	3779	3779	3779

注：括号中的数值为 t 统计量的值；*、**和***分别表示在 10%、5% 和 1% 的显著性水平下通过显著性检验；模型（1）—模型（4）分别采用以总产值、增加值、平均固定资产净值和固定资产计算的外商投资比例；固定效应结果控制了产业和年份效应。

二　各细分产业市场势力溢价及外资的竞合效应

为估计 28 个两位数代码产业的市场势力溢价程度以及 FDI 在各产业中的市场效应，我们将 447 个四位数代码产业按照其隶属关系划分为 28 个产业，从而为每个两位数代码产业构造一个面板数据。为简化分析，后文中的外商投资比例采用外资企业产值占该产业总产值比重指标。①

为了剔除此次金融危机存在的潜在影响，我们仍划分为全样本（1999—2010）和危机前样本（1999—2007）进行估计，表 3 - 10 和表 3 - 11 给出了详细的估计结果。

---

① 事实上，无论采取哪种外商投资比例指标，结果都表现出了稳健性，这里不再报告其他指标回归结果。

表 3 - 10 各行业市场势力溢价水平及 FDI 市场效应估计结果（OLS）

产业代码	危机前样本		全样本	
	市场势力	FDI	市场势力	FDI
13	0. 226 *** (19. 899)	- 0. 011 (- 0. 179)	0. 060 *** (6. 440)	0. 047 (0. 619)
14	0. 220 *** (22. 597)	- 0. 083 * (- 1. 667)	0. 067 *** (7. 247)	0. 091 (1. 376)
15	0. 296 *** (20. 691)	- 0. 020 (- 0. 416)	0. 099 *** (8. 470)	- 0. 063 (- 1. 615)
16	0. 765 *** (8. 740)	- 2. 740 (- 1. 482)	0. 216 *** (3. 112)	- 20. 008 *** (- 4. 410)
17	0. 181 *** (32. 535)	- 0. 016 (- 0. 406)	0. 035 *** (4. 843)	0. 070 (1. 039)
18	0. 185 *** (10. 291)	- 0. 413 (- 1. 172)	- 0. 030 (- 1. 006)	0. 755 (1. 108)
19	0. 192 *** (17. 901)	- 0. 170 ** (- 2. 342)	0. 050 *** (4. 836)	- 0. 168 ** (- 2. 485)
20	0. 210 *** (24. 702)	- 0. 090 (- 1. 146)	0. 058 *** (4. 690)	0. 196 (1. 203)
21	0. 199 *** (18. 014)	0. 091 (0. 894)	0. 026 (1. 417)	0. 516 *** (4. 245)
22	0. 192 *** (4. 504)	0. 101 (0. 309)	0. 045 ** (2. 208)	- 0. 151 (- 1. 009)
23	0. 215 *** (13. 313)	0. 238 (1. 229)	0. 031 (1. 446)	- 0. 324 (1. 374)
24	0. 177 *** (10. 212)	- 0. 143 (- 1. 291)	0. 013 (1. 096)	- 0. 171 ** (- 2. 413)
25	0. 258 *** (8. 226)	- 0. 203 (- 0. 211)	0. 034 (1. 395)	- 0. 400 ** (- 2. 151)
26	0. 242 *** (30. 542)	0. 180 *** (4. 250)	0. 090 *** (11. 544)	- 0. 159 *** (- 3. 553)
27	0. 323 *** (20. 998)	0. 187 (1. 187)	0. 100 *** (7. 164)	- 0. 059 (- 0. 417)

续表

产业代码	危机前样本		全样本	
	市场势力	FDI	市场势力	FDI
28	0.143 *** (8.460)	0.103 (0.702)	0.056 *** (3.868)	−0.078 (−0.579)
29	0.212 *** (17.951)	−0.092 (−0.926)	0.041 *** (3.084)	−0.071 (−0.678)
30	0.174 *** (28.151)	−0.073 (−1.526)	0.022 * (1.860)	−0.057 (−0.531)
31	0.258 *** (29.889)	−0.228 *** (−4.397)	0.077 *** (10.283)	−0.196 *** (−3.301)
32	0.251 *** (25.604)	−0.583 ** (−2.204)	0.038 * (1.770)	−1.179 (−1.589)
33	0.213 *** (15.627)	−0.097 (−0.657)	0.059 *** (4.742)	−0.027 (−0.244)
34	0.192 *** (29.562)	0.023 (0.868)	0.046 *** (6.788)	0.031 (0.846)
35	0.218 *** (26.842)	−0.162 *** (−3.379)	0.064 *** (10.468)	−0.006 (−0.146)
36	0.212 *** (26.239)	−0.039 (−1.143)	0.057 *** (9.082)	−0.033 (−0.960)
37	0.215 *** (20.866)	−0.077 (−1.493)	0.080 *** (15.319)	0.054 *** (3.296)
39	0.188 *** (18.287)	−0.256 *** (−4.744)	0.059 *** (10.166)	−0.048 (−1.277)
40	0.197 *** (15.348)	−0.228 *** (−3.670)	0.006 (0.694)	0.117 *** (3.667)
41	0.196 *** (12.832)	−0.130 ** (−2.065)	0.050 *** (4.837)	0.020 (0.468)

注：括号中的数值为 t 统计量的值；*、** 和 *** 分别表示在10%、5%和1%的显著性水平下通过显著性检验。

我们发现，金融危机爆发前（1999—2007），在所有细分产业中都发现了显著的、正的市场势力溢价，但不同产业的溢价水平差异较大。控制产业效应和时间效应后（表 3 – 11 第 2 列），"化学纤维"（代码为 28）产业的市场势力溢价水平最小，为 12.1%；而"黑色金属冶炼及压延加工业"（代码为 32）产业的垄断势力最大，其产业市场势力溢价水平高达 37.9%。同已有文献相比，本研究估算的各产业市场势力溢价水平高于 Martins 等（1996）的结果，但低于 Hall（1988）、Roeger（1995）以及 Co（2001）的估计结果。运用混合面板 OLS 和面板固定效应的回归结果显示，两种方法得到的结论没有实质性的差异。考虑金融危机后，全样本（1999—2010）固定效应回归结果显示（表 3 – 11 第 4 列），制造业各行业市场势力溢价水平有所下降，部分行业的市场势力不再显著存在。

当逐一检验各两位数代码产业时，外资进入的市场效应表现出多样化的特点。固定效应结果显示（表 3 – 11 最后一列），在 13 个两位数代码产业中，FDI 对产业市场势力溢价没有显著影响，12 个行业表现出负向关系，3 个行业则表现出正向关系。[①] 在证实 FDI 具有促进竞争作用的同时，我们也发现了 FDI 在 3 个行业中表现出显著的反竞争效应。

表 3 – 11　　　　　**各行业市场势力溢价水平及 FDI 市场效应**
估计结果（固定效应）

产业代码	危机前样本		全样本	
	市场势力	FDI	市场势力	FDI
13	0. 259 *** (9. 841)	- 0. 021 (- 0. 338)	0. 092 *** (3. 990)	0. 015 (0. 370)
14	0. 217 *** (10. 908)	- 0. 067 (- 1. 387)	0. 145 *** (6. 627)	0. 039 (1. 138)
15	0. 258 *** (5. 949)	- 0. 029 (- 0. 566)	0. 156 *** (3. 381)	- 0. 069 *** (- 3. 083)
16	—		—	
17	0. 209 *** (13. 221)	- 0. 009 (- 0. 242)	0. 138 *** (6. 953)	- 0. 015 (- 0. 491)
18	0. 138 * (2. 205)	- 0. 092 (- 0. 219)	0. 097 (1. 653)	- 0. 012 (- 0. 038)

① 因固定效应方法无法计算烟草制品业（代码：16）结果，该产业外资效应由表 3 – 9 第 5 列的最小二乘结果得出。

续表

产业代码	危机前样本		全样本	
	市场势力	FDI	市场势力	FDI
19	0.245***	−0.158**	0.170***	−0.208***
	(8.648)	(−2.126)	(5.396)	(−6.034)
20	0.232***	−0.050	0.115***	−0.167**
	(10.819)	(−0.630)	(5.335)	(−2.652)
21	0.226***	0.013	0.207***	0.019
	(9.427)	(0.098)	(7.572)	(0.218)
22	0.248***	0.137	0.202***	−0.089
	(3.106)	(0.416)	(2.844)	(−0.826)
23	0.155***	0.286	0.053	0.242**
	(4.513)	(1.512)	(1.390)	(2.287)
24	0.194***	−0.143	0.161***	−0.015***
	(6.506)	(−1.141)	(6.224)	(−3.457)
25	0.295**	−1.951	0.017	−0.287
	(2.921)	(−1.165)	(0.397)	(−1.551)
26	0.214***	0.169***	0.154***	−0.164***
	(13.697)	(3.885)	(7.723)	(−5.152)
27	0.341***	0.207	0.156***	0.002
	(4.844)	(1.162)	(3.914)	(0.023)
28	0.121***	0.017	0.096***	0.198*
	(3.966)	(0.101)	(3.090)	(1.689)
29	0.212***	−0.064	0.114***	−0.104**
	(6.937)	(−0.680)	(2.957)	(−2.344)
30	0.202***	−0.079*	−0.073	−0.157***
	(9.241)	(−1.685)	(−1.564)	(−3.032)
31	0.330***	−0.199***	0.226***	−0.206***
	(21.306)	(−4.016)	(16.911)	(−7.464)
32	0.379***	−0.317	0.154***	−0.695*
	(10.685)	(−1.226)	(3.012)	(−1.992)
33	0.192***	−0.125	0.158***	0.017
	(7.338)	(−0.815)	(6.705)	(0.287)

续表

产业代码	危机前样本		全样本	
	市场势力	FDI	市场势力	FDI
34	0.166*** (12.449)	0.034 (1.314)	0.121*** (9.862)	−0.018 (−1.040)
35	0.248*** (17.747)	−0.261*** (−5.095)	0.163*** (14.051)	−0.102*** (−4.369)
36	0.230*** (15.941)	−0.045 (−1.287)	0.125*** (10.035)	−0.001 (−0.065)
37	0.213*** (7.626)	−0.071 (−1.376)	0.096*** (18.636)	0.038 (1.607)
39	0.176*** (6.341)	−0.255*** (−4.645)	0.104 (7.459)	−0.064*** (−2.846)
40	0.208*** (8.083)	−0.235*** (−3.716)	0.001 (0.029)	0.128*** (5.415)
41	0.212*** (10.009)	−0.115** (−1.798)	0.152*** (7.403)	−0.027 (−0.932)

注：括号中的数值为 t 统计量的值；＊、＊＊和＊＊＊分别表示在10%、5%和1%的显著性水平下通过显著性检验。"—"表示缺少足够的自由度无法估计结果。产业效应及时间效应已经包含但未报告。

三　外资进入的垄断竞争特性引致的福利效应

外资的市场效应结果可以告诉我们外资影响产业市场势力的方向，但我们更感兴趣的是，FDI 的竞争性在多大程度上降低了垄断带来的福利损失。FDI 的反竞争性又造成了多大的福利损失。为此，通过方程，我们测算了 FDI 市场效应显著的部分行业中由 FDI 带来的福利效应。

如表 3 - 12 所示，大部分行业中 FDI 表现出促进竞争的效应，福利效应为正；只在三个产业中（产业代码为 23、28、40）FDI 表现出反竞争效应增加而福利减少。通过计算，1999—2010 年间，FDI 的进入所带来的竞争，使得这些产业潜在的垄断福利损失降低了 3334.69 亿元（FDI 竞争效应显著的行业加总）；但 FDI 的反竞争效应使得部分行业垄断福利损失增加 2407.44 亿元（FDI 反竞争效应显著的行业加总）。制造业各子行业因为显著市场势力而造成福利损失，这些产业的垄断福利损失约占产业总产出的 4.8%—11.3% 左右，但由于外资的进入带来了竞争，相关产业垄断带来的福利损失普遍降低了 0.06%—0.75%；外资的反竞争效应则使得相应产业垄断福利损失增加了 0.22%—0.90%。

表 3 - 12　　　　　　1999—2010 年间 FDI 引致的福利损失估计

产业代码	产业名称	1999—2010 年总产值	垄断势力引致福利损失		FDI 引致福利损失	
			总额	占比（%）	总额	占比（%）
15	饮料制造业	43954.19	3428.43	7.80	-80.41	-0.18
19	皮革、毛皮、羽毛（绒）及其制品业	42452.50	3608.46	8.50	-317.74	-0.75
20	木材加工及木、竹、藤、棕草制品业	29685.45	1706.91	5.75	-60.84	-0.21
23	印刷业和记录媒介的复制	18582.38	1997.61	10.75	166.34	0.90
24	文教体育用品制造业	17255.69	1389.08	8.05	-11.05	-0.06
26	化学原料及化学制品制造业	206653.11	15912.29	7.70	-719.29	-0.35
28	化学纤维制造业	29421.20	1412.22	4.80	65.18	0.22
29	橡胶制品业	29935.53	1706.33	5.70	-54.79	-0.18
31	非金属矿物制品业	141845.72	16028.57	11.30	-674.08	-0.48
32	黑色金属冶炼及压延加工业	214283.27	16499.81	7.70	-1110.04	-0.52
35	通用设备制造业	153505.63	12510.71	8.15	-306.26	-0.20
40	通信设备、计算机及其他电子设备制造业	253224.83	24942.65	9.85	2175.93	0.86

注：本表中福利损失数值单位为亿元。

资料来源：作者计算所得。

第四节　影响外资竞合效应的进一步检验

已有文献表明，FDI 对市场势力的影响可能与产业的研发密度相关，考虑到各产业研发投入的异质性，这里进一步检验 FDI 对市场势力的影响是否受产业研发密度（R&D）的调节。为了检验这一关系如何因产业的研发密度不同而不同，在方程（3-11）基础上加入 FDI 与研发密度的交互项，得到：

$$Z_{it} = \beta_i X_{it} + \beta_{i1} FDI_{it} X_{it} + \beta_{i2} FDI_{it} R\&D_{it} X_{it} + \varepsilon_{it} \qquad (3-16)$$

各产业层面研发数据来自《中国统计年鉴》，但 2001 年前并没有提供关于 R&D 经费支出数据，因此，2001 年前数据采用"开发新产品经费支出"项目来替代 R&D 数据。2001 年后的 R&D 数据采用"大中型制造业企业 R&D 活动经费支出"来表示。

通过估计方程（3-16），检验了外资进入带来的垄断竞争关系是否受企业 R&D 的行为调节。表 3-13 报告了检验结果。同样，我们也发现了研发密度确实影响了 FDI 与市场势力溢价之间的关系。一般来说，产业研发密度越高，FDI 促进竞争的作用越受到抑制，整个产业表现出的市场势力溢价水平越高。这说明，产业研发投入越高，越容易与外商投资企业抗衡形成相对寡占的市场。四位数代码产业样本回归结果提供了更强的证据。这一结论与 Sembenelli 等（2008）一致，他证明了在研发密度高的行业，FDI 长期使得该产业市场势力溢价水平提高。本结果意味着研发投入高的行业通常能够从吸收外商投资中获利更多。Kinoshita（2001）和 Görg 等（2004）分别利用捷克产业层面和企业级数据证实了这一论断。

表 3-13　　　　　　　　研发投入密度与 FDI 的垄断竞争效应关系

全样本回归	混合面板 OLS		面板固定效应	
	两位	四位	两位	四位
产业市场势力溢价	0.299 ***	0.271 ***	0.197 ***	0.305 ***
	(19.70)	(54.44)	(5.07)	(46.45)
FDI · X	-0.269 ***	-0.166 ***	-0.289 ***	-0.165 ***
	(-5.42)	(-9.86)	(-5.60)	(-9.70)
FDI · R&D · X	7.928	5.823 ***	9.183 *	5.817 ***
	(1.51)	(3.03)	(1.73)	(2.95)
Adj_ R^2	0.806	0.709	0.820	0.717
F 统计量	301.52	2163.58	99.35	673.75

注：括号中的数值为 t 统计量的值；*、**和***分别表示在10%、5%和1%的显著性水平下通过显著性检验；在固定效应回归结果中，产业效应及时间效应已经包含；两位和四位分别代表两位数代码产业样本和四位数代码产业样本。

第五节　外资竞合效应的启示与政策设计

本章从直接评估和计量外资进入的市场效应入手，估计了各产业市场势力溢价水平，检验了 FDI 的市场效应，并测度了 FDI 引致的福利问题。结果显示，制造业各行业存在显著的市场势力，但金融危机前后市场势力溢价水平波动较大。全样本结果显示制造业市场势力溢价水平约为 6.2%，但危机前样本表明市场势力溢价高达 22.1%。FDI 总体上具有促进竞争的效应，但在部分产业中外资表现出了反竞争效应。从制造业总体来看，外资进入与市场势力之间表现出 U 形非线性关系，拐点基本稳定在外资比重为 0.473—0.540 的区间内。具体到两位数代码行业，外资的市场效应表现出多样性。这些结论对于外资政策的制定具有重要的政策含义。

第一，外资政策、产业政策与反垄断政策的协调。目前制造业外资比重在 33% 左右，仍处于本研究提出的 U 形曲线的下行方向，外资促进竞争的效应占主导地位，可以判定近期外资政策的基本方向应当仍然是鼓励投资。但吸引外资不是越多越好，FDI 在进入初始阶段促进竞争作用占主导地位，但随着竞争中低效率企业的退出，FDI 最终会表现出反竞争效应，从而进入 U 形曲线的上升通道。根据本研究的测算结果，外资比重在 47.3% 以下时，外资的竞争性特征才能表现出来，因此控制外资进入规模仍是有必要的。之前的外资政策，基本出发点是尽可能多地吸引外资。长期以来，中国一直坚持以鼓励外商投资为主的产业导向政策，早在 20 世纪 80 年代中期，"指导目录"就作为一份内部文件来实施。[①] 但量化政策下的外资企业，可能带来的是垄断地位的延伸，本研究实证结果为 FDI 的反竞争性提供了证据。还有观点认为，要发展壮大本土产业，除制定产业政策外，还需要放宽外资进入限制，引进外资加强竞争。这一观点需要重新审视，忽视了外资的反竞争效应而盲目引入外资以期带来本土产业的良性竞争和发展，最终则可能会"揠苗助长"，让具有垄断势力的外商企业得以在本土市场拓展其市场势力。在制造业转型和升级的过程中，外资政策、产业政策和反垄断政策关系的协调意义重大。

---

① 朱宏力：《新版〈外商投资产业指导目录〉对外商投资中国装备制造业的双重作用》，《装备制造》2007 年第 3 期。

第二，对外资的监管政策应考虑外部市场环境的变化。金融危机对制造业造成了冲击，由于制造业整体面临外部需求下降，部分外资也因为逐渐上升的用人成本而撤离中国。结果显示，金融危机后，制造业市场势力明显下降，外资对制造业的竞争效应也不再那么明显。这给我们的启示是，外资的管制政策需要根据外部市场环境变化予以调整。在经济活跃期，产业市场势力溢价水平较高，外资更容易参与市场，此时可以采取稍严格的外资进入管制；而在经济衰退期，市场势力倾向于降低，外资参与市场的程度有所减弱，因此对外资的管制可以适当放松以活跃经济。根据外部市场环境和经济周期的变化修正外资监管政策是必要的。

第三，外资反竞争效应的预警及管制。本章结果提供了证据显示 FDI 存在反竞争效应，如果没有相应的管制体系，外资进入最终会降低消费者剩余，增大无谓损失。在识别 FDI 具有反竞争效应的三个行业中，1999—2010 年间，因为 FDI 的反竞争效应，给这三个产业带来的福利损失高达 2407.44 亿元。如果对这些产业外资的进入适当管制，可以增加近 2500 亿元的社会福利。如果外资比重扩大到 U 形曲线右侧，反竞争效应占主导地位时，社会福利的损失将进一步增大。因此，制定一套外资反竞争效应的预警和监管机制尤为重要。

第四，吸引外资要防范其带来的负向影响。许多国家吸引外资希望能从外资中获得外溢效应、提高生产率（Javorcik，2004；Sinani 等，2004）。中国从中央到地方也制定了各种政策大量吸引外资。但是证据表明，研发投入高的产业可以从 FDI 中获得更多的收益。在研发投入较低的产业，外资带来的可能只是激烈的竞争。内资部门较低的 R&D 吸收能力会抑制生产率的增长（张海洋，2005）。如果 FDI 持续进入低研发投入行业，外商投资企业最终可能会控制整个产业。

受数据限制，本章采用的产业层面数据无法按照来源国或地区来分解 FDI 进而考察不同来源国或地区的 FDI 对产业的市场效应。已有证据表明，FDI 的外溢效应与 FDI 的来源国或地区相关（Buckley 等，2007），且不同来源国或地区的 FDI 行为有显著性差异，尤其是西方国家 FDI 与港、澳、台地区的 FDI 行为差异更明显（Wang 等，2009）。因此，不同来源国或地区的 FDI 对外资的市场效应有什么影响有待进一步验证。[1]

---

[1]　第四章提供了外资来源异质性影响生产率溢出效应的经验证据。

第四章　外资异质性与生产率溢出效应

　　本章主要从外资来源的异质性和外资企业组织形式选择的内生性出发，考察外资的生产率溢出效应是否因外资来源和组织形式不同而存在显著差异，同时对外资所进入的产业结构异质性对外溢效应的影响进行了检验。外资来源的异质性问题在以"量"为主的外资政策语境下，长久以来被研究者忽略。而外资企业组织形式选择的内生性，使以外资份额为解释变量的相关研究面临严重的估计偏误问题。本章运用1998—2007年中国制造业微观企业数据，考察了外资来源的异质性、外资组织形式的差异和企业、产业层面的异质性特征对不同所有制企业生产率外溢效应的影响。研究结果表明，外资份额和外资企业的组织形式具有内生性；西方外资的进入提升了国有企业生产率、抑制了私营企业生产率的提高，而港、澳、台资的进入对两类企业生产率均有显著正向溢出效应；合资形式的外资对国有企业生产率影响却最大，而合作形式的外资对私营企业生产率影响却最大，独资形式外资对两类企业都有显著的正向生产率外溢效应。本章的结论对外资分类管制、外资企业组织形式的限定等具有重要的政策含义。

第一节　外资异质性的表现形式

　　外商直接投资是带动企业发展、活跃中国经济、优化产业结构和促进产业升级的重要驱动力量之一。许多国家吸引外资希望能从外资中获得正向外溢效应，进而提高本土企业生产率（Javorcik，2004；Sinani 等，2004）。改革开放后的中国，资本稀缺严重制约着经济发展，中央到地方政府分别制定了各种政策大量吸引外资，外资利用数量和质量也均有很大提高。如今，中国已经成为世界上第二大吸引外资的经济体。

在评价外资进入对生产率的影响时，至少有三类异质性影响了外资的生产率溢出效应：一是关于外资来源的异质性问题；二是关于外资组织形式选择的内生性问题；三是关于外资所进入产业的异质性特征问题。归纳起来，这三个方面实际上来自出资方和受资方因素，前两个因素都与外资方即出资方相关，而第三个因素则来自受资方。

一　外资来源的异质性

从外资来源的异质性来看，可以简单地将其划分为西方外资企业和港、澳、台资企业。不同来源的外资，进入中国投资的行为和动机差异是非常大的。从投资的数量上来看，不同国家（地区）的外资投入比重也有所差异。

表4－1显示了截至2013年对我国投资前十五位国家（地区）成立的企业数量和实际使用的外资金额，不难发现外资来源呈现出显著差异，除了英属维尔京群岛和开曼群岛两个避税天堂外，排名靠前的国家（地区）与我国地理和经济上的联系都十分密切，证实了外资的来源（国）异质性会影响企业的投资决策。

表4－1　　截至2013年对我国投资前十五位国家（地区）情况

国别/地区	企业数	比重（%）	实际使用外资金额	比重（%）
总计	786217	100	1476.27	100
中国香港地区	360898	45.90	6656.70	45.07
英属维尔京群岛	22774	2.90	1355.60	9.18
日本	48544	6.17	943.04	6.39
美国	63430	8.07	730.10	4.94
新加坡	20962	2.67	664.90	4.50
中国台湾地区	90018	11.45	591.34	4.00
韩国	56224	7.15	559.46	3.79
开曼群岛	2945	0.37	274.73	1.86
德国	8193	1.04	218.40	1.48
萨摩亚	7408	0.94	217.86	1.48
英国	7477	0.95	184.67	1.25

续表

国别/地区	企业数	比重（%）	实际使用外资金额	比重（%）
荷兰	2835	0.36	140.97	0.95
法国	4630	0.59	129.23	0.88
毛里求斯	2367	0.30	123.77	0.84
澳门地区	13452	1.71	113.49	0.77
其他	74060	9.42	1863.99	12.62

注：实际使用外资金额单位为亿美元。

资料来源：中华人民共和国商务部外资司：《中国外资统计（2014）》，第15页。

经验研究也已经证明，不同来源的外资可能有不同的进入方式（Kogut 和 Singh，1988；Agarwal 和 Ramaswami，1992；Tihanyi 等，2005）和不同的外部效应（Buckley 等，2007）。从理论上来说，外资来源不同还会因以下几方面差异影响其投资决策，进而影响内资企业生产率：

第一，投资动机不同。早期外商投资区位相关研究认为厂商选择生产区位的最重要因素是生产成本，因而会选择能够最小化生产成本的区位（Buckley，1988）。跨国公司具有所有权优势和内部化优势（Dunning，1988、1998），四类区位因素决定了外资企业的选址行为：市场因素（包括市场规模和潜力）、贸易壁垒、成本因素以及投资氛围。因而投资者不仅考虑传统的生产成本，还考虑综合交易成本的大小，投资目的上更重视外在经济性、知识积累和技术创新等方面。外资企业的投资动机（王成岐等，2006）存在很大差异：西方外资企业可能更注重市场，港、澳、台资企业可能更注重低成本劳动力。魏后凯（2001）采用秦皇岛市135家外商投资企业来华投资动机进行了实证研究，认为外商在华投资动机可以归纳为生产投入与市场动机、生产服务动机、文化联系和感情动机、利用优惠政策和降低投资风险动机、竞争动机以及出口动机，而影响外商在秦皇岛市投资的主要区位因素可归纳为城市经济文化环境因素、交易成本因素、生产投入供应因素、市场因素以及投入成本因素。实证研究中，对外商在中国投资的动机排序如表4-2所示。

表4-2　　　　　　　　　**影响外资企业投资动机因素的相对重要性**

位次	东道国的区位影响	位次	东道国的区位影响	位次	东道国的区位影响
1	利用当地廉价的劳动力	6	高投资回报率	11	减少专利权使用费
2	扩大和占领中国大陆市场	7	中国即将加入WTO	12	避免外汇风险
3	确保原材料的供应	8	向本国和第三国出口	13	回避高关税壁垒
4	利用当地丰富的自然资源	9	对中国大陆有感情和血缘关系	14	追随竞争对手来中国大陆投资
5	利用减免税收的优惠政策	10	提供售后和技术服务	15	搜集商业情报

注：该因素的相对重要性是基于秦皇岛135家外资企业样本得出的。

资料来源：魏后凯、贺灿飞、王新：《外商在华直接投资动机与区位因素分析——对秦皇岛市外商直接投资的实证研究》，《经济研究》2001年第2期。

第二，投资规模不同。外商投资总体和单个项目的规模也与国别有很密切的关系，Zhang（2005）发现中国接收的FDI大部分来源于港、澳、台资而不是其他地区，主要原因是他们与大陆存在一些特殊联系。① Zhou和Yang（2011）理论上证明了外资单个项目规模因国别和文化距离而显著不同。港、澳、台资企业因地缘优势、文化相近，单个项目平均投资额可能大于文化差异较大的西方国家单个项目投资额。

图4-1展示了外资主要来源国（地区）企业的平均外资使用规模，提供了相似的经验证据。从外资企业整体来看，平均每个企业使用的外资额度只有18.78万美元。排名最靠前的这些国家（地区）单个外资企业使用的外资额均超过了该平均水平。亚太区域的国家（地区），投资要跨越的门槛相对较小，而欧洲国家投资的外资企业平均使用外资额要更大，侧面反映了欧洲国家投资中国面临更大的障碍。作为避税天堂的两个群岛，则是大型外企项目的主要来源区，其单个企业的平均外资使用额度高达595万美元（英属维尔京群岛）和932万美元（开曼群岛）。

---

①　他们将这种关系称为"中国关系"（Chinese Connections）。

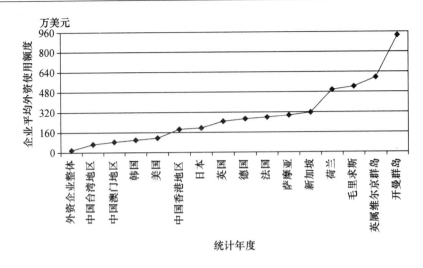

图 4 - 1　外资主要来源国（地区）企业的平均外资使用规模

资料来源：根据表 4 - 1 计算所得。

　　第三，企业行为不同。Wang 等（2009）发现，不同来源国的 FDI 行为有显著性差异，尤其是西方国家 FDI 与港、澳、台地区的 FDI 行为差异更为明显，相对于港、澳、台资企业，西方国家的外资更注重技术能力。

　　第四，市场选择不同。[①] 外资进入东道国存在不同的利益诉求，市场选择行为有明显差异。比如，西方外资通常看重的是中国巨大的消费市场，进入中国后专注于品牌与服务等高附加值产业链环节；而港、澳、台地区外资考虑的多是中国更低廉的劳动力成本，进入中国后专注于生产与加工，产品则销售至第三方国家。

　　事实上，在中国目前的政策和实践层面上，并没有严格对两类不同来源的外资区别开来。[②] 比如，外资企业和港、澳、台资企业享受着类似的税收优惠、土地优惠。因此，长久以来，有关外资企业的生产率外溢效应的研究，也忽略了外资来源的异质性问题。直到最近，国内才有学者从外资的来源不同考察外资的外部效应及生产率外溢问题，如王成岐等

---

　　① 在第七章，将专门阐述外资市场选择行为的不同对要素配置的影响。

　　② 从国家层面来看，国家鼓励台湾同胞来大陆投资，于 1988 年发布了《国务院关于鼓励台湾同胞投资的规定》；并于 1994 年通过了《中华人民共和国台湾同胞投资保护法》，保护和鼓励台湾同胞投资，促进海峡两岸的经济发展。从地方层面来看，还有部分省、市制定了专门针对港、澳、台资的其他优惠政策。但事实上，这些专门针对港、澳、台的优惠政策在实践中其他非港、澳、台外资企业凭借强大的谈判能力也通常能够获得类似的优惠。

（2006）、李铁立（2006）、田素华（2007）、平新乔等（2007）、夏业良和程磊（2010）。

二 外资企业组织形式选择的内生性

对外资企业组织形式的限定也是我国外资政策的一个主要方面。于1995年颁布并六次修改的《外商投资产业指导目录》，是对外资进行引导和监管的主要标准。它对外资主要有两个方面的限定：一是关于投资领域的限制，规定了哪些产业不允许外资进入；二是关于外资企业组织形式的要求，限定了外资企业的股权份额，并在少数产业规定外资只能采用合资或合作的组织形式。从政策限制来看，外资有比较充分的自由选择进入东道国的企业组织形式，[①] 因此，外资企业组织形式的选择可能是内生的。

事实上，从理论上来看，外资也有动机选择对自己最有利的企业组织形式，Buckley和Casson（1998）系统地梳理了企业进入东道国市场模式理论，解释了影响企业在出口、经营许可、合资、合作以及独资形式之间的选择，以及在跨国并购和跨国绿地投资（Green field FDI）之间的选择。该文还从产业组织领域进行分析，认为本土企业的竞争会影响企业的进入生产与分销模式决定。Ekeledo和Sivakumar（1998）考察了服务业外资企业进入模式，也承认企业可以自由选择进入模式。进一步说明，外资企业在组织形式选择上具有非常宽广的选择空间，因而理论上表明外资企业组织形式选择是内生的。魏后凯（2001）提出，市场导向型的投资更可能选择中外合资方式或中外合作方式，因为中方合作伙伴将有助于其打入中国国内市场，搜集商业情报，降低交易成本和信息成本，从而降低其投资风险。

许多研究考察了外资控股比例的大小对溢出效应的影响，如王志鹏和李子奈（2003）、隆娟洁和陈治亚（2009），但这些文献的共同缺陷是忽略了外资控股比例的内生性问题，因而采用普通最小二乘法（OLS）得到的结果是有偏的。

三 外资所进入产业和企业的异质性特征

Helpman（2006）通过回顾相关研究，分析了一个异质性企业影响贸

---

① 这种自由是在一定限定范围内的自由，我国对外资进入中国选择的企业组织形式也有一系列的规定，如《外国企业或者个人在中国境内设立合伙企业管理办法》、《中外合资经营企业合营期限暂行规定》、《中外合资经营企业合营各方出资的若干规定》、《〈中外合资经营企业合营各方出资的若干规定〉的补充规定》等法规，都明确了外资企业的出资份额和经营期限等若干问题。但这并没有实质上改变外资企业可以选择合作形式的自由，外资企业的组织形式依然具有内生性特征。

易方式的理论框架，认为企业组织结构的转变影响贸易与投资方式，企业层面的异质性、所在产业的特性为贸易结构和 FDI 类型提供了新的解释。我们认为，第一个重要的受资方异质性特征是产业结构的异质性，有证据表明产业结构会影响生产率增长。[①] 而第三章的研究结论表明，外资的进入与市场结构之间存在实质上的关联，而市场结构又与生产率存在密不可分的联系。因此，外资的进入对生产率的影响可能因其进入产业的异质性市场结构不同而有所差异。第二个重要的受资方异质性特征是企业的异质性，包括企业是否国有[②]、企业隶属的政府层级等因素，本章将这类因素也纳入考察范围。

基于以上分析，本章引入外资来源的异质性、将外资企业组织形式视为内生而非外生，同时考虑了外资进入产业的异质性市场结构，利用制造业微观层面企业级面板数据考察外资来源异质性、内生的企业组织形式以及企业、产业异质性特征对生产率溢出有什么不同的影响。实证中采用面板数据工具变量法，并使用两阶段最小二乘方法（2SLS）和广义系统矩估计方法（SYS - GMM），得到的结果更稳健。

第二节　外资异质性与生产率溢出：文献评述

FDI 与东道国企业生产率之间的关系一直是经济研究者们重点关注的话题，但外资进入的复杂性使得现有研究难以得到一致结论。理论研究普遍支持外资进入会导致东道国企业生产率提高的论断，但外资的外溢效应发挥可能存在一些条件。其中，张建华等（2003）对外资的技术溢出效应和渠道做了较为全面的综述，王玲和涂勤（2007）则对外资的溢出渠道和条件进行了细致的研究。

一　外资来源异质性与生产率溢出

国外关于外资来源异质性与东道国生产率的文献较为丰富，研究对象

---

①　关于产业结构对生产率影响的研究是产业组织理论中的一个经典话题，相关理论和实证研究文献非常多，此处不再一一回顾。相关研究请参见《产业组织》手册（*Handbook of Industrial Organization*）、Bartelsman 和 Doms（2000）以及 Syverson（2004）。

②　这个问题在以转型经济体和新兴市场经济国家为研究对象的文献中比较重要，普遍认为企业的所有权性质可能影响企业生产率水平。

既有发达国家也有发展中国家。Dunning（1980）、Kogut 和 Singh（1988）较早地发现了外资的来源国异质性问题，认为外资来源不同可能会影响其进入东道国的方式。Gastanaga 等（1998）发现东道国的外资政策不同会通过改变其区位优势影响外资引入。Grosse 和 Trevino（1996）分析了1980—1992 年美国外资流入数据，他们的结论认为母国的市场特征及与东道国进出口关系会影响外资进入东道国的行为。在实证研究中，外资来源的不同显著影响其外溢效应的结论也得到了验证。Javorcik 和 Spatareanu（2011）运用罗马尼亚企业级面板数据的结论显示，外资的来源影响FDI 的纵向溢出效应。同时也影响东道国企业中间投入品的供给行为：第一，母国与东道国之间距离越近，外资将中间品生产外包给东道国企业的比例越大；第二，外包模式的选择受到母国与东道国是否有双边贸易协定（议）的影响。

Schroath 等（1993）是较早地以中国为研究对象并区分外资来源异质性的文献之一，他们利用 1979—1985 年 1665 家中外合资企业数据，证实了外资确实存在母国效应（Country‐of‐Origin Effects）。Liu 等（1997）运用1983—1994 年中国利用的来自 22 个国家的外资数据，也发现双边贸易、文化距离等与母国相关的因素会显著影响外资在中国的利用。Wei 和 Liu（2006）运用 1998—2001 年近 10000 家企业层面数据，将 FDI 按照来源分为OECD 国家 FDI 和港、澳、台地区 FDI，并检验了两类 FDI 对生产率溢出的影响，结果证实：来自 OECD 国家的 FDI 区域内的生产率外溢效应更大。

如前所述，国内由于在政策和实践层面没有区别西方外资企业和港、澳、台外资企业，国内相关研究也较少、较晚。周燕和齐中英（2005）发现西方外资与港、澳、台资的进入均对内资企业的产出水平有影响，但来源于西方国家的外资溢出效应更大，原因在于西方国家外资多属于市场导向型的，而港、澳、台资多属于出口导向型的。运用产业层面数据，王成岐等（2006）实证研究了不同国别外资企业与不同所有制内资企业组合产生的溢出效应模式，发现外资存在与内资企业绩效之间的关系与外资企业的国别和内资企业的所有制类型密切相关。与周燕和齐中英（2005）的结论类似，他们也认为西方外资企业的外溢效应更大。平新乔等（2007）的实证结果表明，产业内 FDI 的份额已经与内资企业总生产率不显著相关了，只有港、澳、台资份额仍与内资企业的总生产率显著正相关。另一个有趣的发现是，港、澳、台资的进入会显著地缩小内资企业与港、澳、台资企业在技术水平上的差距，而西方外资的进入则妨碍内资企业的技术追赶。

类似的，证实外资来源异质性显著影响中国内资企业生产率、企业行为及绩效的文献还有徐康宁和王剑（2006）、Wang 等（2009）。

二 外资组织形式选择内生性与生产率溢出

外资的异质性除来源国别外，还表现在外资选择的股权结构和企业组织形式上。外资企业在选择企业组织形式时并没有过多的政策性限制。因此，企业组织形式是内生选择的，这意味着，以外资份额为解释变量的模型存在严重的内生性问题，而这个问题在以往研究中被忽视了，如张建华等（2003），周燕、齐中英（2005），平新乔等（2007）。

外资企业进入哪个产业，选择合资、合作还是独资方式，也不是外生的。外资可能有针对性地选择进入生产率较高的产业、劳动力成本较低的地区；具有市场优势地位的外资可能会选择以独资形式进入，而实力稍弱的外资更可能选择合资或合作的形式参与市场。外资企业组织形式的选择可能会对内资企业生产率产生不同影响。

现有研究主要考察的是外资对中国不同所有制企业的影响不同，如陈琳、林珏（2009），而本章要证明的是外资自身的企业组织形式不同对内资企业的生产效率也有影响。

三 产业与企业异质性特征与生产率溢出

生产率与市场结构和企业特征之间的关系一直都是产业经济学领域的重要话题。Weston 和 Lustgarten（1974）的结论表明，在长期内，生产率在集中度较高的产业中增长更快。Greer 和 Rhoades（1976）考察了短期和长期内的市场集中与生产率关系，结果呈现多样性。长期来说，市场集中与生产率增长之间的关系是正向的；但是在短期内，市场集中带来的市场势力（Market Power）可能导致生产率降低。通过分解集中度与企业利润率之间的关系，Peltzman（1977）实证研究发现，市场高集中度通常与导致生产率提升的成本节省行为相关，虽然高集中度可能导致价格的上升。集中度的提升价格效应能够被集中度降低的成本效应抵消。最近的文献也有相似的研究结论，其中，Syverson（2004）提供了最有说服力的证据，他提出了一个包含需求方特征的市场结构与生产率关系模型，发现工厂越集中的地方，生产率水平越高，并且生产率在工厂间的分散程度越弱。

四 现有研究估计方法存在的问题

现有文献还普遍存在研究方法上的缺陷。除了提到的内生性问题导致运用普通最小二乘法（OLS）的实证结果有偏以外，许多研究还将外资份额直接纳入经典科布—道格拉斯（Cobb－Douglas）生产函数或随机前沿生产函数框架下进行计量。这种做法的不足在于：第一，将外资份额与劳动力、资本、原材料等一同作为要素投入生产函数的右侧变量。事实上，外资的份额并不是企业进行生产决策时的重要变量，在运用企业层面数据时这个问题更严重；第二，估计结果的解读问题。这样的处理方式得到的外资份额系数如果显著，表明外资的存在影响企业的产出，而没有直接证据表明外资份额影响了企业生产率。基于此，在运用企业层面数据时，首先估计出企业层面的异质性生产率，然后将其作为因变量构造模型。

此外，企业层面生产率可能有自我复制性和惯性。即企业当期生产率可能与上一期甚至上两期的企业生产率有比较强的关联，而部分文献在处理这个问题时，只是简单地将滞后的生产率变量放入计量方程，没有从计量方法上进一步改进。直接采用最小二乘法估计含有因变量滞后的方程，得到的结果是有偏的。在包含生产率滞后项的模型中，此处采用 Arrellano 和 Bover（1995）、Blundell 和 Bond（1998）提出的能够处理变量内生的动态面板系统矩估计方法（SYS－GMM）来估计模型，以得到无偏、稳健、一致的估计结果。

第三节　外资异质性与生产率溢出：实证方法

一　企业异质性生产率估计模型

为了估计企业的异质性生产率，我们首先引入具有四要素投入、一般化的科布—道格拉斯（Cobb－Douglas）生产函数。[①]

---

　　① 在实证产业组织领域，由经典的科布—道格拉斯（Cobb－Douglas）生产函数来推导计算生产率，一直以来都是实证产业组织学者采用的一个重要方法。早期产业组织领域估计 C－D 生产函数时，普遍采用 OLS 方法，但是 OLS 方法忽略了企业异质性生产率问题，由此带来的内生性和联立性问题一直被学者忽略。这些问题由 Olley 和 Pakes（1996）以及 Levinsohn 和 Petrin（2003）指出，并合理解决。实证产业组织领域 C－D 生产函数成为主流选择的原因在于：第一，与其他参数和非参数方法相比，考虑了企业异质性生产率后的 C－D 生产函数，更好地描绘了企业的生产决策过程。如在 Olley 和 Pakes（1996）一文中，企业投资（I）决策在企业确定资本存量（K）以后进行，两类决策都在企业识别了自身的生产率水平之后进行。这个企业决策过程是其他生产率估计方法忽略的地方。第二，企业层面数据的可获性增强使基于 C－D 生产函数的研究更流行。实证产业组织中，企业级数据的可获性增强，企业层面数据与 C－D 生产函数的结合，使企业层面生产率的测度更加精准。

$$Q_{it} = e^{\varepsilon_{it}} L_{it}^{\beta_l} K_{it}^{\beta_k} M_{it}^{\beta_m} V_{it}^{\beta_v} \tag{4-1}$$

式中，i 为企业标识，t 代表时间，L、K、M、V 分别代表劳动力、资本、中间投入品和企业购买的中间服务，相应的 β 值为各要素的产出弹性，$e^{\varepsilon_{it}}$ 为技术水平。两边取自然对数可得：

$$q_{it} = \beta_l l_{it} + \beta_k k_{it} + \beta_m m_{it} + \beta_v v_{it} + \varepsilon_{it} \tag{4-2}$$

式中，小写字母表示各变量的对数值。传统的做法可以将 ε_{it} 视为企业的全要素生产率，用以表示在索洛余值（Solow Residual）分析框架下无法用要素投入解释的产出增长部分：

$$TFP_{it} = \hat{\varepsilon}_{it} = q_{it} - (\hat{\beta}_l l_{it} + \hat{\beta}_k k_{it} + \hat{\beta}_m m_{it} + \hat{\beta}_v v_{it}) \tag{4-3}$$

但新实证产业组织（NEIO）理论认为，观测不到的企业异质性生产率会影响企业的要素投入决策，因而要素的投入是内生的，运用 OLS 方法会带来有偏估计。方程（4-2）的残差部分可以分解为企业异质性生产率和残差项两部分，$\varepsilon_{it} = \omega_{it} + \xi_{it}$ 生产函数变为：

$$q_{it} = \beta_l l_{it} + \beta_k k_{it} + \beta_m m_{it} + \beta_v v_{it} + \omega_{it} + \xi_{it} \tag{4-4}$$

Olley 和 Pakes（1996）以及 Levinsohn 和 Petrin（2003）分别认为，可以用企业的投资和中间品投入逆推出观测不到的企业异质性生产率，进而用企业状态变量的高阶多项式近似估计异质生产率部分。在 Olley 和 Pakes（1996）以及 Levinsohn 和 Petrin（2003）方法的基础上，Wooldridge（2009）给出了更稳健的矩估计方法，此处对企业全要素生产率的估计采用 Wooldridge（2009）方法。具体地，用资本（K_{it}）和中间投入品（M_{it}）的二阶多项式近似估计不可观测的企业创新水平，并用劳动力（L_{it}）和企业购买的中间服务变量（V_{it}）的一阶、二阶滞后项及中间投入变量（M_{it}）的二阶滞后项作为工具变量，以获得全要素生产率的稳健估计。矫正后的企业全要素生产率可以表示为：

$$TFP_{it}^W = \hat{\omega}_{it} = \hat{q}_{it} - (\hat{\beta}_l l_{it} + \hat{\beta}_k k_{it} + \hat{\beta}_m m_{it} + \hat{\beta}_v v_{it}) \tag{4-5}$$

二　回归模型的设定与估计方法

为检验外资来源异质性、内生的企业组织形式对内资企业生产率的影响，建立的实证回归模型基本框架如下：

$$TFP_{it}^W = \alpha_0 + \alpha_1 FOR_{jt} + \alpha_2 X_{it} + u_i + \varphi_t + \xi_{it} \tag{4-6}$$

式中，TFP_{it}^W 是用 Wooldridge（2009）方法得到的内资企业 i 在时间 t 的全要素生产率。FOR_{jt} 代表企业所在的 j 行业的各类别（外资不同来源、不同组织形式）外资份额。X_{it} 代表企业 i 在 t 年的其他控制变量，沿用陈琳、林珏(2009)和余淼杰(2011)对控制变量的设置，选用两类指标作为控制变量：一类是与企业特性有关的指标，如企业规模大小、所有权类型(国企还是私企)、企业是否出口等；另一类是与产业特征相关的指标，如表示产业外部需求变动的产业产出增长率、表示产业结构特征的赫芬达尔市场集中度指数等。除此之外，我们还控制了企业所在的区域效应以及区域内 FDI 密度等特征。u_i 为企业固有的特征，不随时间变动。φ_t 为年度相关的、企业面临的共同性特征，此处用以控制年份效应。ξ_{it} 则为服从独立同分布的白噪声序列。

估计方法与内生性问题。我们分别采用混合面板工具变量(Pooled Panel Ⅳ)和面板固定效应工具变量(Fixed Effect Panel Ⅳ)的框架进行估计，这样做的好处在于可以同时检验估计结果的稳健性。针对外资份额的内生性，首先对其内生性问题进行计量经济学意义上的 Hausman 检验，若检验结果表明外资份额确实是内生的，我们再选用合适的工具变量进行两阶段最小二乘法估计。参照 Alfaro 等(2000)的方法，我们选用外资份额的一阶滞后项作为内生外资份额的工具变量。国内涉及内生外资份额的文献也大都采用了滞后的外资份额作为工具变量，如邵敏和黄玖立(2010)。

为考察产业和企业层面的异质性对生产率溢出的影响，并考虑生产率的自我复制和惯性，我们采用如下的回归方程：

$$\ln\left(TFP_{ijt}^W\right)=\beta_0+\beta_1\ln\left(TFP_{ijt-1}^W\right)+\beta_2 FDI_{jt-n}+\beta_3 M_{it}+u_i+\varphi_t+\xi_{ijt}$$

$$(4-7)$$

式中，$\ln\left(TFP_{ijt}^W\right)$ 为 t 年产业 j 中企业 i 的异质性生产率的对数形式，$\ln\left(TFP_{ijt-1}^W\right)$ 为生产率滞后一期数据。FDI_j 为 j 产业中外资企业的比例，[①] 由外资企业产出占所在产业总产出的比重替代，下标 $t-n$ 代表不同的滞后期。M_{it} 为一控制变量向量，包含前述 X_{it} 指代的全部控制变量，此处另外控制了企业的实际控制权因素，如企业被中央政府、省级政府和市级政府控制，表 4-3 展示了各年度各级政府控制下的企业数目，可以看出由省级以下政府控制的企业数目最多。被不同层面的政府控制，对外资生产率外溢效应的影响是否相同？这也是本章要研究的一个内容。

---

① 此处外资企业比例由 China Data Online 数据库中的四位数代码产业层面数据计算所得，详见数据说明部分。

表 4 – 3   隶属于各级政府控制的企业数量

统计年度	1998	2000	2002	2004	2006	2008
中央政府控制企业	3280	3022	2626	3629	2517	2469
省级政府控制企业	7879	7928	6503	7882	5711	5433
省级以下政府控制企业	113346	108747	83748	55406	54981	70461

资料来源：笔者根据数据库整理所得。

三 变量的选择与数据筛选标准

此处数据来源于国泰安中国非上市公司数据库，考察样本区间为
1998—2007 年。该数据库涵盖 41 个工业行业的大型生产企业（销售额大
于 500 万元）的基本情况，已被众多研究者采用。

数据缺失值与不合逻辑值的处理标准如下：（1）2004 年各企业总产
值数据缺失，这里用 2005 年和 2006 年的数据均值代替；（2）剔除行业代
码、年平均固定资产净值、工业中间投入缺失的观测值；（3）剔除职工
人数少于 8 的微型企业样本；（4）剔除应付工资总额、出口交货值、工
业中间投入小于 0、工业中间投入大于总产值、本年折旧大于累计折旧的
样本。在计算外资总份额时，采用了第三章中使用的中国数据中心（Chi-
na Data Online）数据库。①

外资来源与企业组织形式的识别与定义。外资来源的国别区分为西方
外资企业和港、澳、台资企业两类，在数据库中有清晰的定义。企业组织
形式分为三类：中外合资经营企业、中外合作经营企业、外商独资
企业。②

生产函数的估计需要用到的变量，我们采用相应的指数进行平减，采
用其真实值计算，所有指数都采用 1998 年为基期。表 4 – 4 给出了详细的
文中所需变量定义、符号及数据来源。

---

① 关于数据库的说明见第三章第二节数据来源部分。
② 各类型企业对应的数据库代码说明见第一章第三节关于外资企业定义与分类部分。

表 4 - 4		变量定义、符号及数据来源	
变量名称	符号	定义和处理方式	数据来源
企业总产值（规模）	Q_{it}	用两位数代码工业品出厂价格指数平减的企业总产值	国泰安；《中国统计年鉴》
劳动力人数	L_{it}	就业职工总数量	国泰安；《中国劳动统计年鉴》
资本存量	K_{it}	永续盘存法，资本存量 = 上期资本存量 + 投资 - 折旧，用固定资产价格指数平减	国泰安；国际货币基金组织
中间投入品	M_{it}	工业中间投入，使用原材料购进价格指数进行平减	国泰安；《中国统计年鉴》
中间服务变量	V_{it}	"营业费用"科目，包括运费、装卸费、包装费、保险费、展览费和广告费等	国泰安；《中国统计年鉴》
企业生产率	TFP_{it}^{W}	采用 Wooldridge（2009）方法计算的企业异质性生产率	作者计算所得
西方外资份额	FOR_West	四位数代码产业内西方外资企业产值占产业总产值比重	作者计算所得
港、澳、台外资份额	FOR_Hmt	四位数代码产业内港、澳、台资企业产值占产业总产值比重	作者计算所得
合资企业外资份额	FOR_Joint	四位数代码产业内合资形式外企产值占产业总产值比重	作者计算所得
合作企业外资份额	FOR_Coop	四位数代码产业内合作形式外企产值占产业总产值比重	作者计算所得
独资企业外资份额	FOR_Ind	四位数代码产业内独资形式外企产值占产业总产值比重	作者计算所得
外资总份额	FDI	外资企业总产值占产业总产值的比重	China Data Online
国有企业虚拟变量	SOE	注册类型代码为 110、141、143 和 151 的企业 SOE = 1，私营企业和其他企业 SOE = 0	国泰安
私营企业虚拟变量	PRVT	注册类型代码为 170、171、172、173 和 174 的企业 PRVT = 1，国有企业和其他企业 PRVT = 0	国泰安
企业出口虚拟变量	Export	定义有出口量的企业 Export = 1；否则 Export = 0	国泰安
产业产出增长率	IND_G	企业所在的两位数代码产业总产出增长率水平	作者计算所得

变量名称	符号	定义和处理方式	数据来源
产业集中度	HHI	企业所在的两位数代码产业赫芬达尔系数	作者计算所得
区域内 FDI 密度	FDI_Den	企业所在省级区域内所有外资企业产值占总产值的比重	作者计算所得
中央控制企业	Central	同数据库定义	国泰安
省级政府控制企业	Province	同数据库定义	国泰安
省以下政府控制企业	Local	同数据库定义	国泰安

注：（1）国泰安指国泰安中国非上市公司数据库；（2）所有平减的真实值数据计算基期年为 1998 年。

第四节 外资异质性的生产率溢出效应：实证结果

一 外资来源、组织形式选择与企业生产率：描述统计

制造业一直以来都是外资进入的主要领域，外资进入制造业的广度和深度都在拓展和延伸。表 4 – 5 报告了考察样本中外资来源及其内生组织形式基本情况。

表 4 – 5　　　　　　　外资来源及其内生组织形式基本情况

年份	西方外资企业				港、澳、台资企业			
	合资企业	合作企业	独资企业	总计	合资企业	合作企业	独资企业	总计
1998	6038	849	2578	9465	7671	1739	4860	14270
1999	6375	909	3094	10378	7873	1911	5349	15133
2000	6780	904	3717	11401	7995	1925	6055	15975
2001	7076	833	4509	12418	8196	2057	7256	17509
2002	7578	873	5574	14025	8327	2013	8195	18535
2003	8639	1035	7379	17053	8878	1937	10067	20882

续表

年份	西方外资企业				港、澳、台资企业			
	合资企业	合作企业	独资企业	总计	合资企业	合作企业	独资企业	总计
2004	13015	1637	14232	28884	10696	1812	16045	28553
2005	12363	1536	14460	28359	9724	1620	16043	27387
2006	12804	1381	16494	30679	9893	1557	17165	28615
2007	13684	1365	18487	33536	10381	1538	18668	30587
总计	94352	11322	90524	196198	89634	18109	109703	217446

注：表中数据单位为"个"。

资料来源：笔者根据国泰安非上市公司数据库整理所得。

　　资料显示：自 1998 年来，两类外资企业进入中国的步伐都在加快。其中，西方外资企业从 1998 年的 9465 家上升至 2007 年的 33536 家，港、澳、台资企业从 1998 年的 14270 家上升至 2007 年的 30587 家。有趣的是，2004 年之前，港、澳、台资企业绝对数量多于西方外资企业，而在 2004 年后西方外资企业数量开始多于港、澳、台资企业。这个结果印证了外资进入中国可能与母国效应有关：与中国文化和地理距离更近的港、澳、台资企业在中国全面放开市场前更容易进入内地市场；而西方外资企业在中国加入 WTO、逐步放开市场后才有更快的进入速度。

　　从外资企业组织形式来看，外资的母国效应也非常明显。首先，不管是西方外资企业还是港、澳、台外资企业，都倾向于选择独资企业和合资企业，而选择合作企业组织形式的外资比例则比较小。进一步，我们可以观察到，各年度西方外资选择独资企业的数目与比例均系统性低于港、澳、台资企业，说明港、澳、台资企业更容易适应大陆经营环境。其次，数据表明，外资选择企业组织形式也随时间变化而发生改变：外资进入初期首先选择合资企业形式，在进入中国市场后期，外资更多地选择了独资企业组织形式。按照外商直接投资的进入方式来看，2013 年外商参与的企业共设立 22819 家，其中，中外合资企业数量为 4476 家，占比 19.62%；中外合作企业为 142 家，占比仅 0.62%；外资企业 18125 家，占比高达 81.62%；外商投资股份制企业仅有 30 家，占比 0.13%。[1] 这一

---

① 资料来源：中华人民共和国商务部外资司：《中国外资统计（2014）》，第 6 页。

数据也印证了外资更偏向于选择独资企业这一组织模式。

以上分析表明，外资进入制造业时，其组织形式是内生性选择的。同样可以推理，在合资企业中，外资所占比例也可能不是外生的。因此，现有研究忽略外资比例的内生性会导致估计偏误。

为了从直观上判断外资来源和外资企业组织形式对生产率的影响，我们首先将企业生产率按照企业注册类型和外资选择的企业组织形式进行统计，表4-6报告了详细结果。

从表4-6上半部分（Panel A）来看，我们发现两类外资企业生产率水平均高于内资企业，其中，港、澳、台资企业的生产率水平最高，其次是西方外资企业、私营企业和国有企业。从各年度生产率水平变动来看，各类企业生产率均呈先增后减趋势，拐点大约在2002年前后。从样本描述性统计结果来看，各类企业的生产率水平可能具有很强的关联性，但无法判断这种关联关系中是否存在生产率外溢。生产率标准差反映制造业内企业生产率的差异性，结果显示：港、澳、台资企业生产率标准差最大，国有企业生产率的标准差最小，表明国有企业可能具有系统性的低水平生产率。从表4-6下半部分（Panel B）来看，按照外资选择的企业组织形式来看，我们发现外资企业组织形式不同，其生产率也存在较大差异。按照生产率水平的大小，可以看出，选择独资形式的外资企业生产率水平最高，其次是合作型外资企业，生产率最低的是合资型外资企业。这个结果初步印证了我们关于外资来源异质性和外资企业组织形式差异带来不同生产率效应的基本论断。

表4-6　　　　　　　　企业生产率水平的差异：统计描述

年份	1998	1999	2000	2001	2002	2003	2004	2005	2006	2007
Panel A：各注册类型企业生产率均值与标准差										
西方外资企业	2.292	2.410	2.468	2.517	2.543	2.404	2.346	2.363	2.365	2.378
	(0.935)	(1.041)	(1.082)	(1.113)	(1.129)	(1.079)	(1.010)	(1.011)	(1.019)	(1.053)
港、澳、台资企业	2.481	2.599	2.632	2.641	2.661	2.501	2.435	2.452	2.446	2.464
	(1.161)	(1.110)	(1.133)	(1.141)	(1.148)	(1.119)	(1.046)	(1.059)	(1.054)	(1.073)
内资国有企业	2.155	2.047	2.060	2.044	2.045	2.019	2.075	2.011	2.008	2.016
	(0.871)	(0.755)	(0.775)	(0.776)	(0.789)	(0.775)	(0.857)	(0.759)	(0.771)	(0.821)

续表

年份	1998	1999	2000	2001	2002	2003	2004	2005	2006	2007
内资私营企业	2.144	2.168	2.199	2.235	2.256	2.147	2.113	2.111	2.118	2.120
	(1.090)	(0.984)	(1.005)	(1.001)	(1.023)	(0.950)	(0.857)	(0.860)	(0.865)	(0.866)
内资其他类型企业	2.117	2.090	2.119	2.144	2.143	2.079	2.045	2.054	2.065	2.070
	(0.967)	(0.927)	(0.947)	(0.954)	(0.951)	(0.909)	(0.829)	(0.832)	(0.857)	(0.850)
Panel B：外资各类企业组织形式的生产率均值与标准差										
合资企业	2.318	2.441	2.476	2.507	2.547	2.433	2.372	2.388	2.389	2.402
	(1.012)	(1.049)	(1.080)	(1.113)	(1.136)	(1.095)	(1.017)	(1.039)	(1.033)	(1.062)
合作企业	2.465	2.585	2.620	2.614	2.580	2.442	2.390	2.370	2.335	2.349
	(0.919)	(1.137)	(1.144)	(1.158)	(1.165)	(1.111)	(1.035)	(1.047)	(1.040)	(1.067)
独资企业	2.737	2.617	2.660	2.677	2.679	2.480	2.402	2.421	2.419	2.435
	(1.298)	(1.114)	(1.143)	(1.139)	(1.138)	(1.107)	(1.037)	(1.032)	(1.038)	(1.063)

注：每个单元格中上面数据为企业生产率的均值，下面括号内为企业生产率的标准差。

二　外资来源、组织形式选择与企业生产率：经验结果

为了更精确地检验外资来源异质性对内资企业生产率是否有溢出效应，我们运用本研究的实证研究框架来构造回归模型。王成岐等（2009）证实了外资来源异质性对不同所有制类型的企业生产率影响存在差异，沿用他们的思路，我们分别选择内资国有企业和内资私营企业样本来测度外资来源的异质性对不同所有制类型企业生产率的影响。以方程为基础构造面板数据模型，表4-7报告了各样本的估计结果。

表4-7　　　　外资来源异质性与生产率溢出效应的 2SLS 估计结果

变量	混合面板工具变量法 2SLS 估计		固定效应工具变量法 2SLS 估计	
	国有企业	私营企业	国有企业	私营企业
FOR_West	0.338 ***	− 0.733 ***	0.709 **	− 0.440 ***
	(6.143)	(− 39.945)	(2.320)	(− 3.584)
FOR_Hmt	1.538 ***	4.023 ***	0.922 ***	1.638 ***
	(20.638)	(189.251)	(2.815)	(10.491)
$\ln Q_{it}$	0.046 ***	0.103 ***	− 0.080 ***	0.085 ***
	(13.903)	(65.122)	(− 15.679)	(52.852)

变量	混合面板工具变量法 2SLS 估计		固定效应工具变量法 2SLS 估计	
	国有企业	私营企业	国有企业	私营企业
Export	0.179 ***	0.177 ***	0.018	0.012 ***
	(11.643)	(45.221)	(1.552)	(4.262)
HHI	−0.001 ***	−0.002 ***	−0.001 ***	−0.001 ***
	(−5.662)	(−27.623)	(−2.947)	(−8.615)
FDI_Den	−0.081 *	0.104 ***	0.012	0.061 ***
	(−1.767)	(4.870)	(0.519)	(6.405)
IND_G	−0.018 ***	−0.043 ***	0.001	0.001 *
	(−4.543)	(−32.947)	(0.673)	(1.875)
常数项	2.174 ***	−0.199	2.446 ***	0.280
	(4.502)	(−0.374)	(7.192)	(0.772)
外资份额外生性检验	81.37 ***	1093.69 ***	86.20 ***	254.96 ***
（Hausman 检验）	(P = 0.0003)	(P = 0.0000)	(P = 0.0000)	(P = 0.0000)
观测值	21119	278602	21119	278602

注：（1）模型已控制了地区效应和时间效应；（2）括号中为 t 统计量的值，Hausman 检验中括号 P 值为概率值；（3）***、**、* 分别表示在 1%、5% 和 10% 统计水平上显著。

模型估计之前，我们首先对外资份额的内生性问题进行 Hausman 检验。结果显示，在各样本中，均拒绝了外资份额为外生的 H_0 假定，因此，外资份额确实具有内生性，用工具变量法进行估计是合理的。

外资来源的异质性对不同所有权类型的内资企业生产率影响是否相同，表 4 - 7 的实证结果提供了解答。对国有企业来说，西方外资和港、澳、台资的进入均显著提高了其生产率水平，但从影响程度来看，港、澳、台资的生产率溢出效应更大；对私营企业来说，西方外资和港、澳、台资的进入对其生产率影响有实质性差异：西方外资的进入不但没有提高私营企业的生产率水平，反而显著抑制了私营企业生产率的提高，而港、澳、台资的进入则显著提升了私营企业的生产率水平，生产率外溢效应为正，这个结论与平新乔等（2007）、陈琳和林珏（2009）的结果相似。为什么西方外资的进入提高了国有企业效率却反而抑制了私营企业生产率的提升？可能的解释在于：第一，私营企业可能更具竞争性，更有动力通过研发创新缩小与先进水平间的差距，而西方外资的进入会妨碍内资企业的努力水平（平新乔等，2007）；第二，外资进入的生产率外溢存在条件和门槛，吸收能力是溢出发生的重要条件（王玲和涂勤，2007），而私营企业平均规模小、固定资产少，可能吸收能力受到限制。采用混合面板工具变量法和固定效应工具变量法得到的结论保持不变。

接下来，进一步考察外资选择的企业组织形式如何影响内资企业生产率，以及组织形式差异对不同所有制类型企业影响是否有差异，表4-8给出了详细的估计结果。

表4-8 外资企业内生组织形式与生产率溢出效应的 2SLS 估计结果

变量	混合面板工具变量法 2SLS 估计		固定效应工具变量法 2SLS 估计	
	国有企业	私营企业	国有企业	私营企业
FOR_Joint	1.923 ***	1.024 ***	1.436 ***	0.000
	(21.837)	(30.710)	(4.007)	(0.002)
FOR_Coop	1.966 ***	5.834 ***	-2.265	1.215 **
	(6.226)	(54.268)	(-1.216)	(2.576)
FOR_Ind	0.344 ***	1.353 ***	0.560 **	0.632 ***
	(5.638)	(84.368)	(2.463)	(8.148)
InQit	0.036 ***	0.101 ***	-0.079 ***	0.086 ***
	(9.656)	(59.226)	(-13.124)	(52.023)
Export	0.244 ***	0.224 ***	0.030 **	0.008 ***
	(14.195)	(53.311)	(2.302)	(3.008)
HHI	-0.001 ***	-0.005 ***	-0.000	-0.001 ***
	(-6.909)	(-59.417)	(-1.191)	(-19.245)
FDI_Den	-0.066	0.121 ***	0.019	0.082 ***
	(-1.305)	(5.168)	(0.691)	(8.048)
IND_G	-0.020 ***	-0.043 ***	0.001	0.004 ***
	(-4.703)	(-30.941)	(0.458)	(7.982)
常数项	1.994 ***	-0.287	2.247 ***	0.064
	(3.748)	(-1.088)	(5.614)	(0.176)
外资组织形式外生性检验（Hausman 检验）	99.67 ***	745.02 ***	26.61 **	254.18 ***
	(P = 0.0000)	(P = 0.0000)	(P = 0.0321)	(P = 0.0000)
观测值	17892	257758	17892	257758

注：（1）模型已控制了地区效应和时间效应；（2）括号中为 t 统计量的值，Hausman 检验中括号 P 值为概率值；（3）***、**、*分别表示在1%、5%和10%统计水平上显著。

　　关于外资企业组织形式选择的内生性检验，本结果均在较高的显著性水平上拒绝了企业组织形式外生性假定，这表明外资会根据自身情况（计量经济学家可能观测不到）自主选择企业组织形式，即组织形式是内生的。

　　混合面板工具变量法的实证结果显示，外资采取的三类企业组织形式对国有企业和私营企业生产率均有显著的正向溢出效应，但三类企业组织形式对生产率溢出效应的大小因内资企业所有制类型的不同而有所差异。无论是国有企业还是私营企业，合作形式的外资进入对企业生产率的影响最大；合资形式的外资对国有企业生产率的影响大于对私营企业的影响，而独资形式的外资对私营企业的影响大于国有企业。为什么独资形式的外资企业生产率最高（见表4－6：Panel B）但其溢出效应却不是最大？可能的原因在于三种企业组织形式中外资可以控制的股权比例不同，因而生产率溢出也有别，如张宇（2006）提出的：当跨国公司掌握了外资企业的实际控股权时，他往往会没有动力向东道国的子公司转移更为先进的技术。同时，关于独资形式外资外溢效应的结果也与周燕和齐中英（2005）的结论相近。

　　当控制了地区效应和时间效应，采用固定面板工具变量法进行回归时，结果显示，对国有企业来说，合资形式的外资溢出效应最高，显著为正，而合作形式的外资溢出效应不再显著；对私营企业来说，合作形式的外资溢出效应最高，显著为正，而合资形式的外资溢出效应则不再显著。只有独资形式的外资效应结果仍比较稳健，均显著影响两类企业。

　　我们最后看一下控制变量的估计结果（见表4－7与表4－8）。企业规模（In Qit）的系数在混合面板估计结果中均为正值，表明企业规模越大，生产率水平越高。但面板固定效应结果却给出了相反的结论：对国有企业来说，规模越大，效率越低；对私营企业来说，规模越大，效率越高。这个结论符合主流研究对国有企业低效率和X非效率的判断。企业出口（Export）对生产率有显著的正向促进作用，这与余淼杰（2011）等的结论一致。产业集中度（HHI）的系数在大多数模型中为负，并且显著，表明产业集中度越高，产业内企业生产率越低。而表示区域内FDI总体水平的区域FDI密度（FDI_Den）变量，对私营企业有显著正向影响，说明私营企业更可能从区域内FDI的集聚中获得生产率外溢效应，没有确切证据表明国有企业可以从区域内FDI的集聚中获益。表示外部需求变动的产业增长率（IND_G）对不同类型企业的生产率影响并没有一致的结论。

三　产业和企业异质性特征与企业生产率外溢的证据

下面我们来讨论产业与企业异质性特征对外资企业生产率外溢的影响，根据前述的计量模型，我们对其进行了检验。

表4-9提供了经验证据。根据公式（4-7），我们设计了五个模型。在模型1中，检验了总体层面西方外资和港、澳、台外资对企业层面生产率的影响。结论表明，两类外资对企业生产率都有正向的显著影响，这一结论与表4-7的结论具有一致性。国有企业虚拟变量的结果为负且显著，表明国有企业身份可能使企业生产率水平降低。在模型2中，我们用外资总份额变量进行检验，结果保持不变，我们注意到，模型1和模型2中的拟合系数R^2值相对较低。考虑到企业生产率的动态变动特征，在模型3中加入了企业生产率的一期滞后项，从而模型3变成了一个动态面板模型。此处我们采用系统广义矩估计（SYS-GMM）方法进行估计，结果表明，滞后一期的企业生产率对当期生产率有非常显著的影响。同时，外资总份额以及国有企业虚拟变量的系数都显著。考虑到外资进入市场后其作用的发挥可能存在时滞效应，在模型4和模型5中，分别加入了生产率的一期和二期滞后项，得到的结果仍然保持一致。

表4-9　　　　产业与企业异质性特征与生产率外溢

变量	模型1	模型2	模型3	模型4	模型5
FOR_West	0.293*** (144.49)				
FOR_Hmt	0.155*** (74.15)				
FDI		0.243*** (67.66)	0.118*** (66.29)		
L. FDI				0.092*** (20.81)	
L2. FDI					0.095*** (19.96)
L. ln (TFP)			0.577*** (66.29)	0.577*** (66.00)	0.577*** (60.06)

续表

变量	模型1	模型2	模型3	模型4	模型5
SOE	-0.115***	-0.139***	-0.0733***	-0.076***	-0.073***
	(-30.47)	(-36.20)	(-14.78)	(-15.38)	(-13.74)
HHI	0.0016***	0.0015***	0.0007***	0.0007***	0.0008***
	(65.27)	(60.91)	(18.42)	(18.81)	(18.90)
FDI_Den	0.0081***	0.0126***	-0.0053***	-0.0047***	-0.0034***
	(16.25)	(24.58)	(-9.80)	(-8.65)	(-5.65)
Central·FDI	1.11***	1.05***	0.382***	0.396***	0.394***
	(56.85)	(52.89)	(11.07)	(11.42)	(9.92)
Province·FDI	0.759***	0.77***	0.255***	0.267***	0.271***
	(64.70)	(64.39)	(16.10)	(16.80)	(16.15)
Local·FDI	0.208***	0.167***	0.0287***	0.0367***	0.0376***
	(50.43)	(38.97)	(5.60)	(7.14)	(6.79)
_cons	3.73***	3.63***	1.792***	1.783***	1.752***
	(419.40)	(402.81)	(54.72)	(54.13)	(46.32)
观测值	641261	641261	342590	340632	264337

注：括号内为 t 统计量，***、**、*分别表示在1%、5%和10%统计水平上显著。

控制变量中，表示产业市场结构特征的赫芬达尔系数（HHI）在所有模型中都是正的且显著。这意味着，在市场集中程度越高的产业中，企业生产率可能越高。FDI 在区域中的集中程度也是影响生产率的一个重要因素，但令我们感到意外的是，当控制了企业生产率的滞后效应时，FDI 的集中对生产率的影响变为负向的，吸引 FDI 越多的省份，生产率水平越低。除此之外，我们还证实，企业受不同层级政府的控制对生产率的影响也不同。交互项系数表明，被中央和升级政府控制（管理）的企业，能够从 FDI 中吸收更多的生产率外溢，而被省级以下政府控制的企业，从 FDI 中得到的生产率外溢较低。

许多研究者还提供了出口会导致企业生产率水平变动的证据（如余淼杰，2009）。外资在中国的生产活动导向，从十几年来发展的趋势看，进出口一直是外资企业重要的行为选择，占中国进出口总额的比重居高不下。

图 4-2 展示了外商投资企业进出口比重以及出口和进口比重数据。

可以发现，外商投资企业进出口比重在金融危机前最高值为58.86%，但危机后这一比重显著回落，2013年外资企业进出口比重回落至46.12%；若单纯考察外商投资企业的出口行为和进口行为，发现了意外的结果，2008年前后，外商投资企业出口比重和进口比重出现了反转：2008年前外资企业出口比重低于进口比重，但2008年后外资企业的出口比重却高于进口比重。在金融危机导致外需下降的大背景下，逻辑上推出：出口下降的速度应当下降得更快，因此出口比重相对进口比重上升值得我们思考。加工贸易为主要特征的外资企业，以出口为主要目的，在一定程度上，进口数据指标是出口数据指标的先行引导。对于这种现象的出现，有两点需要说明：一方面，金融危机前进口比重超过出口比重，表明企业对外需仍有信心；金融危机后，进口（相对于出口）快速回落，充分显示出企业界对外需信心的回落。数据表现出来的趋势，与外需的回落是内在一致的；另一方面，从国内市场来考虑，外需的一部分存在转内销、开拓本地市场的可能，金融危机后，内需市场的回落可能比外需市场更快，因而出口转内销难度加大，依赖外需的程度反而上升，从数据上表现出出口（外需）回落速度慢于进口回落的现象。

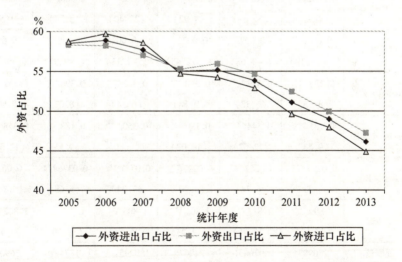

图4-2 外资企业进出口占全国进出口比重（2005—2013年）

资料来源：中华人民共和国国家统计局，根据各年度《中国统计年鉴》计算整理所得。

受此启发，我们将样本划分为两类，有出口行为的企业和没有出口行为的企业。为稳健起见，选用模型3—模型5来进行检验，我们发现了一些有意思的结果。表 4 - 10 提供了关于企业出口行为与生产率外溢效应的初步经验证据。

表 4 - 10   企业出口行为与生产率外溢效应

变量	模型 3		模型 4		模型 5	
	Export = 0	Export = 1	Export = 0	Export = 1	Export = 0	Export = 1
L. ln（TFP）	0. 586 ***	0. 557 ***	0. 587 ***	0. 558 ***	0. 592 ***	0. 542 ***
	(60. 02)	(30. 67)	(59. 72)	(30. 72)	(54. 30)	(27. 92)
FDI	0. 0793 ***	0. 0487 ***				
	(15. 87)	(5. 80)				
L. FDI			0. 057 ***	0. 0134 *		
			(11. 85)	(1. 65)		
L2. FDI					0. 0059 ***	0. 0033
					(11. 27)	(0. 38)
SOE	− 0. 0933 ***	0. 0399 **	− 0. 0957 ***	0. 0368 **	− 0. 0903 ***	0. 0353 **
	(− 17. 40)	(3. 21)	(− 17. 79)	(2. 94)	(− 15. 47)	(2. 73)
HHI	0. 0002 ***	0. 0031 ***	0. 0002 ***	0. 0033 ***	0. 0002 **	0. 0034 ***
	(4. 91)	(21. 67)	(4. 92)	(22. 40)	(5. 73)	(21. 58)
FDI_Den	− 0. 0076 ***	− 0. 0023 *	− 0. 0071 ***	− 0. 0015	− 0. 0057 ***	− 0. 0003
	(− 13. 19)	(− 1. 68)	(− 12. 45)	(− 1. 11)	(− 9. 05)	(− 0. 20)
Central · FDI	0. 375 ***	0. 359 ***	0. 390 ***	0. 362 ***	0. 396 ***	0. 351 ***
	(8. 78)	(6. 32)	(9. 10)	(6. 34)	(8. 02)	(5. 50)
Province · FDI	0. 181 ***	0. 344 ***	0. 190 ***	0. 350 ***	0. 188 ***	0. 368 ***
	(9. 53)	(12. 52)	(10. 02)	(12. 80)	(9. 53)	(12. 55)
Local · FDI	0. 0227 ***	0. 0667 ***	0. 0297 ***	0. 0727 ***	0. 0376 ***	0. 0634
	(3. 73)	(6. 74)	(4. 90)	(7. 34)	(5. 68)	(6. 11)
_cons	1. 809 ***	1. 813 ***	1. 801 ***	1. 805 ***	1. 747 ***	1. 852 ***
	(47. 67)	(26. 81)	(47. 13)	(26. 64)	(39. 36)	(25. 16)
观测值	250987	91603	249675	90957	187431	76906

注：括号内为 t 统计量，*** 、** 、* 分别表示在 1% 、5% 和 10% 统计水平上显著。

在模型 3 中，无论是出口企业还是非出口企业，我们都发现了当期外资份额显著促进企业生产率增长。但是当在模型 4 和模型 5 中加入外资的滞后项时，对非出口企业来说，滞后的外资份额只与企业生产率有微弱的关联性。这可能与外资的市场取向有关：对于出口导向型的外资，它们在中国的投资主要为了加工、组装然后再出口至第三方国家，因此这种类型的 FDI 对企业生产率的影响只在短期内出现。而对于市场导向型的外资，它们在中国的投资是因为中国有巨大的消费市场，它们更可能将自身技术方面的优势外溢给本土合作企业，因此，滞后的外资份额项系数依然显著。

另一个有趣的发现是国有企业身份与出口之间的关系，对于非出口企业来说，国有企业虚拟变量的系数是显著为负的，但是对于那些出口企业来说，国有企业身份对生产率的影响不再显著。

四　稳健性检验

以上分析，采用了两种回归方法，得到了较稳健的结论。此处稳健性检验主要针对企业的异质性生产率估计与计算问题。

截至目前分析，这里使用的企业生产率（$TFP_{it}^W = \hat{\omega}_{it}$）计算是按照方程（4-5）得到的，事实上，方程（4-5）计算的企业生产率（$TFP_{it} = \hat{\varepsilon}_{it}$）也被众多研究生产率的学者采用。我们用该生产率重新估计各方程，得到的基本结论保持一致，证明我们的结论具有稳健性。

此处使用的 Wooldridge（2009）生产率估计方法，是建立在 Olley 和 Pakes（1996）以及 Levinsohn 和 Petrin（2003）之上的，当我们采用这两种方法重估生产率并进行各子样本回归时，结果也表现出稳健性。①

第五节　外资监管策略的调整：基于外资异质性

在外资来源异质性、外资企业组织形式内生选择的语境下，本章采用1998—2007 年中国制造业微观企业样本数据，实证检验了外资来源异质性和外资企业组织形式差异性对国有企业和私营企业的生产率外溢效应。对于外资份额的内生性问题，利用 Hausman 检验来证实，进而选用合适的工具变量进行两阶段最小二乘法来估计模型，得到了较稳健的结论。

---

①　这里不再报告上述稳健检验结果。

本章主要结论是：

（1）外资来源的异质性对不同所有权类型的内资企业生产率影响是不同的。对国有企业来说，西方外资和港、澳、台资的进入均显著提高了其生产率水平，但港、澳、台资的生产率溢出效应更大；对私营企业来说，西方外资和港、澳、台资的进入对其生产率影响有实质性差异：西方外资的进入不但没有提高私营企业的生产率水平，反而显著抑制了私营企业生产率的提高，而港、澳、台资的进入则显著提升了私营企业的生产率水平。

（2）外资采取的企业组织形式的差异对不同所有制类型的内资企业生产率影响也存在差别。合作形式的外资对企业生产率的影响最大，合资形式的外资对国有企业的影响大于私营企业，而独资形式的外资对私营企业的影响大于国有企业。

以量为主的引资政策忽略了外资来源的异质性，对外资企业组织形式限定也值得反思，本章结论引申的政策含义有以下四点：

第一，外资来源于哪里是外资政策制定时需要考虑的因素之一。首先，本研究结果支持港、澳、台资企业生产率外溢效应较大的结论，说明总体层面上我们应当加强"华人、华侨"资本的引进，文化差异较小利于内外资企业的交流；其次，外资企业可能将其垄断地位延伸至国内市场（陈甫军和杨振，2012），西方外资进入导致内资私营企业生产率下降便是证据之一；最后，西方外资势力可能需要国有企业与之抗衡，在某些情况下，国企可能会从西方外资企业中受益更多。

第二，外资政策应考虑对不同行业外资企业组织形式的引导、干预和限定。当前外资政策的重要文件中，《外商投资产业指导目录》对外资企业组织形式的限定可能是出于资源可持续发展、产业战略和安全层面的考虑，比如有些产业不允许外商独资经营。事实上，出于效率和生产率外溢的考虑，也应当引导、干预和限定外资企业的经营组织形式，并且，对西方外资和港、澳、台资本可以采用不同的标准。这将是完善我国外资利用政策的一个重要措施。

第三，从外资管制角度来看，对外资实施分类管制可能更有效率。中国的市场化进程离不开外资对内资企业产生的竞争压力，但随着外资深入制造业的方方面面，来源于西方、采取独资形式的外资企业应当成为管制的重点。对于港、澳、台资企业，则可视情况放松管制。港、澳、台资的进入在培育中国中小企业、提升中小企业生产率水平和竞争力方面的贡献要大于西方外资企业。同时，如王成岐等（2006）指出的，港、澳、台资企业还带来了传统体制下最缺乏的企业家精神。

第四，来源异质性外资与不同所有制内资企业的组合将带来不同的合作效率。实证结果大致给出了一个"外资来源＋不同所有制内资企业"组合的效率框架。一般地，西方外资企业与国有企业的合资或者合作效率较高，港、澳、台资企业与私营企业的合资或合作效率较高。在制定引资政策时，这个组合策略可以作为一个参考。

第五章　外资的技术与资源配置效率：效率分解

本章运用 Petrin 和 Levinsohn（2005）提出的总生产率增长（Aggregate Productivity Growth, APG）分析框架，采用 1998—2007 年中国制造业企业层面微观数据，实证考察了外资的进入对制造业技术效率和资源配置效率的影响。实证结果表明，中国制造业整体总生产率的增长主要源于资源再配置效率，而外资的进入是资源配置效率提升的重要渠道之一。外资企业的总生产率增长高于制造业整体水平，其技术效率和资源配置效率也均高于制造业整体均值。样本考察期间，企业面临的市场环境有所改善，市场配置资源的效率不断提高。这些结论具有重要的现实意义和政策含义。

本章第一节外资进入影响生产率增长的渠道；第二节总生产率增长的测度及其分解；第三节外资的技术与资源配置效率：实证结果；第四节外资利用策略的调整：基于外资效率。

第一节　外资进入影响生产率增长的渠道

外资的大量涌入对中国制造业产生了深远的影响，对外资进入的效率评价通常从企业生产率角度进行考察。理论上，企业的进入退出行为与生产率密切相关，内生化于生产率的分析框架。但基于新古典经济学假设下的生产率测度方法，忽略了企业的进入退出对生产率的影响，这个问题在中国中小制造企业进退行业频繁的语境下更不容忽视。为了矫正这个缺陷带来的估计偏误，实证产业组织方法试图剔除企业的进入退出对生产率的影响，进而测定由纯要素变动带来的生产率波动。比如，Olley 和 Pakes（1996）在测定企业层面的生产率时，通过构造企业的存活概率函数将企业的进入退出这个重要变量纳入传统生产函数框架下来考察，从而剔除企业进退的影响得到较低的要素产出弹性。但该方法没有提供直接估算企业进入和退出对生产率影响的基本思路，因而无法对外资进入行为的生产率效应进行计量和评估。

外资的进入若带来产业总体层面生产率的提高，其作用机理是什么？回答这个问题需要进一步分解生产率。生产率增长来源的分解问题也是经济增长文献重要的研究内容，一般认为，生产率的增长源于两方面：一是技术效率（Technical Efficiency，TE）的增长，表现为要素投入结构和总量不变情形下产出的增长；二是资源配置效率（Reallocation Efficiency，RE）的改善，表现为特定技术水平下要素投入结构转换和要素的高效率流动带来的产出增长。现有研究忽视了对外资进入的技术效率和资源配置效率考察，只观察到了外资进入是否带来总体上的增长效应。分离外资企业的技术效率和资源配置效率，具有重要的现实意义，有利于外资政策的评估和调整。

国内关于企业进退、资源误置与生产率关系的研究并不多见，[①] 对外资进入的资源配置效率的研究几乎是空白。以中国制造业为研究对象，关于中国制造业进入退出行为对企业生产率波动影响的研究也没有一致结论。谢千里等（2008）采用规模以上工业企业数据发现企业的进入退出显著促进了全要素生产率（TFP）的增长。但聂辉华和贾瑞雪（2011）却没有发现企业进入退出显著影响全要素生产率波动的证据，通过运用Baily等（2002）的分解方法，他们发现国有企业是资源误置的主要因素。关于资源误置与生产率增长研究的文献，诸多结论也没有达成共识。姚战琪（2009）通过对1985—2007年中国经济总体和工业部门的生产率增长和要素再配置效应的研究发现，要素再配置效应非常低。曾先峰和李国平（2011）的研究表明，我国工业整体生产效率的提高主要依赖于工业行业自身全要素生产率的提高，资源配置带来的"结构红利"起一定作用，但并不显著。袁堂军（2009）则发现在部分国家保护的产业中，新企业进入带来的生产率效应为负，同时资源配置的低效率也可以解释垄断性资源行业的低效水平。类似的，简泽（2011）发现跨企业的资源配置效率改善促进了总量层面的生产率增长。刘伟巍和秦双全（2012）也发现了

①　聂辉华和贾瑞雪（2011）提供了更详尽的中国制造业资源误置研究文献梳理，且归纳了生产率的分解方法。

制造业生产率提高主要源于存活企业的技术效率和资源配置效率，而企业进入退出对生产率没有显著影响。李平等（2012）专门考察了企业的进入退出效应，认为进入退出促进了企业层面 TFP 的增长，并通过资源再配置效应促进了总量层面 TFP 的增长。但该文对资源配置效率分解时依赖的 TFP 计算仅仅基于纯技术效应，无法考察企业内要素结构变动带来的资源配置效率改善。如前文所述，这些基于新古典假设下的研究无法将外资作用分离出来考察其技术效率和资源配置效率。

基于此，本章引入 Petrin 和 Levinsohn（2005）（以下简称 PL 方法）提出的与传统索洛余值方法相一致，同时具有微观基础的总生产率增长（APG）分析框架。该方法基于微观数据，重新定义了宏观（产业）层面的总增长率增长概念，允许企业进入退出，进而将生产率分解为技术效率和资源配置效率。该方法的主要优势在于它可以测度所考察样本的子集对总体层面总生产率增长及分解项的贡献，同时不需要对要素市场状况做出任何假定。基于 PL 方法，本章首次全面系统地考察了外资进入行为引致的总生产率增长，以及外资企业的技术效率、资源配置效率问题。

第二节 总生产率增长的测度及其分解

本节将描述 PL 方法的基本逻辑框架，并对文中涉及的估计方法进行讨论。

一 总生产率增长的定义

测度某个产业的生产率，通常的做法是运用参数、非参或者半参方法计算产业内各企业的生产率，然后根据企业产出（或要素）权重进行加权得到产业整体的生产率水平。如 Baily、Hulten 和 Campbell（1992）、Olley 和 Pakes 等（1996）都是采用企业层面技术效率分布的一阶矩阵来定义总生产率增长，而权重通常采用总产值份额或者劳动份额数据。Petrin 和 Levinsohn（2005）证实了这种计算方法内在逻辑上可能使产业生产率增长与资源再配置效应呈负相关关系。Domar（1961）首次建立了最终总需求与要素成本支出之间的联系，Hulten（1978）对其进行了发展。Basu 和 Fernald（2002）则又进一步加入市场势力因素，在此基础上，Petrin 和 Levinsohn（2005）打破新古典假设，提出了总生产率增长框架。

PL 方法首先引入了一个有别于传统全要素生产率增长的总生产率增长（APG）概念，并将其定义为最终总需求的增长与总要素支出增长的差，于是，t 时期的总生产率增长变动为：

$$APG(t) \equiv \sum_{i=1}^{N(t)} P_i(t) \mathrm{d}Y_i(t) - \sum_{i=1}^{N(t)} \sum_k W_{ik}(t) \mathrm{d}X_{ik}(t) \qquad (5-1)$$

式中，i 为企业标识，t 代表时间。P_i 为 i 企业面临的最终产品价格，Y_i 为 i 企业的最终需求量；[①] W_{ik} 为 i 企业使用的要素 k 的价格水平，X_{ik} 为 i 企业使用的要素 k 的数量。

Petrin 和 Levinsohn（2005）证明，总生产率增长与福利理论上存在相关关系，因此测度总生产率增长波动从侧面体现了福利水平的变化。在企业层面数据中，无法直接观测到企业产出进入最终需求的数量，$dY_i(t)$ 不可观测。因此，借用宏观理论上的经济核算公式，最终需求与总产出增加值应当一致，有：

$$\sum_i P_i Y_i = \sum_i VA_i \qquad (5-2)$$

式中，$VA_i = P_i Q_i - \sum_j P_j M_{ij}$，$P_i Q_i$ 为 i 企业的总产出水平，$\sum_j P_j M_{ij}$ 是 i 企业产品作为 j 企业中间投入品的总量，且有 $dVA_i = P_i \mathrm{d}Q_i - \sum_i P_j \mathrm{d}M_{ij}$，公式（5-1）可以写为：

$$APG(t) \equiv \sum_{i=1}^{N(t)} \mathrm{d}VA_i - \sum_{i=1}^{N(t)} \sum_k W_{ik}(t) \mathrm{d}X_{ik}(t) \qquad (5-3)$$

二 总生产率增长的分解

与既有主流文献思路一致，总生产率增长被分解为技术效率和资源配置效率。Petrin 和 Levinsohn（2005）将总生产率增长（APG）分为三部分，并按照以下公式分解：[②]

$$APG = \sum_i P_i \mathrm{d}\omega_i + \sum_i \sum_k \left(P_i \frac{\partial Q_i}{\partial X_k} - W_{ik} \right) \mathrm{d}X_{ik} + \sum_i \sum_j \left(P_i \frac{\partial Q_i}{\partial M_j} - P_j \right) \mathrm{d}M_{ij}$$

$$(5-4)$$

式中，技术效率（TE）部分为 $\sum_i P_i \mathrm{d}\omega_i$，$\omega_i$ 为企业层面技术水平；余下部分为资源配置效率（RE）。对产业内所有企业加总，该等式同样成

---

① 企业最终需求 Y_i 与企业产出水平 Q_i 的关系是：$Y_i = Q_i - \sum M_{ij}$，M_{ji} 为 j 企业使用 i 企业产品作为中间投入品的数量。

② 为简单起见，此处省去时间下标 t。原分解公式中还包含固定成本与沉没成本增长率部分，但实证研究中因为数据的不可得而省略，国内相关实证研究也没有将这部分纳入计算。

立。不仅如此，对子样本企业而言该等式亦不失一般性，计量子样本企业对技术效率和资源再配置效率的贡献大小也因此成为可能，这为测度外资进入带来的各种效应提供了思路。

资源配置效率部分的计算依赖边际产品价值，企业 i 使用要素 X_k，其边际产品价值为：

$$VMP_{ik} \equiv P_i \frac{\partial Q_i}{\partial X_k} \qquad (5-5)$$

因此，如果要素的边际产品价值（VMP）不同，在给定的技术水平和要素总供给量下，要素在企业内的流动会导致产出增加。值得注意的是，外资企业可能存在系统的市场势力（陈甬军、杨振，2012），其影响体现在资源再配置效率部分。原因在于市场势力可理解为企业定价超出边际成本的能力，资源从低市场势力企业流向高市场势力企业也会导致总生产率增长。

采用工业增加值数据构造生产函数，总生产率增长率可以由公式（5-6）推出：

$$\begin{aligned} APG_G = & \sum_i D_i^v \mathrm{dln}\omega_i^v + \sum_i \sum_k D_i^v (\varepsilon_{ik}^v - s_{ik}^v) \mathrm{dln}X_{ik} \\ & + \sum_i \sum_j D_i^v (\varepsilon_{ij}^v - s_{ij}^v) \mathrm{dln}M_{ij} \end{aligned} \qquad (5-6)$$

式中，$D_i^v = \dfrac{VA_i}{\sum_i VA_i}$ 是以工业增加值比重计算的权重系数，ε_{ik}^v 和 ε_{ij}^v 分别为要素产出弹性①和中间投入品产出弹性，s_{ik}^v 和 s_{ij}^v 分为各要素、中间投入在工业增加值中的收入份额。增加值生产函数下的技术效率由下式给出：

$$\ln\omega_i^v = \ln(VA_i) - \beta_0^v - \sum_k \varepsilon_{ik}^v \ln X_{ik} \qquad (5-7)$$

式中，β_0^v 为用增加值数据估计生产函数时的截距项。

三　要素产出弹性的估计

公式（5-6）可计算和分解的前提是能够估算要素的产出弹性，而要素产出弹性的估计本身就是个十分复杂的问题。从一般化的生产函数出

---

① 在增加值生产函数中，要素产出弹性与传统生产函数中估算的要素产出弹性并不一致。记 ε_{ij} 为传统生产函数下要素的产出弹性，则增加值生产函数中的要素产出弹性 $\varepsilon_{ij}^v = \dfrac{\varepsilon_{ij}}{1 - s_{im}}$，其中 $S_{im} = \dfrac{\sum_j P_j M_{ij}}{P_i Q_i}$ 为中间投入品支出在产出中的比重。类似的，可以得到 $\ln\omega_i^v = \dfrac{\ln\omega_i}{1 - s_{im}}$。

发，运用最小二乘法（OLS 方法）简便易行。但考虑到企业所在行业的异质性，为保证结果的稳健性，此处运用 OLS 方法估计标准误差时采用了聚类（Cluster）方法。

实证产业组织中，基于 OLS 方法估计的要素产出弹性和企业生产率被认为是有偏的，原因是 OLS 方法忽略了不可观测的企业生产率异质性带来的要素投入内生性（Endogeneity Problem）问题和联立性偏误（Simultaneous Bias）。利用企业中间投入作为不可观测生产率的代理变量，采用矫正的 Levinsohn 和 Petrin（2003）半参数估计方法（简称 LP 方法）将改善 OLS 方法带来的缺陷，并且避免了 Olley 和 Pakes（1996）方法对投资数据依赖性的苛刻要求，该方法已被国内众多研究生产率的学者采用（聂辉华等，2011；简泽，2011；赵伟等，2011；赖俊平，2012）。

在 LP 方法的基础上，Wooldridge（2009）方法（简称 WLP 方法）通过对 LP 方法中的不同方程寻找不同的工具变量，并运用广义矩估计方法而不是 LP 方法中的自助法（Bootstrapping Method）进行系数估计和计算标准误差，得到了更为有效的估计量。

此处将分别采用这三种方法，按照企业所属的两位数代码产业分别估计要素的产出弹性，并根据公式（5－7）计算企业层面的技术水平，三种估计方法同时运用也可以用来验证结果的稳健性。

四　数据来源与变量讨论

（一）数据来源

与前几章相同，本章数据源于国泰安中国非上市公司数据库，考察样本区间为 1998—2007 年。遗憾的是，该数据库中没有提供 2004 年各企业的总产值和增加值数据，我们的处理方式是采用 2003 年和 2005 年的数据均值代替。[①]

在数据的筛选中，剔除了一些缺失及不符合逻辑的观测值，剔除标准如下：（1）剔除行业代码、年平均固定资产净值、工业中间投入缺失的观测值；（2）剔除关键指标不合逻辑的观测值，如应付工资总额小于 0、工业中间投入小于 0 的样本；（3）剔除职工人数少于 10 个的微型企业样本（谢千里等，2008；聂辉华等，2011）；（4）为保证数据质量，进一步

---

① 遗憾的是，这样将会失去部分新进入或者退出行业的样本信息，因为这些样本只有 2003 年或 2005 年数据，大样本情况下这个问题不会对估计结果带来系统性的偏差。

剔除企业工业增加值位于前后1%分位的异常值。经过上述标准剔除程序，最终得到170余万个有效观测样本，样本的分布如表5-1所示。

表5-1 　　　　　　　　　制造业企业样本构成基本情况

统计年度	1998	1999	2000	2001	2002	2003	2004	2005	2006	2007
原样本数量	164325	161197	161780	168479	181143	196101	278942	271021	301291	335977
筛选后样本	118398	121098	123896	132517	143444	162707	212351	229006	255361	287063
再进入样本	—	2593	3388	3554	3668	4145	6971	7634	4377	—
外资企业	8738	9345	10148	11094	12339	15154	23682	24808	26945	29789
港、澳、台资企业	13391	14070	14674	16259	17044	19404	24327	25128	26484	28547
国有企业	27587	26146	21848	16945	14576	11979	9801	7826	6719	5235
私营企业	9633	13355	20197	32904	44589	62143	98067	111981	135038	159342

注：再进入样本的识别需要至少前后两年数据，故1998年和2007年再进入样本数量技术上无法计算。

我们同时检测了数据库中样本遗漏问题。部分样本在 $t-1$ 年份出现，t 年份消失，又在 $t+1$ 年份再次出现（这里称为"再进入样本"）。这样的样本每年有数千例（见表5-1），此处采用缺失年份前一年与后一年的数据平均值代替缺失值。初步的数据分析显示，企业的进入退出在制造业中是个非常严重的问题：1998—2007年连续存在的样本数量只有88310个，即便对再进入样本数据进行技术补齐矫正后，连续存在的样本也只有114560个。外资企业和港、澳、台资企业的比例平均分别为9.2%和11.3%，各年度均有大量的外资企业和港、澳、台资企业进入中国制造业。这里的数据统计与毛其淋和盛斌（2013）的实证结果类似，他们发现，中国制造业企业具有很高的进入率与退出率，并且均随着企业规模的增大而下降；新进入企业是各年份企业的主要构成来源，但新进入企业的持续期较短，将近2/3的企业的持续经营年限不超过6年。

（二）变量定义与讨论

实证模型需要的主要变量有企业工业增加值、企业雇员人数、年平均固定资产净值以及工业中间投入值等数据。以上数据均可以从数据库中直接读取，为了获得真实的产出与投入数据，需要对各指标进行平减。其中，工业增加值数据用工业品出厂价格指数进行折算，但受数据限制无法获得四位数代码产业层面工业品出厂价格指数，因而采用两位数代码产业该指标的值替代，此数据来源于《中国城市（镇）生活与价格年鉴》。劳动要素投入用企业雇员人数来代理，因该数据库缺乏更详细的企业雇员结构信息，无法考察异质的企业雇员对产出效率的影响。权重指标的计算需要劳动份额数据，此处采用经过 CPI 调整的真实劳动力成本。资本的投入量使用年平均固定资产净值代替，并用固定资产投资价格指数进行平减，该指数来源于国际货币基金组织（IMF）。

　　外资企业的身份认定问题是这里要解决的一个重要问题。按照国泰安中国非上市公司数据库提供的企业注册类型代码，沿用上一章的方式，定义外资企业为以下几类企业的统称：中外合资经营企业、中外合作经营企业、外资企业、外商投资股份有限公司。文后的实证研究需要对港、澳、台企业、国有企业和私营企业进行对比，定义港、澳、台企业为合资经营企业（港、澳、台资）、合作经营企业（港、澳、台资）、港、澳、台商独资经营企业、港、澳、台商投资股份有限公司。国有企业样本包含国有企业、国有联营企业、国有与集体联营企业和国有独资公司。私营企业样本包含私营企业、私营独资企业、私营合伙企业、私营有限责任公司和私人股份有限公司。

第三节　外资的技术与资源配置效率：实证结果

　　本节采用中国制造业企业微观数据，实证分析制造业总生产率增长趋势及来源。结合外资企业大量进入制造业的事实，重点考察外资进入是否提升了整个制造业的总生产率增长，并对其技术效率和资源配置效率进行分解。

一　制造业总体总生产率增长

　　此处采用三种方法来估计要素产出弹性，进而求得企业层面技术水平的对数值，表 5-2 报告了三种估计方法下各要素的产出弹性系数。

　　结果显示，在 OLS 方法下，制造业总体层面劳动产出弹性约为 0.37，资本产出弹性约为 0.25；然而 OLS 方法系统地高估了要素弹性，LP 方法下估计的劳动和资本产出弹性分别为 0.11 和 0.16；WLP 方法给出的劳动和资本产出弹性与 LP 方法结论基本一致，分别为 0.11 和 0.13。从各细分产业的要素产出弹性系数来看，OLS 法普遍高估了要素产出弹性，而 LP 方法和 WLP 方法的结果基本一致。

表 5-2 三种估计方法下的要素产出弹性系数

产业代码	OLS_L	OLS_K	LP_L	LP_K	WLP_L	WLP_K
制造业整体	0.37	0.25	0.11	0.16	0.11	0.13
13	0.40	0.21	0.09	0.16	0.11	0.13
14	0.42	0.27	0.06	0.15	0.07	0.15
15	0.40	0.31	0.09	0.12	0.09	0.11
16	0.53	0.34	0.15	0.13	0.16	0.11
17	0.37	0.23	0.12	0.15	0.16	0.12
18	0.49	0.19	0.20	0.14	0.23	0.11
19	0.43	0.23	0.16	0.15	0.18	0.13
20	0.39	0.22	0.11	0.17	0.14	0.14
21	0.51	0.19	0.12	0.14	0.14	0.13
22	0.38	0.27	0.09	0.17	0.12	0.14
23	0.31	0.38	0.09	0.13	0.11	0.13
24	0.45	0.21	0.17	0.12	0.19	0.11
25	0.34	0.31	0.19	0.25	0.16	0.20
26	0.29	0.28	0.09	0.17	0.09	0.13
27	0.42	0.32	0.06	0.17	0.04	0.16
28	0.36	0.25	0.09	0.15	0.14	0.12
29	0.34	0.28	0.06	0.18	0.03	0.16
30	0.38	0.27	0.12	0.16	0.13	0.12
31	0.28	0.27	0.08	0.13	0.07	0.11
32	0.38	0.25	0.14	0.20	0.16	0.14
33	0.36	0.22	0.16	0.20	0.18	0.18
34	0.37	0.25	0.11	0.15	0.12	0.14
35	0.33	0.26	0.07	0.16	0.06	0.15
36	0.30	0.25	0.03	0.17	0.02	0.15
37	0.40	0.26	0.08	0.17	0.08	0.15
39	0.43	0.25	0.12	0.18	0.10	0.16
40	0.43	0.26	0.14	0.18	0.15	0.15
41	0.35	0.22	0.09	0.14	0.09	0.14
42	0.40	0.19	0.18	0.13	0.20	0.11
43	0.33	0.21	0.18	0.10	0.17	0.10

注：各产业代码对应的产业名称可参见第三章表 3-2。

　　根据本研究定义的总生产率增长（APG）概念，总生产率增长率是最终需求增长率与要素使用成本增长率的差。受数据限制，我们无法得到企业层面的资本使用成本，在计算总生产率增长（APG）时，要素成本仅包括劳动力成本，因此得到的总生产率增长（APG）会有上偏趋势。表5－3报告了各年度制造业总体层面的总生产率增长，并将其分解为技术效率和资源配置效率。

表5－3　　　　　制造业整体总生产率增长（APG）及其分解

年份	最终需求增长率	劳动成本增长率	APG	OLS 方法		LP 方法		WLP 方法	
				TE	RE	TE	RE	TE	RE
1999	9.51	0.39	9.12	-0.13	9.25	1.00	8.12	1.19	7.93
2000	9.76	-0.40	10.16	5.65	4.51	6.22	3.94	6.29	3.87
2001	-2.78	0.89	-3.67	-4.91	1.24	-4.73	1.06	-4.67	1.00
2002	13.52	1.09	12.43	6.66	5.77	7.28	5.15	7.37	5.06
2003	36.82	0.42	36.40	18.68	17.72	21.20	15.19	22.14	14.26
2004	46.09	-0.50	46.58	5.95	40.63	6.35	40.23	6.48	40.10
2005	-3.06	1.49	-4.55	-16.08	11.53	-12.82	8.27	-12.51	7.96
2006	17.62	0.24	17.38	13.41	3.97	14.99	2.39	15.22	2.16
2007	13.95	0.80	13.15	7.41	5.74	9.76	3.39	9.95	3.20
均值	15.71	0.49	15.22	4.07	11.15	5.47	9.75	5.72	9.50

　　注：表中数据单位为百分比（%）；TE 和 RE 分别代表技术效率和资源配置效率。

　　表5－3的结果显示，样本考察期间，制造业整体最终需求年均增长率为15.71%，其面临的劳动力成本每年上升0.49%，总要素增长率平均每年增长为15.22%。分年度来看，总生产率增长在个别年份为负，通过对总要素生产率增长进行分解可以得出，负的总生产率增长主要因素来自技术效率的降低，而资源配置效率总是正的。技术效率和资源配置效率对制造业增长的相对作用并不是一成不变的，相互交替起主导作用。从制造业总体层面上来看，无论采用哪种方法，企业的资源配置效率都大于技术效率，这表明考察期内中国制造业总体增长的首要源泉可能不是来自企业技术效率的提高，而是资源的再配置带来的效率提升。本研究结论与姚占琪（2009）和曾先峰等（2011）得到的资源配置无效率和低效率结论相反，但与张军等（2009）、简泽（2011）和刘伟巍等（2012）的研究结论

基本一致。资源的再配置可能来源于企业内使用要素的调整，也可能来源于要素在企业（产业）间的流动，这个结论与中国近年来不断深化的市场体制改革不谋而合。

二 外资进入与总生产率增长

制造业外资参与的深度和广度远高于其他行业，截至 2013 年，制造业外商投资企业数量占所有外资企业总数的 63.75%，合同外资金额比重高达 56.33%。① 在这样的背景下，部分研究得到外资促进增长的结论似乎理所当然。但一个重要问题被研究者忽视：外资促进制造业增长是因为外资企业本身的技术效率高还是因为外资企业有更有效的资源配置方式？为了回答这个问题，进一步单独对进入中国制造业的外资企业进行考察。表 5-4 报告了外资企业总生产率增长及其效率分解数据。

表 5-4　　　　　　外资企业总生产率增长（APG）及其分解

年份	最终需求增长率	劳动成本增长率	APG	OLS 方法		LP 方法		WLP 方法	
				TE	RE	TE	RE	TE	RE
1999	9.21	2.54	6.67	-1.63	8.30	0.48	6.18	0.60	6.06
2000	19.95	2.01	17.93	10.72	7.22	12.28	5.65	12.27	5.66
2001	-5.92	3.41	-9.33	-10.13	0.80	-9.06	-0.27	-8.93	-0.40
2002	15.30	2.51	12.78	5.65	7.13	6.96	5.82	7.00	5.78
2003	50.21	2.47	47.74	21.74	26.00	25.64	22.11	27.26	20.48
2004	46.68	3.55	43.12	5.69	37.44	6.92	36.21	7.12	36.01
2005	5.39	1.91	3.48	-4.22	7.70	-0.76	4.23	-0.51	3.99
2006	19.78	0.75	19.03	12.45	6.58	14.14	4.89	14.30	4.73
2007	8.31	1.63	6.68	-0.65	7.33	1.58	5.10	1.71	4.97
均值	18.77	2.31	16.46	4.40	12.05	6.47	9.99	6.76	9.70

注：表中数据单位为百分比（%）；TE 和 RE 分别代表技术效率和资源配置效率。

表 5-4 的结果显示，分年度看，外资企业的表现与制造业整体相似，除 2001 年总生产率增长为负值外，总生产率增长大致呈现先增后减的态势。但从外资企业总体来看，它保持了较高的总生产率增长，年均达16.46%，高于制造业整体这一水平的值。这一结论得到了现实数据的支

---

① 数据来源：中华人民共和国商务部外资司：《中国外资统计（2014）》，第 21 页。

持，如图 5 - 1 所示，1992—2013 年这二十几年来，外商直接投资企业的工业增加值增幅仅有三年低于全国工业增加值增幅水平，绝大多数年份，外商投资企业工业增加值的增幅都快于全国工业平均水平。这一事实引发的一个可靠、待验证的推论是外资企业快速增长带动了整个工业行业的增长。

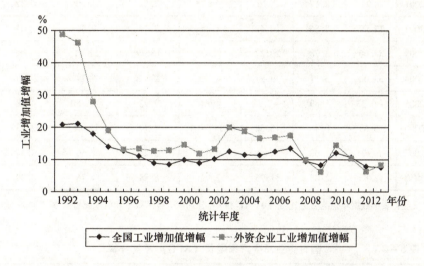

图 5 - 1 外资企业与全国工业增加值增幅对比 （1992—2013 年）

资料来源：中华人民共和国商务部外资司：《中国外资统计（2014）》，第 4 页。

实证研究结论进一步证实，外资企业的技术效率和资源配置效率也均高于制造业整体均值。因此，也可以判定外资进入制造业引致增长的同时源于外资企业较高的技术效率和较优的资源配置水平，其中资源配置效率起到了更重要的作用。分解后的技术效率和资源配置效率各年度也存在较大差异，整体上也表现出先增后减趋势。这个结论可能与 2002 年后中国加入世界贸易组织带来的市场开放和市场波动有关。在高效率导致较高的市场势力逻辑下（Bernard 等，2003），这一结论也印证了外资进入与市场势力波动之间存在的倒 U 形关系（陈甬军、杨振，2012）。

表 5 - 5、表 5 - 6 和表 5 - 7 分别报告了各年度港、澳、台资企业、国有企业和私营企业的总生产率增长情况，及各自的技术效率和资源配置效率对总生产率增长的贡献程度。

表 5-5　　　　港、澳、台企业总生产率增长（APG）及其分解

年份	最终需求增长率	劳动成本增长率	APG	OLS 方法		WLP 方法	
				TE	RE	TE	RE
1999	8.69	2.09	6.60	-0.57	7.17	1.18	5.41
2000	9.36	1.58	7.78	3.71	4.07	4.94	2.84
2001	4.93	2.17	2.76	-4.75	7.51	-4.06	6.82
2002	12.99	2.56	10.42	8.25	2.17	9.39	1.03
2003	33.06	3.78	29.27	12.49	16.79	17.41	11.86
2004	33.02	3.11	29.91	4.72	25.18	5.74	24.16
2005	-0.33	1.89	-2.22	-9.44	7.22	-6.80	4.58
2006	15.83	0.46	15.38	11.20	4.17	12.54	2.83
2007	6.97	1.08	5.89	0.63	5.26	2.50	3.39
均值	13.83	2.08	11.75	2.92	8.84	4.76	6.99

注：表中数据单位为百分比（％）；TE 和 RE 分别代表技术效率和资源配置效率。

表 5-6　　　　国有企业总生产率增长（APG）及其分解

年份	最终需求增长率	劳动成本增长率	APG	OLS 方法		WLP 方法	
				TE	RE	TE	RE
1999	-0.76	-2.26	1.50	1.62	-0.12	1.55	-0.05
2000	-11.56	-5.41	-6.15	4.68	-10.84	3.71	-9.86
2001	-27.20	-6.23	-20.97	0.96	-21.93	-0.28	-20.69
2002	-8.28	-4.61	-3.67	5.25	-8.93	3.92	-7.60
2003	3.82	-5.47	9.30	15.33	-6.04	16.16	-6.87
2004	-7.05	-6.22	-0.82	7.83	-8.65	5.96	-6.78
2005	-18.10	-4.45	-13.65	-2.78	-10.87	-2.24	-11.41
2006	-2.83	-5.13	2.29	9.32	-7.02	8.86	-6.56
2007	-13.05	-4.60	-8.44	-4.35	-4.09	-4.63	-3.81
均值	-9.44	-4.93	-4.51	4.21	-8.72	3.67	-8.18

注：表中数据单位为百分比（％）；TE 和 RE 分别代表技术效率和资源配置效率。

表 5 - 7　　　　　　　私营企业总生产率增长（APG）及其分解

年份	最终需求增长率	劳动成本增长率	APG	OLS 方法		WLP 方法	
				TE	RE	TE	RE
1999	38.61	3.89	34.72	-3.20	37.92	-0.48	35.20
2000	45.32	4.11	41.21	4.31	36.90	6.35	34.86
2001	35.75	5.99	29.76	-7.21	36.97	-5.97	35.72
2002	41.05	4.47	36.58	7.57	29.01	9.44	27.14
2003	61.81	2.61	59.20	18.30	40.89	21.52	37.68
2004	80.81	-1.13	81.94	4.46	77.48	5.05	76.90
2005	-10.16	2.84	-13.00	-27.03	14.03	-23.00	10.01
2006	30.60	1.03	29.56	14.53	15.03	16.69	12.87
2007	25.91	1.56	24.36	12.27	12.09	15.33	9.03
均值	38.86	2.82	36.04	2.67	33.37	4.99	31.05

注：表中数据单位为百分比（%）；TE 和 RE 分别代表技术效率和资源配置效率。

　　单纯考察外资企业得到的结论，并不必然地表明制造业的增长与外资企业的进入有关，外部市场环境的变化可能同样带来制造业的增长，从而使得制造业和外资企业增长协同变动。比如，我们观测到外资企业各年度总生产率增长与制造业整体情况相似，技术效率和资源配置效率主导经济增长也存在交替现象。为了检验外部市场环境的影响可能带来的结论误判问题，我们同时考察了港、澳、台企业、国有企业和私营企业的总生产率增长情况。这样做的好处有两个：一是可以研究不同所有制企业的总生产率增长及其来源问题，并进行对比，验证是否外资企业技术效率更高、资源配置更好；二是可以窥探考察期内的外部市场效率变化情况。如果企业都表现出资源配置改善的特征，那说明企业所处的市场更自由、效率更高。

　　从企业的总生产率增长来看，私营企业以年均增长 36.04% 的速度表现最好，其次是外资企业（16.46%）、港、澳、台企业（11.75%），国有企业的总生产率增长为 -4.51%，是唯一增长率为负值的企业类型。WLP 方法结果显示：从企业的技术效率来看，外资企业的技术效率最高，年均增长 6.76%，其次是私营企业（4.99%）和港、澳、台企业（4.76%），国有企业的技术效率最低，年增长只有 3.67%。从资源配置效率来看，私营企业的资源配置改善程度最高，外资企业和港、澳、台企业的资源配置效率也呈增长趋势。以上分析表明，样本考察期间，企业可能面对着一个更加完善、更加有效率的市场，资源误置问题不断被市场修正。这个结论与赖俊平（2012）关于市场竞争加强导致企业间资源配置优化的观点一致。

但即便企业所处的外部市场环境改善，国有企业的资源配置效率仍不断恶化，各个年份中，国有企业的资源配置效率均为负。国有企业技术效率的提高被资源配置效率的降低所抵消。这个结论可能与国有企业占据主要行业垄断地位相关。若国有企业资源配置效率由负效应转为正效应，说明国有企业正在逐步退出一些低效率的经营性领域而改善自身的资源配置，遗憾的是本研究结果并没有提供国有企业资源配置效率改善的证据，从而一定程度上印证了资源的"国进民退"现象。

从不同所有制类型企业的总生产率逐年增长趋势来看，也都大体呈先增后减的趋势，该现象并非外资企业独有。因此，有理由认为这种趋势可能是外部市场环境导致的结果，是企业面临的共同市场特征。也就是说，制造业整体的增长可能部分来源于市场总体层面因素，但国有企业表现与其他类型企业相异的事实证明，市场影响并不是主要因素，理由是：若市场影响足够大，各类型企业会得到一致的结论。外资企业的进入仍是一个非常重要的因素，其主要作用渠道是通过改善企业的资源配置，使得资源向更高效率方向流动。

第四节　外资利用策略的调整：基于外资效率

本章引入一个与传统索洛余值方法相一致，同时具有微观基础的总生产率增长分析框架，选择了1998—2007年中国制造业企业层面的大样本数据，实证考察了中国制造业增长的来源、外资进入带来的技术效率和资源配置效率。对生产函数的估计，使用最小二乘法和基于半参数分析的LP和WLP方法，得到更有效、稳健的结果。本章主要结论如下：

一是制造业的增长主要来源问题。在样本考察期内，实证结果显示企业的资源配置效率总体上大于技术效率，这表明中国制造业增长的首要源泉可能不是来自企业技术效率的提高，而是资源的再配置带来的效率提升。

　　二是外资的进入是中国制造业增长的重要渠道。外资企业的总生产率增长高于制造业整体水平，其技术效率和资源配置效率也高于制造业整体均值。外资进入制造业引致增长的同时源于外资企业较高的技术效率和较优的资源配置水平，其中外资企业更高的资源配置效率起到了更重要的作用。

　　三是考察期内制造业面临着一个效率逐步提高的市场环境。通过对比不同所有制类型企业的总生产率增长，发现各年度总生产率的波动具有趋同性。且除国有企业外，其他几种类型企业的资源配置效率均呈增长趋势。表明市场向着更有效率的方向发展，资源误置的情形不断改善。

　　这些结论具有重要的现实意义和政策含义：

　　第一，坚持市场在资源配置中的决定性作用，巩固市场体系的建设。矫正资源误置带来的效率损失，将带来中国制造业更快地发展。当前国有企业在重要行业中具有垄断地位，很大程度上阻止了资源向高效率企业的流动。市场经济的深化有助于低成本地改善国有企业低效的资源配置水平，有助于形成统一市场体系从而降低资源和要素的流动障碍。

　　第二，外资政策的制定要兼顾技术效率和资源配置效率。外资企业较高的资源配置效率有助于行业整体资源配置改善，具体而言，劳动力、资本等生产要素会因为外资企业的进入而得到更有效利用，从而可能在要素总量不变的情况下实现经济增长。外资的退出则可能带来相反效果，以劳动要素为例，金融危机以来沿海制造业工人大量回流与部分外资企业撤离可能有密切关系。

　　第三，提高中国制造业的生产效率，重点在于创造资源有效再配置的实现机制，保障要素在产业内和产业间的流动，这就需要更好地发挥政府作用。一方面改善竞争的大环境，让要素在竞争中向高效率者集中；另一方面减少基于要素的补贴或实行普惠性的补贴制度，让不同身份的企业承担共同的成本结构。

第六章 要素扭曲、资源误置与福利损失

对资源误置引致福利损失的计量是判定要素市场扭曲的直接证据。本章定义资源误置引致的福利损失为潜在产出缺口，即实际产出与帕累托最优配置情形下潜在产出的差额。进而实证检验了制造业劳动要素的资源误置情况，计算了劳动要素误置引致的福利损失。实证结果显示，劳动要素在制造业两位数代码产业内、产业间均存在不同程度的配置扭曲。对制造业整体来说，劳动要素向"正确"的方向流动一单位，将给每个企业平均带来 12041—13426 元的福利改善。样本考察期间，劳动要素的边际产品价值增长快于工资率增长，已经扭曲的劳动要素配置状况进一步恶化。本章的研究对于产业内资源配置的优化与自由要素市场的构建具有重要的理论和现实意义。

第一节 资源误置与福利损失：一个文献回顾

资源的优化配置是经济学研究的基本问题。特定技术水平下，要素向高效率环节的流动可以导致产出增加，而要素的逆效率流动则会阻碍经济增长。新古典经济学关于完全竞争市场的假设，构造了一个资源配置的帕累托最优状态。但现实世界中，因为垄断势力、要素流动限制、市场分割等诸多因素，市场运行常常偏离这个理想的最优状态。早期基于垄断竞争假设的经济理论，回答了为什么市场会偏离最优状态，从而提供了一个分析资源误置的理论框架。后随着实证经济学的发展，越来越多的学者开始计量和估算资源误置的效应，产生了大量文献，研究主要集中在以下两个方面。

第一个方面是针对资源误置是否显著影响全要素生产率（TFP）。估计资源误置带来的生产率损失，需要从分解全要素生产率开始，通常可以将其分解为技术效率、资源配置效率、规模经济几个部分（Baily 等，

1992；Griliches 和 Regev，1995；Olley 和 Pakes，1996；Petrin 和 Levin-sohn，2005）。以中国制造业为研究对象，得到的研究结论并不一致。运用随机前沿生产函数模型，涂正革和肖耿（2005）的实证结果显示，企业投入要素的配置效率对全要素生产率的增长几乎没有贡献。姚战琪（2009）通过对 1985—2007 年中国经济总体和工业部门的生产率增长和要素再配置效应的研究发现，要素再配置效应非常低。曾先峰等（2011）也证实了资源配置不存在显著的"结构红利"效应。但更多的实证结果支持资源配置优化带来生产率增长的论断。盛誉（2005）依据"随机前沿分析法"对中国要素市场跨地区和跨行业的分布进行了测度，结果显示要素扭曲存在于各地区、各行业，矫正要素扭曲配置可以带来生产率的提高。袁堂军（2009）基于索洛余值法计算了上市公司的全要素生产率并进行分解，认为资源配置的低效率阻碍了生产率发展和企业竞争力的提升。利用中国制造业企业数据，聂辉华和贾瑞雪（2011）系统考察了资源误置对企业生产率的影响，发现资源误置是导致企业效率低下的重要原因，而国有企业又是造成资源误置的主要因素。但聂辉华和贾瑞雪（2009）用 TFP 的离散程度简单代表资源的误置程度，并没有计算各要素资源误置情况。同样，支持资源配置优化带来生产率（经济）增长的文献还有谢千里等（2008）、简泽（2011）、张军等（2009）、李平等（2012）。

　　第二个方面是考察资源误置导致的效率损失程度有多大。赵自芳和史晋川（2006）运用 DEA 方法分析了要素市场扭曲带来的技术效率损失，发现如果消除产业组合的技术非效率可以使全国制造业总产出提高近 30个百分点。但该文对总产出效率损失的计量并不是基于福利损失的方法，而是简单地定义了产业组合规模效率，并将其实际值与 100% 相比得到总产出的潜在损失。罗德明等（2012）通过计量要素扭曲导致的全要素生产率损失发现：去掉扭曲后，人均 GDP 将增长 115.61%、加总的全要素生产率将增长 9.15%。该文运用的是动态随机一般均衡模型，因而对GDP 潜在增长的计算是基于宏观视角而不是微观基础。Hsieh 和 Klenow（2009）对中国制造业的经验结果表明，若中国资源配置矫正到美国现有水平，TFP 将增长 30%—50%。他们对于要素误置的衡量采用的是要素的边际产出，而没有考虑企业决策的另一重要变量：要素的使用成本，本研究则试图将要素的使用成本纳入分析框架。

　　本研究考察资源误置带来的福利损失，与上述文献存在较大的差异：

第一，我们将直接测度资源误置带来的福利损失大小，国内目前还没有文献进行资源误置引致的福利测算；第二，对要素产出弹性的估计不同。与 Olley 和 Pakes（1996）方法（如余淼杰，2010；聂辉华和贾瑞雪，2011）及 Levinsohn 和 Petrin（2003）方法（如简泽，2011）相比，本研究采用 Wooldridge（2009）更稳健的半参数广义矩估计方法来估计要素产出弹性，该方法同样建立在上述半参数估计方法之上，矫正了要素投入的内生性和联立性问题；[①] 第三，对资源误置引致的产出损失测度视角不同。本节运用 Petrin 和 Sivadasan（2011）的框架，基于微观企业数据，不需要对要素市场竞争状况做出任何假定，计算的是资源误置引致的福利损失实际大小，而不是从生产率的潜在损失进行推断，因此结论更可靠。

第二节　要素资源误置引致福利损失测度模型

新古典经济学关于完全竞争市场的假设，为我们提供了一个福利最优的标准情形。通过将现实市场运行状态与假想的完全竞争市场参数对比，可求解福利损失实际值的大小。企业使用要素的原则是要素的"边际收益"等于要素的"边际成本"，现实市场运行的非完全竞争性，使得要素"边际收益"与"边际成本"出现分离，要素边际净收益不为零，这为测度要素误置引致的福利损失提供了基本思路。基于这个理念，Petrin 和 Sivadasan（2011）分解了总生产率增长（Aggregate Productivity Growth，APG），提出了要素误置引致福利损失的计量框架。

一　资源误置与总生产率增长

Petrin 和 Levinsohn（2005）提出了一个有别于全要素生产率增长的总生产率增长（APG）概念，将其定义为最终需求的增长率与要素使用成本增长率的差。

$$APG(t) \equiv \sum_{i=1}^{N(t)} P_i(t) \mathrm{d}Y_i(t) - \sum_{i=1}^{N(t)} \sum_k W_{ik}(t) \mathrm{d}X_{ik}(t) \qquad (6-1)$$

式中，i 为企业标识，t 代表时间。P_i 为 i 企业面临的最终产品价格，

[①]　鲁晓东、连玉君（2012）对生产函数的估计方法做了详细梳理，包括参数和半参数方法。但他们没有提及 Wooldridge（2009）方法针对 Olley 和 Pakes（1996）以及 Levinsohn 和 Petrin（2003）做出的有效改进。

Y_i 为 i 企业面临的最终需求；① W_{ik} 为 i 企业使用的要素 k 的价格水平，X_{ik} 为 i 企业使用的要素 k 的数量。由于企业最终需求的不可观测性，最终需求的计算需要借助宏观理论的经济核算公式：最终需求等于产出增加值（$\sum_i P_i Y_i = \sum_i VA_i$）。

Petrin 和 Levinsohn（2005）将总生产率增长进一步分解为技术效率和资源配置效率：

$$APG = \sum_i P_i \mathrm{d}\omega_i + \sum_i \sum_k \left(P_i \frac{\partial Q_i}{\partial X_k} - W_{ik} \right) \mathrm{d}X_{ik} + \sum_i \sum_j \left(P_i \frac{\partial Q_i}{\partial M_j} - P_j \right) \mathrm{d}M_{ij}$$

$$(6-2)$$

式中，技术效率（TE）部分为 $\sum_i P_i \mathrm{d}\omega_i$，$\omega_i$ 为企业层面技术水平；余下的部分为资源配置效率。在完全竞争条件下，企业 i 使用要素 X_k，其边际产品价值等于要素的边际成本：

$$VMP_{ik} = P_i \frac{\partial Q_i}{\partial X_k} = MC_{ik}$$

$$(6-3)$$

显然，资源配置效率部分的计算需要估算要素的边际产出。若要素的边际产品价值与要素的边际成本相同，资源配置已经达到最优状况，要素的任何调整都不可能带来帕累托改进。要素的边际产品价值与边际成本不一致，可以用来计算资源误置带来的福利损失。总生产率增长（APG）的分解及要素边际产出的估算是测度资源误置引致福利损失的前提。

二　资源误置与产出增长缺口

以劳动要素为例，劳动要素数量一定，劳动力从企业 i 向企业 j 的流动带来的产值变动为：

$$\Delta output = P_j \frac{\partial Q_j}{\partial L} \mathrm{d}L - P_i \frac{\partial Q_i}{\partial L} \mathrm{d}L$$

$$(6-4)$$

Petrin 和 Sivadasan（2011）证明，在其他情况不变的情形下，调整单位劳动力的使用带来的平均总生产率增长在数值上等于劳动的边际产品价值与工资率的差额。于是 N 个企业中劳动力的流动带来的平均潜在产出缺口②可以定义为：

---

① 企业最终需求 Y_i 与企业产出水平 Q_i 的关系是：$Y_i = Q_i - \sum_j M_{ji}$，$M_{ji}$ 为 j 企业使用 i 企业产品作为中间投入品的数量。

② 此处定义产出缺口为实际产出与要素达到帕累托最优配置情形下产出之间的差额。

$$\Delta \overline{Q_{gap}} = \frac{1}{N} \sum_{i=1}^{N} \left| P_i \frac{\partial Q_i}{\partial L} - W_l \right| dL \tag{6-5}$$

式中，W_l 为劳动的工资率。若劳动力从高效率企业向低效率企业流动，产出会降低，而这部分损失的产出也是福利的损失，因此方程（6-5）采用绝对值形式。本研究将这个绝对产出缺口作为福利损失的衡量标准。该方法的主要优点在于它不需要对要素市场进行完全竞争的假定，而这个假定是许多文献进行实证的基础。

三 生产函数的估计：半参数矩估计方法

沿用文献传统的分析方法，从经典的科布—道格拉斯（Cobb - Douglas）生产函数开始模型的推导和设定：

$$Q_{it} = e^{\varepsilon_{it}} L_{it}^{\beta_l} K_{it}^{\beta_k} M_{it}^{\beta_m} V_{it}^{\beta_v} \tag{6-6}$$

式中，i 为企业标识，t 代表时间，L、K、M、V 分别代表劳动力、资本、中间投入品和企业购买的中间服务，相应的 β 值为各要素的产出弹性，$e^{\varepsilon_{it}}$ 为技术水平。两边取自然对数可得：

$$q_{it} = \beta_l l_{it} + \beta_k k_{it} + \beta_m m_{it} + \beta_v v_{it} + \varepsilon_{it} \tag{6-7}$$

小写字母表示各变量的对数值。不考虑企业生产率的异质性，可以用最小二乘法、面板固定效应等参数方法直接求得各参数的值。为了矫正不可观测的企业生产率带来的内生性和联立性问题，我们采用了基于 Olley 和 Pakes（1996）以及 Levinsohn 和 Petrin（2003）方法的 Wooldridge（2009）修正范式，并用更可靠的广义矩估计法进行回归。

企业具有异质性的生产率，残差部分可以分解为不可观测的企业生产率（ω_{it}）和独立同分布的残差序列（ζ_{it}）：$\varepsilon_{it} = \omega_{it} + \zeta_{it}$。按照 Levinsohn 和 Petrin（2003），企业生产率 ω_{it} 可表示为资本投入与中间投入品的函数形式：

$$\omega_{it} = g(k_{it}, m_{it}) \tag{6-8}$$

企业的创新水平被定义为：

$$\alpha_{it} = \omega_{it} - E(\omega_{it} \mid \omega_{it-1}) \tag{6-9}$$

滞后状态变量 k_{it} 和滞后代理变量 m_{it} 被认为与企业当期创新水平无关，所以可以得到下式：

$$E(\omega_{it} \mid k_{it}, l_{it-1}, v_{it-1}, m_{it-1}, \cdots, l_1, v_1, m_1) = E(\omega_{it} \mid \omega_{it-1})$$
$$\equiv f[g(k_{it-1}, m_{it-1})] \tag{6-10}$$

于是，方程（6-7）可以改写为：

$$q_{it} = \beta_l l_{it} + \beta_k k_{it} + \beta_m m_{it} + \beta_v v_{it} + f[g(k_{it-1}, m_{it-1})] + u_{it} \qquad (6-11)$$

其中，$u_{it} = a_{it} + \varepsilon_{it}$。按照 Wooldridge（2009），方程（6–11）参数的估计由以下矩条件得到：

$$E(u_{it} \mid k_{it}, l_{it-1}, v_{it-1}, m_{it-1}, \cdots, l_1, v_1, m_1) = 0 \qquad (6-12)$$

这里采用二阶多项式近似估计 $f[g(k_{it-1}, m_{it-1})]$，并用劳动力（l_{it}）和企业购买的中间服务变量（v_{it}）的一阶、二阶滞后项，中间投入变量（m_{it}）的二阶滞后项作为工具变量，以获得要素产出弹性的稳健估计。

四　要素边际产出计算及产出缺口的平减

要素边际产出可以通过生产函数对要素求偏导得到。以劳动要素为例，由方程（6–6）可得：

$$\frac{\partial Q_{it}}{\partial L} = \beta_l e^{\varepsilon_{it}} L_{it}^{\beta_l - 1} K_{it}^{\beta_m} M_{it}^{\beta_k} V_{it}^{\beta_v} = \beta_1 \frac{Q_{it}}{L_{it}} \qquad (6-13)$$

产品价格乘以要素的边际产出即为要素的边际产品价值，给定要素的价格水平，可以得到劳动要素的绝对产出缺口为：

$$Q_{gap}^{L} = \left| P_{it} \frac{\partial Q_{it}}{\partial L} - P_L \right| \qquad (6-14)$$

式中，P_{it} 为产品价格，使用工业品出厂价格指数代替；P_L 为劳动力成本，用总劳动力成本除以劳动力数量近似得到。同理，可以得到其他要素的产出缺口水平。

为了剔除物价水平的影响来观察劳动要素配置带来的产出缺口真实值变动，我们用消费者价格指数（CPI）和国内生产总值平减指数分别对上式进行平减，最终得到劳动要素的绝对产出缺口真实值为：

$$Q_{real\_gap}^{L} = \left| P_{it} \frac{\partial Q_{it}}{\partial L} - P_L \right| / (CPI or \; GDP\_deflator) \qquad (6-15)$$

五　数据样本与变量设定

（1）数据来源及样本处理。所用数据同样来源于国泰安中国非上市公司数据库，因 2007 年后该数据库没有提供关于中间投入、支付工人工资及福利数据，故选用样本区间为 1998—2007 年。以中国制造业为研究对象，选取两位数代码为 13—43 的产业（没有代码 38）。

关于数据缺失值的处理。第一，该数据库中没有提供 2004 年各企业的总产值数据，处理方式是采用 2005 年和 2006 年的数据均值代替；第二,部分样本在 $t-1$ 年份出现, t 年份消失,又在 $t+1$ 年份再次出现,这里和前文处理方式相同,仍然采用缺失年份前一年与后一年的数据平均值代替缺失值。

对缺失值数据处理后,数据库中还存在一些不合理数据。需要进一步剔除一些缺失及不符合逻辑的观测值,标准如下:①剔除行业代码、年平均固定资产净值、工业中间投入缺失的观测值;②剔除关键指标不合逻辑的观测值,如应付工资总额小于 0、工业中间投入小于 0、工业中间投入大于总产值、本年折旧大于累计折旧的样本;③剔除职工人数少于 8 个的微型企业样本。经过上述剔除程序、技术上补齐缺失数据后,最终得到近104 万个有效观测样本。

(2)变量设定与讨论。此处需要的主要变量有企业总产值、企业雇员人数及劳动力成本、企业资产及折旧类指标,以及工业中间投入值、销售费用等。同时,运用各类平减指标对相应数据进行真实值处理,基期年份为 1998 年,具体处理方式如下:

企业总产值数据(Q_{it})用两位数代码制造业工业品出厂价格指数计算,数据来源于各年《中国统计年鉴》。劳动力人数(L_{it})由"就业职工数量"表示,劳动力成本数据由"支付工人工资"及"支付工人福利"两部分计算,并采用"制造业平均实际工资指数"计算真实值,该指数来源于《中国劳动统计年鉴》。

资本存量的计算采用永续盘存法:[①]

$$K_{it} = K_{it-1} + I_{it} - D_{it} \qquad (6-16)$$

沿用赖俊平(2012)的处理方式,初始资本存量 K_{i1} 按照企业首次出现在数据库中的平均固定资产净值确定;[②] 投资额 I_{it} 采用相邻年份企业固

---

① 在计算资本存量时,沿用的是赖俊平(2012)的思路,即广泛采用的永续盘存法。

② 关于基年资本存量的计算,按照企业首次出现在数据库中的平均固定资产净值来确定,主要原因是这里采用了一个非平衡面板企业级数据。比如,有的企业在 2002 年才出现在数据库中,我们无法得到该企业 1998 年的固定资产净值数据,无法像李小平等(2007)那样统一为基年数据。同时,李小平等(2007)的数据是产业(行业)层面数据,因此在其基期 1980 年上各观测值都有数据。本研究选用数据为企业层面数据,企业的进退行为较为明显,选用首次出现在数据库中的固定资产净值作为初始资本存量也是无奈之举。Hall 和 Jones(1990)的方法需要人为确定折旧率(多数文献采用了 6%),在数据不详或缺失的情况下,采用 Hall 和 Jones(1990)的思路不失为一个有效的估计资本存量的方法。由于我们使用的数据库中提供了精确的各年度企业固定资产净值余额、折旧等信息,因此采用永续盘存法估计资本存量应该比采用 Hall 和 Jones(1990)法估计出来的资本存量值更精确。

定资产原值的差额计算；D_{it} 为折旧，可以直接在数据库中获取。这种思路与李小平等（2007）的方法在逻辑上是一致的，因为在李小平等（2007）的方法中，采用的是固定资产净值增加量数据，即 $I_{it} - D_{it}$ 部分。在进行计算时，此处采用了固定资产价格指数进行平减[①]，而我们已经将固定资产价格指数都转化为 1998 年基期数据，因此，在数据计算上我们的方法要比赖俊平（2012）的更精准一些，同时，我们这样处理也使得本研究方法与李小平等（2007）的方法具有了内在一致性，即都按照基期不变价来计算资本存量。

中间投入品数据（M_{it}）用"工业中间投入"代理，并使用原材料购进价格指数进行平减，该指数来源于《中国统计年鉴》。

企业购买的中间服务（V_{it}）数据来自"营业费用"[②]，具体包括运费、装卸费、包装费、保险费、展览费和广告费等。此处用各年度国内生产总值平减指数（GDP Deflator）对其进行平减。

第三节　要素资源误置引致福利损失测度结果

本节采用中国制造业企业数据，估计了两位数代码行业的要素产出弹性，计算了各要素的边际产出 $\dfrac{\partial Q_i}{\partial X_k}$，并对要素配置扭曲带来的福利损失进行测度。因数据限制无法获取企业层面的资本使用成本、中间投入品价格及购买的中间服务价格，只能估算劳动要素扭曲配置带来的福利损失。

一　细分产业要素的产出弹性

此处采用了基于参数估计的面板固定效应方法和基于半参数估计的 Wooldridge（2009）方法来估计要素产出弹性，同时也可以验证结果是否稳健。在面板固定效应方法下，控制了截面效应和时间效应后，制造业总体层面劳动产出弹性约为 0.085，资本产出弹性约为 0.095；中间投入品产出弹性较高，达到了 0.729，中间服务的产出弹性为 0.057；Wooldridge

---

① 资本存量采用的固定资产价格指数来源于国际货币基金组织（IMF）。

② 新会计准则下，营业费用科目变为销售费用，但指代内容不变，我们认为这一科目可以很好地代表制造业企业购买中间服务的支出。对制造业来说，核心业务为产品生产，视销售费用为要素投入之一是合理的。

（2009）方法下估计的劳动和资本产出弹性分别为 0.047 和 0.055，中间投入品与中间服务的产出弹性分别为 0.747 和 0.052。表 6-1 给出了两位数代码产业各要素投入的产出弹性系数。

表6-1 两位数代码产业要素弹性系数估计结果

产业代码	产业名称	面板固定效应方法				Wooldridge（2009）方法			
		L	K	M	V	L	K	M	V
—	制造业整体	0.085	0.095	0.729	0.057	0.047	0.055	0.747	0.052
13	农副食品加工业	0.081	0.061	0.757	0.059	0.050	0.044	0.783	0.038
14	食品制造业	0.064	0.073	0.764	0.065	0.029	0.050	0.758	0.066
15	饮料制造业	0.083	0.079	0.737	0.078	0.018	0.099	0.698	0.087
16	烟草制品业	0.062	0.205	0.740	0.038	(n.a.)	(n.a.)	(n.a.)	(n.a.)
17	纺织业	0.091	0.084	0.737	0.046	0.036	0.043	0.694	0.047
18	纺织服装、鞋、帽制造业	0.140	0.095	0.666	0.063	0.151	0.128	0.326	0.079
19	皮革、毛皮、羽毛（绒）及其制品业	0.088	0.093	0.734	0.051	0.088	0.081	0.600	0.044
20	木材加工及木、竹、藤、棕草制品业	0.085	0.060	0.775	0.054	0.052	0.033	0.726	0.064
21	家具制造业	0.088	0.073	0.731	0.058	0.064	0.093	0.642	0.052
22	造纸及纸制品业	0.101	0.071	0.744	0.055	(n.a.)	(n.a.)	(n.a.)	(n.a.)
23	印刷业和记录媒介的复制	0.093	0.128	0.707	0.060	0.034	0.045	0.808	0.065
24	文教体育用品制造业	0.125	0.093	0.698	0.058	0.113	0.160	0.330	0.072
25	石油加工、炼焦及核燃料加工业	0.045	0.110	0.771	0.043	0.040	0.062	0.751	0.040
26	化学原料及化学制品制造业	0.076	0.100	0.727	0.060	0.041	0.071	0.669	0.058
27	医药制造业	0.076	0.130	0.648	0.102	0.003	0.072	0.527	0.124
28	化学纤维制造业	0.064	0.066	0.815	0.031	(n.a.)	(n.a.)	(n.a.)	(n.a.)
29	橡胶制品业	0.093	0.096	0.708	0.065	0.027	0.005	0.894	0.055
30	塑料制品业	0.096	0.098	0.721	0.055	0.067	0.067	0.678	0.051
31	非金属矿物制品业	0.079	0.075	0.744	0.055	0.007	0.009	0.905	0.062
32	黑色金属冶炼及压延加工业	0.079	0.067	0.796	0.037	(n.a.)	(n.a.)	(n.a.)	(n.a.)

续表

产业代码	产业名称	面板固定效应方法				Wooldridge（2009）方法			
		L	K	M	V	L	K	M	V
33	有色金属冶炼及压延加工业	0.062	0.084	0.789	0.041	0.066	0.026	0.819	0.037
34	金属制品业	0.074	0.102	0.734	0.051	0.040	0.044	0.777	0.042
35	通用设备制造业	0.073	0.089	0.740	0.058	0.001	0.037	0.840	0.056
36	专用设备制造业	0.082	0.106	0.700	0.064	(n.a.)	(n.a.)	(n.a.)	(n.a.)
37	交通运输设备制造业	0.073	0.117	0.737	0.047	(n.a.)	(n.a.)	(n.a.)	(n.a.)
39	电气机械及器材制造业	0.080	0.136	0.694	0.062	0.028	0.035	0.813	0.051
40	通信设备、计算机及其他电子设备制造业	0.101	0.163	0.661	0.061	0.096	0.021	0.820	0.045
41	仪器仪表及文化、办公用机械制造业	0.079	0.145	0.695	0.063	0.059	0.090	0.681	0.077
42	工艺品及其他制造业	0.091	0.098	0.733	0.054	0.101	0.005	0.838	0.045
43	废弃资源和废旧材料回收加工业	0.066	0.062	0.811	0.033	0.012	0.186	0.385	0.035

注：面板固定效应结果控制了截面和时间效应。"n.a."表示该数值不合逻辑，用缺失值代替，余下表格采取同样处理方法。在 Wooldridge（2009）方法下，部分产业的要素弹性系数为负，显然不合逻辑。Petrin 和 Sivadasan（2011）也面临着这样的问题，可能的原因在于数据质量及可靠性问题。

　　本节中间投入品产出弹性的估计结果系统地高于余淼杰（2010）的结果，可能的原因在于两文所使用的数据库不同。本节使用的样本仅仅是非上市公司，加工型企业占比较高，因此得到较高的中间投入产出弹性不足为奇。同时，我们还发现，对制造业企业来说，购买的中间服务也是非常重要的要素之一，而这个要素在以制造业为研究对象的文献中却一直被忽略。

二　细分产业要素的边际产出

　　估计出要素的产出弹性后，根据方程（6-13）可以计算各要素的边际产出。表6-2给出了面板固定效应方法下各细分产业、各要素的边际产出大小。

表6-2 两位数代码产业要素边际产出估计结果：面板固定效应方法

产业代码	产业名称	$\frac{\partial Q}{\partial L}$	$\frac{\partial Q}{\partial K}$	$\frac{\partial Q}{\partial M}$	$\frac{\partial Q}{\partial V}$	观测值
—	制造业整体	31.765	0.512	5.769	24.231	1047346
13	农副食品加工业	43.414	0.285	5.074	16.510	64380
14	食品制造业	23.965	0.224	4.346	11.754	25349
15	饮料制造业	30.543	0.413	8.221	15.601	17783
16	烟草制品业	44.768	0.219	2.251	19.738	819
17	纺织业	28.449	0.657	4.278	30.371	85409
18	纺织服装、鞋、帽制造业	26.208	0.431	7.653	23.274	51007
19	皮革、毛皮、羽毛（绒）及其制品业	21.983	0.372	13.632	20.435	25985
20	木材加工及木、竹、藤、棕草制品业	24.892	0.245	4.748	16.300	24310
21	家具制造业	24.076	0.232	3.436	19.816	13654
22	造纸及纸制品业	34.379	0.231	4.889	23.127	29867
23	印刷业和记录媒介的复制	27.279	0.423	3.823	21.358	17184
24	文教体育用品制造业	28.347	0.320	4.003	14.991	14107
25	石油加工、炼焦及核燃料加工业	23.985	6.453	3.457	12.183	7800
26	化学原料及化学制品制造业	37.586	0.374	8.927	14.499	80940
27	医药制造业	33.680	0.322	9.734	24.413	22509
28	化学纤维制造业	34.905	0.168	5.350	21.226	5588
29	橡胶制品业	28.318	0.337	5.037	17.289	12647
30	塑料制品业	34.026	0.280	3.479	19.269	50387
31	非金属矿物制品业	23.167	0.331	4.856	16.543	88923
32	黑色金属冶炼及压延加工业	48.081	0.513	2.832	28.987	23480
33	有色金属冶炼及压延加工业	41.518	2.502	3.620	22.652	20312
34	金属制品业	28.187	0.407	5.494	20.673	57146
35	通用设备制造业	22.875	0.326	4.903	18.023	78731
36	专用设备制造业	28.681	0.360	4.689	22.860	42612
37	交通运输设备制造业	29.397	0.314	4.614	34.265	46206
39	电气机械及器材制造业	39.236	0.966	7.522	21.333	50057
40	通信设备、计算机及其他电子设备制造业	61.301	1.127	10.716	112.185	42020
41	仪器仪表及文化、办公用机械制造业	34.082	0.305	5.632	22.215	18971
42	工艺品及其他制造业	23.309	0.324	2.090	14.219	20646
43	废弃资源和废旧材料回收加工业	20.185	0.285	2.012	9.779	8517

注：本表中数据单位为1998基期年的1000元。

企业的要素边际产出越高，表明要素被较少地配置到了该企业；相反，企业的要素边际产出越低，说明该要素可能过度配置。实证结果表明，四种要素投入的边际产出均为正值，表明各要素投入还没有出现"过剩"状态。

从制造业整体来看，劳动力与中间服务的边际产出分别为 31.765 和 24.231，说明增加一单位劳动和中间服务投入，带来的产出将分别增长 31765 元和 24231 元，高于资本与中间投入品的边际产出值。与王德文等（2004）估计的 1999—2001 年劳动的边际产出相比，本研究的结果有普遍增大趋势，说明制造业中劳动力要素使用正在减少。

我们分析了此处选用的样本数据（见图 6-1），发现制造业单个企业平均从业人数由 1998 年的 347 人逐年降至 2007 年的平均 220 人，印证了上述推论；资本和中间投入品的边际产出分别为 0.512 和 5.769。从细分行业来看，劳动要素与企业购买的中间服务要素对产出的贡献率也普遍大于资本与中间投入品的贡献率。要素的边际产出因行业而异，具有较明显的异质性。要素的边际产出在产业间的差异表明，要素在产业间的流动再配置可以带来产出水平的增加。

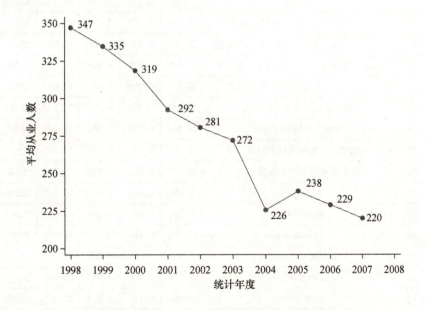

图 6-1　样本中各年度企业平均从业人数变动趋势

资料来源：笔者整理。

表6-3则报告了采用Wooldridge（2009）方法估计的各要素边际产出。我们发现，矫正了企业不可观测的异质性生产率带来的内生性和联立性问题后，得到的要素边际产出结果系统性降低，但这并未改变面板固定效应方法下得到的基本结论。要素的边际产出在产业间的差异略有降低，但仍非常明显。总体上看，劳动要素与中间服务要素可能配置过低，而资本与中间投入品要素则配置相对较多。企业要素使用结构的合理变动也将带来产出的增加。

表6-3 两位数代码产业要素边际产出估计结果：
Wooldridge（2009）方法

产业代码	产业名称	$\frac{\partial Q}{\partial L}$	$\frac{\partial Q}{\partial K}$	$\frac{\partial Q}{\partial M}$	$\frac{\partial Q}{\partial V}$	观测值
—	制造业整体	17.227	0.272	5.906	22.080	898774
13	农副食品加工业	26.735	0.204	5.243	10.496	64380
14	食品制造业	10.823	0.153	4.311	12.007	25349
15	饮料制造业	6.712	0.520	7.787	17.363	17783
17	纺织业	11.301	0.335	4.025	31.198	85409
18	纺织服装、鞋、帽制造业	28.249	0.577	3.741	29.256	51007
19	皮革、毛皮、羽毛（绒）及其制品业	21.887	0.323	11.147	17.533	25985
20	木材加工及木、竹、藤、棕草制品业	15.119	0.137	4.446	19.455	24310
21	家具制造业	17.495	0.296	3.017	17.932	13654
23	印刷业和记录媒介的复制	10.154	0.147	4.371	23.239	17184
24	文教体育用品制造业	25.669	0.554	1.894	18.521	14107
25	石油加工、炼焦及核燃料加工业	21.807	3.636	3.366	11.437	7800
26	化学原料及化学制品制造业	20.015	0.268	8.218	13.963	80940
27	医药制造业	1.350	0.178	7.926	29.637	22509
29	橡胶制品业	8.235	0.019	6.358	14.622	12647
30	塑料制品业	23.473	0.189	3.271	18.048	50387
31	非金属矿物制品业	2.000	0.041	5.901	18.474	88923
33	有色金属冶炼及压延加工业	44.270	0.786	3.757	20.625	20312
34	金属制品业	15.304	0.175	5.814	17.253	57146
35	通用设备制造业	0.329	0.134	5.569	17.428	78731
39	电气机械及器材制造业	13.453	0.251	8.803	17.765	50057

产业代码	产业名称	$\frac{\partial Q}{\partial L}$	$\frac{\partial Q}{\partial K}$	$\frac{\partial Q}{\partial M}$	$\frac{\partial Q}{\partial V}$	观测值
40	通信设备、计算机及其他电子设备制造业	58. 185	0. 147	13. 287	81. 419	42020
41	仪器仪表及文化、办公用机械制造业	25. 172	0. 188	5. 515	27. 373	18971
42	工艺品及其他制造业	26. 055	0. 017	2. 389	11. 900	20646
43	废弃资源和废旧材料回收加工业	3. 729	0. 853	0. 955	10. 422	8517

注：本表中数据单位为 1998 基期年的 1000 元。

三　福利损失：劳动要素的产出缺口

要素的边际产出可以在一定程度上反映资源的配置情况，但如果不考虑要素使用的边际成本，得到的结论可能不能反映利润最大化约束下的企业资源配置行为。比如，我们观测到要素在某行业的边际产出较高，得出该要素配置水平过低的结论。但如果该行业使用要素的边际成本也较高，企业使用该要素得到的边际净收益可能较低，甚至为零，从企业最优决策出发并不能得到该要素配置过低的结论。于是，需要进一步考察单位要素投入带来的边际净收益，即本研究定义的产出缺口，可以看作福利损失的计量。

表 6－4 给出了基于方程并经过指数平减的绝对产出缺口真实值计算结果。对绝对产出缺口真实值的计算，除了运用两种不同的计量方法外，我们还选择了消费者价格指数（CPI）和 GDP 平减指数两个指标计算产出缺口的真实值。两种方法、两类指数下得到的结果具有一致性，表明估计结果十分稳健。

表 6－4　　　　　劳动要素绝对产出缺口真实值估计结果

产业代码	产业名称	面板固定效应方法		Wooldridge (2009) 方法	
		CPI 平减	GDP 平减	CPI 平减	GDP 平减
—	制造业整体	26. 117	23. 379	13. 426	12. 041
13	农副食品加工业	40. 085	35. 941	24. 139	21. 643
14	食品制造业	18. 567	16. 663	7. 557	6. 781
15	饮料制造业	24. 636	22. 169	4. 586	4. 123
16	烟草制品业	31. 955	29. 089	(n. a.)	(n. a.)
17	纺织业	23. 702	21. 159	8. 438	7. 531

续表

产业代码	产业名称	面板固定效应方法		Wooldridge（2009）方法	
		CPI 平减	GDP 平减	CPI 平减	GDP 平减
18	纺织服装、鞋、帽制造业	20.974	18.929	22.104	19.947
19	皮革、毛皮、羽毛（绒）及其制品业	18.268	16.411	17.574	15.788
20	木材加工及木、竹、藤、棕草制品业	20.436	18.234	11.693	10.432
21	家具制造业	19.583	17.527	13.661	12.229
22	造纸及纸制品业	27.983	25.122	(n.a.)	(n.a.)
23	印刷业和记录媒介的复制	20.475	18.423	6.652	5.987
24	文教体育用品制造业	21.526	19.334	18.964	17.035
25	石油加工、炼焦及核燃料加工业	38.647	34.567	32.155	28.799
26	化学原料及化学制品制造业	34.849	31.157	18.101	16.178
27	医药制造业	23.684	21.287	1.352	1.219
28	化学纤维制造业	34.254	30.615	(n.a.)	(n.a.)
29	橡胶制品业	22.439	20.067	5.472	4.886
30	塑料制品业	29.684	26.596	19.809	17.751
31	非金属矿物制品业	18.913	16.901	1.477	1.327
32	黑色金属冶炼及压延加工业	44.760	39.912	(n.a.)	(n.a.)
33	有色金属冶炼及压延加工业	45.990	40.954	43.362	38.698
34	金属制品业	22.530	20.198	11.516	10.324
35	通用设备制造业	20.007	17.796	1.717	1.534
36	专用设备制造业	23.234	20.728	(n.a.)	(n.a.)
37	交通运输设备制造业	21.343	19.120	(n.a.)	(n.a.)
39	电气机械及器材制造业	30.723	27.113	9.659	8.514
40	通信设备、计算机及其他电子设备制造业	31.898	28.872	28.482	25.785
41	仪器仪表及文化办公用机械制造业	24.415	22.287	17.347	15.829
42	工艺品及其他制造业	19.258	17.233	20.739	18.542
43	废弃资源和废旧材料回收加工业	16.787	15.434	3.057	2.790

注：本表中数据单位为 1998 基期年的 1000 元。

以 Wooldridge（2009）方法的稳健估计结果为例。数据显示，对制造业整体来说，劳动力向"正确"的方向流动一单位[①]，将给每个企业平均

[①]　根据公式，我们的结果为要素产出缺口的绝对值。事实上，存在要素边际产品价值低于劳动工资率的情形，此时产出缺口为负。对产出缺口为正的要素而言，要素"正确"流动方向指的是增加该要素的使用；对产出缺口为负的要素，"正确"流动方向是减少该要素的使用。

带来 12041 元（GDP 平减结果）至 13426 元（CPI 平减结果）的福利改善，大致相当于企业平均产出增加值的 0.06%；具体到各细分产业，劳动要素扭曲的福利损失存在较大差异。表 6-4 最后一列显示，医药制造业（产业代码：27）劳动要素配置扭曲程度最小，劳动力向"正确"方向流动一单位带来的福利仅有 1219 元；有色金属冶炼及压延加工业（产业代码：33）的劳动要素配置扭曲程度最大，单位劳动力配置优化带来的福利高达 38698 元。

以上结论总体上说明，各产业的劳动力资源配置还存在较大程度的扭曲，矫正劳动资源配置的扭曲可以带来较大的福利水平改善。而且，根据表 6-4 的结果，我们还可以大致判断劳动要素应如何在产业间分配更有效率，劳动要素从产出缺口低的产业流向产出缺口高的企业会带来总体福利的提升。

四　产业内与产业间劳动要素误置状况的演变

上述分析证明了劳动要素扭曲配置的事实，但我们更感兴趣的是，近年来劳动要素误置状况是有所改善还是进一步恶化？我们观测到每个产业中企业的劳动要素产出缺口存在差异，如果这种差异越来越大，说明劳动要素在产业内的配置水平恶化；相反，如果这种差异越来越小，说明产业内劳动要素的配置得到优化。类似的，产业间劳动要素的误置同样可以用产业间劳动要素产出缺口的波动性来衡量。为此，我们计算了各细分行业、各年度产出真实缺口的标准差，跟踪产业内劳动要素误置的演变情况。

产业内劳动要素资源配置水平的变化可以从该产业的年度波动情况来考察。表 6-5 报告了劳动要素绝对产出缺口真实值的波动情况。

数据显示，无论从制造业整体还是各细分行业来看，考察期内，劳动产出缺口真实值的标准差都有系统性增大趋势。这证明，产业内的劳动要素资源误置情况不但没有得到改善，反而进一步恶化。从产业间产出真实缺口的标准差来看，其值从 1998 年的 6.515 逐年上升至 2007 年的 11.631，也呈增大趋势，表明考察期内制造业细分产业间的劳动要素配置水平也在下降。

标准差的波动从一定意义上只能反映产业内或产业间劳动要素产出缺口的发散性，如果劳动要素产出缺口真实值同时也在变大，则可以印证劳动资源配置水平降低这一论断。接下来，我们计算了各行业、各年度劳动

表6-5　　　　　　　　　劳动要素绝对产出缺口真实值波动性

产业代码	各年度劳动产出缺口真实值的标准差									
	1998 年	1999 年	2000 年	2001 年	2002 年	2003 年	2004 年	2005 年	2006 年	2007 年
制造业整体	9.963	15.165	16.740	17.609	18.527	19.168	21.697	22.205	24.895	25.644
13	12.344	16.761	19.993	20.813	22.401	23.231	27.068	28.553	30.664	32.622
14	2.797	6.384	8.666	8.525	8.234	9.403	11.099	12.636	15.174	15.399
15	5.485	6.248	6.204	6.591	6.525	7.213	9.842	9.557	10.436	11.672
17	2.252	6.385	8.578	9.061	10.799	10.535	11.379	12.216	14.274	14.443
18	19.655	23.468	21.913	21.938	21.447	21.864	21.551	23.833	26.577	27.068
19	7.504	17.558	18.174	21.392	21.371	22.889	23.682	24.383	26.688	27.413
20	8.672	10.556	11.403	12.579	11.472	11.907	13.464	15.089	17.971	19.002
21	8.904	13.938	10.576	11.395	12.942	13.410	14.983	15.121	18.111	21.197
23	3.039	5.420	6.810	8.392	8.728	9.096	7.159	9.872	12.343	12.584
24	6.476	18.696	17.970	17.902	17.993	19.664	22.384	21.763	24.389	24.205
25	10.315	21.808	25.980	29.885	32.406	34.622	40.946	40.105	43.284	43.910
26	7.442	12.774	14.543	17.420	17.981	19.703	23.755	24.651	27.539	28.641
27	0.404	0.583	1.007	0.634	0.767	0.812	1.939	2.403	1.997	2.097
29	0.851	4.263	4.617	5.971	6.324	7.101	10.873	9.770	11.291	12.536
30	10.324	15.830	18.538	18.218	19.043	20.173	22.409	22.901	26.138	26.925
31	0.312	0.853	1.008	1.066	1.368	1.592	2.676	2.550	3.243	3.653
33	7.555	24.623	26.629	28.175	30.112	34.490	40.321	42.436	47.707	47.844
34	7.849	9.658	11.645	13.230	13.176	14.870	16.700	17.608	20.186	20.512
35	0.090	0.165	0.176	0.196	0.222	0.265	0.303	0.312	0.379	0.440
39	1.065	2.119	1.019	1.365	6.947	10.132	13.074	13.831	17.879	17.491
40	12.094	23.090	24.178	25.000	26.718	35.918	38.537	34.883	36.485	35.378
41	27.011	25.768	27.702	27.354	27.150	20.679	20.565	21.156	23.935	24.093
42	15.446	26.102	25.384	26.539	29.428	23.326	22.656	25.101	27.549	29.809
43	0.708	2.178	3.477	3.262	3.184	27.872	24.598	24.093	23.803	21.762
产业间标准差	6.515	8.683	9.015	9.453	9.739	10.189	10.994	10.824	11.611	11.631

注：该标准差的计算由 Wooldridge（2009）方法，并在 CPI 折算下得到的产出缺口真实值计算得出。

产出缺口的真实值。表6-6详细报告了制造业整体与细分产业数据。

表6-6　　　　劳动要素绝对产出缺口真实值的年度变化情况

产业代码	各年度劳动产出缺口真实值的均值									
	1998年	1999年	2000年	2001年	2002年	2003年	2004年	2005年	2006年	2007年
制造业整体	4.382	7.838	9.211	10.031	10.863	11.146	13.108	13.477	15.515	16.648
13	8.103	11.939	14.805	16.650	18.537	19.701	25.519	25.464	28.083	31.135
14	1.834	3.458	4.403	4.839	5.534	6.025	7.462	7.878	9.576	10.484
15	2.273	2.416	2.666	2.980	3.168	3.499	5.052	4.894	5.915	6.709
17	1.412	3.899	5.110	5.698	6.589	6.610	7.712	8.326	9.793	10.775
18	17.506	19.990	19.929	19.723	19.264	19.815	20.393	21.432	24.082	25.576
19	7.171	12.644	13.697	15.082	15.464	15.867	16.155	16.752	19.287	20.811
20	5.032	7.212	7.653	8.147	8.551	8.941	11.063	11.551	13.182	14.881
21	8.180	10.265	9.480	10.063	10.945	11.597	13.172	12.688	15.145	17.122
23	1.900	3.602	4.480	5.002	5.603	5.940	5.948	6.712	7.861	8.552
24	6.194	13.685	15.086	14.924	15.452	16.275	18.547	18.909	21.361	22.605
25	10.115	13.458	18.219	20.486	22.256	25.621	36.482	32.542	38.285	43.335
26	4.225	7.640	9.328	11.282	12.371	13.694	18.742	19.112	22.113	24.145
27	0.697	0.814	0.913	0.954	1.086	1.223	1.332	1.456	1.626	1.638
29	0.744	2.846	3.104	3.528	3.679	4.344	5.220	5.255	6.484	7.532
30	7.029	11.942	14.254	14.722	15.400	16.569	19.693	19.777	22.666	24.248
31	0.705	0.802	0.884	0.983	1.114	1.240	1.352	1.517	1.827	2.001
33	7.478	18.784	21.237	24.980	25.820	30.679	41.025	43.819	54.856	57.122
34	3.670	6.693	7.555	8.474	8.683	9.571	10.852	11.572	13.580	14.581
35	0.927	0.998	1.102	1.214	1.394	1.560	1.618	1.741	1.914	2.005
39	0.855	1.011	0.804	1.071	4.107	6.851	8.503	8.575	10.831	11.152
40	9.000	18.652	21.002	22.901	25.044	30.400	33.837	29.871	32.445	31.885
41	14.479	16.208	18.341	18.029	18.301	13.324	14.364	16.068	18.089	18.891
42	7.631	16.709	18.230	19.541	22.274	17.503	17.027	19.184	21.644	24.486
43	0.759	1.225	1.428	1.442	1.478	12.588	14.801	13.532	12.566	13.214

注：绝对产出真实缺口由Wooldridge（2009）方法、采用CPI平减所得；单位为1998基期年的1000元。

　　从制造业整体来看，劳动产出缺口的真实值1998年平均为4.382，即劳动要素向"正确"方向流动一单位，只能给每个企业平均带来4382元的福利；劳动产出缺口的真实值逐年增大，2007年达到16.648，表明每单位劳动要素向高效率企业流动带来的平均福利高达16648元。此处结论与王德文等（2004）以及邵敏、包群（2012）的结论具有一致性。王德文等（2004）的结论显示1999—2001年，中国工业企业劳动的边际产值不等于工资率，两者之间还存在扩大趋势；邵敏、包群（2012）采用1999—2006年中国36个工业行业的面板数据，发现除了自来水的生产与供应业、黑色金属矿采选业两个行业外，绝大部分工业行业都存在不同程度的工资向下扭曲，即企业员工所获得的工资报酬低于其边际产品价值。除此之外，他们还检验了外资进入对行业工资扭曲的实际影响，其研究结果表明，外资进入与行业工资扭曲之间存在一定的正向反馈作用，即一方面工资扭曲吸引了更多的劳动密集型外资企业进入，另一方面外资进入又从总体上加剧了原有的工资扭曲现象。进一步研究表明，这种扭曲加剧现象仅存在于引资程度较低的行业。而在引资较充分的行业中，外资进入则通过劳动力竞争效应等途径缓解了行业的工资偏离现象。

　　为什么随着制造业增长，劳动要素产出缺口的标准差和均值水平没有收敛，反而增大了？一个可能的解释是劳动力在产业内和产业间的流动性受阻，劳动力流动受阻的主要诱因在于：第一，当前户籍制度限制导致的劳动力流动障碍；第二，垄断性行业劳动力进入的门槛效应。研究结论显示，劳动力产出缺口值较大的行业多为进入门槛高的传统垄断行业，而产出缺口值较小的行业多为进入门槛低的通用制造业。① 另一个可能的解释是雇佣关系不利于劳动者。蔡昉（2007）指出，农村劳动力的剩余为工业化提供低廉的劳动力供给，但工资却保持低水平增长。劳动力市场买方垄断特征也使得劳动者被迫接受低工资率水平（王德文等，2004）。因此，劳动的边际产品价值增长快于工资水平增长。

五　稳健性检验

　　实证结果部分，我们已经采用了面板固定效应方法和Wooldridge（2009）方法估计要素产出弹性，进而求解要素的边际产出和产出缺口，

---

　　① 按照Wooldridge（2009）方法，用CPI平减的劳动力产出缺口真实值，最大的三个产业是：有色金属冶炼及压延工业，石油加工、炼焦及核燃料加工业，以及通信设备、计算机及其他电子设备制造业；最小的三个产业是：医药制造业、非金属矿物制品业以及通用设备制造业。

并同时使用消费者价格指数和国内生产总值平减指数计算劳动产出缺口真实值，得到了稳健、一致的结果。此处稳健性检验主要针对企业异质性生产率对要素边际产出及产出缺口的影响。

基于 Olley 和 Pakes（1996）以及 Levinsohn 和 Petrin（2003）的 Wooldridge（2009）方法，内在逻辑表明，利润最大化的企业在选择可变要素投入（本研究中为劳动要素和购买的中间服务要素）时，是在观测到自身生产率 ω_{it} 之后进行的①。因此，要素边际产出及缺口的计算应建立在企业异质性生产率 ω_{it} 之上。给定 $E\left(\zeta_{it}\mid\omega_{it}\right)=0$，由方程（6 – 7），企业的异质性生产率可由下式近似得到：

$$\hat{\omega}_{it}=\hat{q}_{it}-\left(\hat{\beta}_{l}l_{it}+\hat{\beta}_{k}k_{it}+\hat{\beta}_{m}m_{it}+\hat{\beta}_{v}v_{it}\right) \tag{6 – 17}$$

方程（6 – 13）可以调整为：

$$\frac{\partial Q_{it}}{\partial L}\mid\omega_{it}=\beta_{l}e^{\varepsilon_{it}}L_{it}^{\beta_{l}-1}K_{it}^{\beta_{k}}M_{it}^{\beta_{m}}V_{it}^{\beta_{v}}\mid\omega_{it}=\beta_{l}\frac{Q_{it}e^{\omega_{it}}}{L_{it}e^{\varepsilon_{it}}} \tag{6 – 18}$$

相应地，我们也在企业异质性生产率的基础上调整了劳动要素产出缺口真实值的算法，并重新计算了劳动要素的边际产出、绝对产出缺口真实值。表 6 – 7 报告了企业异质性生产率条件下的要素产出结果，与表 6 – 3、表 6 – 4 相比，主要结论保持不变，证明我们的结果具有稳健性。

表 6 – 7　　　　　劳动要素的边际产出、绝对产出缺口真实值：
Wooldridge（2009）方法

产业代码	产业名称	$\frac{\partial Q_{it}}{\partial L}\mid\omega_{it}$	劳动要素绝对产出缺口真实值	
			CPI 平减	GDP 平减
—	制造业整体	16. 120	12. 748	11. 523
13	农副食品加工业	25. 547	22. 907	20. 654
14	食品制造业	10. 106	7. 000	6. 356
15	饮料制造业	6. 220	4. 250	3. 878
17	纺织业	10. 829	8. 028	7. 226
18	纺织服装、鞋、帽制造业	25. 913	20. 924	19. 075
19	皮革、毛皮、羽毛（绒）及其制品业	20. 386	16. 553	14. 994

---

① 如 Olley 和 Pakes（1996）以及 Levinsohn 和 Petrin（2003）指出的那样，企业异质性生产率部分只有企业自己可以观测（意识）到，而计量经济学家是无法观测到的。

续表

产业代码	产业名称	$\dfrac{\partial Q_{it}}{\partial L} \mid \omega_{it}$	劳动要素绝对产出缺口真实值	
			CPI 平减	GDP 平减
20	木材加工及木、竹、藤、棕草制品业	14.349	11.094	9.997
21	家具制造业	16.419	12.860	11.630
23	印刷业和记录媒介的复制	9.523	6.289	5.741
24	文教体育用品制造业	23.954	17.995	16.315
25	石油加工、炼焦及核燃料加工业	21.082	30.573	27.466
26	化学原料及化学制品制造业	19.201	17.178	15.443
27	医药制造业	1.220	1.361	1.224
29	橡胶制品业	7.807	5.108	4.606
30	塑料制品业	22.316	18.823	16.993
31	非金属矿物制品业	1.892	1.449	1.305
33	有色金属冶炼及压延加工业	42.487	41.434	37.141
34	金属制品业	14.637	10.906	9.858
35	通用设备制造业	0.317	1.729	1.543
39	电气机械及器材制造业	12.832	9.129	8.073
40	通信设备、计算机及其他电子设备制造业	51.141	27.227	24.993
41	仪器仪表及文化、办公用机械制造业	23.293	16.297	15.055
42	工艺品及其他制造业	24.228	19.505	17.549
43	废弃资源和废旧材料回收加工业	3.632	2.868	2.627

注：本表中数据单位为 1998 基期年的 1000 元。

第四节　结论与启示

　　关于要素市场扭曲的研究，长久以来都是从生产率视角开展，因而难以窥视要素扭曲配置带来的产出和福利效应。对资源误置引致福利损失的测度是判定要素市场扭曲的直接证据。本章选取 1998—2007 年中国制造业微观企业数据，在 Petrin 和 Sivadasan（2011）的分析框架上，对中国制造业的劳动要素扭曲配置状况及其福利损失进行了直接计量和测度。值得思考的是，本研究发现制造业企业购买的中间服务也是非常重要的投入要素之一，而这个要素在以制造业为研究对象的文献中却一直被忽略。因遗漏变量问题导致生产函数的有偏估计问题应引起注意。

研究结果表明：第一，与帕累托最优配置状态相比，劳动要素在制造业两位数代码产业内、产业间均存在不同程度的配置扭曲，矫正劳动资源配置的扭曲可以带来较大的福利水平改善。第二，从福利角度来衡量，制造业整体层面劳动要素向"正确"的方向流动一单位，将给每个企业平均带来 12041—13426 元的福利改善。各产业因要素调整带来的福利改善程度有较大差异性。第三，从劳动要素资源配置状况的演变来看，样本考察期间，劳动要素误置情况不但没有得到改善，反而进一步恶化，表现在劳动要素产出缺口真实值的标准差与均值逐年呈系统性增大趋势。

本节的研究对于产业内资源配置的优化与自由要素市场的构建具有重要的理论和现实意义。第一，估算了各产业中劳动要素向"正确"方向调整一单位带来的福利改善水平，为要素在产业间合理的流动方向提供了经验证据。第二，本研究证实劳动要素配置水平逐年降低，因此需要重新审视和反思中国制造业中劳动力过剩与误置并存的矛盾。金融危机后，劳动力大量撤离制造业，外部表现为劳动力过剩，事实上可能因为劳动力在产业内和产业间的流动障碍才使这些工人无法回流到制造业。因此，构建一个自由的要素市场对于中国制造业的发展意义重大，本研究的实证结果提供了直接证据。

虽然尝试做了各种稳健措施以保证结果的可靠性，但难免存在一些局限。此处只估计了劳动要素扭曲配置问题，不能代表其他要素的扭曲配置情况。因数据可获性问题，无法计量资本、中间投入品及购买的中间服务等资源错配引致的福利问题，但我们的思路和框架同样适用于这些投入要素的分析，这将是我们未来研究的内容之一。

第七章　外资进入、市场选择与要素配置：福利损失视角

制造业是要素使用的重要行业，在外资企业大量进入制造业的语境下，评估外资进入对制造业要素配置及其福利水平的影响具有重要的现实意义。本章运用企业层面数据，实证计算了劳动要素的边际产出水平和劳动要素误置的程度，评估了外资的市场选择行为引致的劳动要素配置效应。研究结果表明，外资的进入会影响劳动要素的配置，但影响方向和程度因外资企业的市场选择行为而异。市场导向型外资企业的劳动要素边际产出高于出口导向型外资企业，与要素最优配置水平下的产出相比，市场导向型外资企业劳动要素的产出缺口更大且呈逐年增长趋势。从福利角度来看，若矫正劳动要素投入存在的错配，福利改善空间更大。本章研究为外资政策的制定和调整以及劳动要素的优化配置提供了理论依据和直接证据。

第一节　外资市场选择与要素资源配置：理论与文献

一　外资的市场选择与福利效应

外资企业已成为中国经济发展的重要成分。自 20 世纪 90 年代中期，中国就已经成为世界上第二大吸引外资的经济体（UNCTAD，2011），2014 年我国吸引外资规模首次超过美国，成为世界第一大吸引外资的经济体。外资进入中国各产业的广度和深度都在拓展。在三次产业中，制造业吸引的就业越来越多，单位劳动带来的产值在三次产业中一直遥遥领先（如图 7 - 1 所示）。社会主义市场经济制度确立后，三次产业的单位劳动产值都有较快的增长，尤其是 2001 年年底中国加入 WTO 之后，这一趋势更为显著。制造业的单位劳动产值一直是三次产业中最高的，制造业中的

要素如果错配，带来的福利损失将更大。当然，矫正制造业的要素配置扭曲，其福利补偿也最大。制造业一直以来都是外资投入的重要领域，制造业领域的外资进入涉及的要素配置问题因而可能更加突出。以往文献在对外资进入引致的资源配置效应考察时，通常将外资视为一个组织整体，忽略了外资企业市场选择行为的异质特征。事实上，外资进入东道国存在不同的利益诉求，市场选择行为有明显差异。比如，有的外资看重的是中国巨大的消费市场，进入中国后专注于品牌与服务等高附加值产业链环节；而有的外资考虑的则是中国更低廉的劳动力成本，进入中国后专注于生产与加工，产品则销售至第三方国家。由于这两类外资企业使用的资本和劳动要素构成不同，其外资引致的劳动要素配置效应也可能是不同的。忽略了外资企业市场选择的异质性，外资对要素资源配置的影响可能无法被正确计量。基于此，将上述两类外资分别定义为市场导向型和出口导向型外资企业，并分别考察其劳动要素配置效应。①

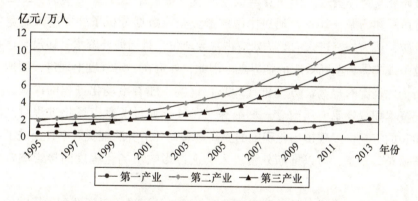

图 7 – 1　全国三次产业单位劳动产值（1995—2013 年）

资料来源：国家统计局，并经笔者计算所得。

对外资进入带来福利效应的准确测度，可以为外资政策的制定提供依据。但现有文献很少涉及外资引致的福利测度问题。陈甬军和杨振（2012）通过检验外资进入对市场势力溢价水平的影响，测度了因为外资进入带来的竞争而得到的福利改善。理论上，外资进入还可以带来另外一

———————

① 资本要素配置效应也可以在本文的分析框架下进行分析，但数据库没有企业层面的资本使用成本数据，因此只对劳动要素的配置情况进行考察。

种福利效应，即由要素配置优化带来的福利改善。目前，还没有相关文献对外资的这种福利效应进行计量和测度。本章则试图在新古典经济学框架下对外资进入引致的要素配置福利改善进行测度。

二 外资的市场选择与要素配置

现有关于外资进入对市场影响的文献提供了大量的证据，表明外资进入与资源配置在逻辑上存在直接或间接的联系。这些文献主要集中在两方面，一是关于外资进入是否提高了市场化程度；二是关于外资进入是否存在直接的资源配置效应。

第一，外资进入的市场竞争效应。外资进入中国市场，可能给在位企业带来竞争，也可能将自身跨国公司垄断优势地位延伸至东道国。外资进入很可能通过引入竞争或施加垄断来提高或降低市场化程度，而证据表明，市场化程度会影响资源配置的效率水平，这是外资进入间接影响资源配置的逻辑基础。外资进入带来竞争还是垄断是学界一直争论的话题，大量研究支持外资进入带来竞争的论断（Driffield，2001；江小涓，2002）。陈甬军和杨振（2012）通过中国制造业企业数据分析了外资进入的竞争效应，认为外资进入的竞争效应占主导地位，且当前外资水平还没有达到竞争效应转为垄断效应的临界点。因此，外资在一定程度上促进了制造业市场化程度的提高。方军雄（2006）证实，随着市场化进程的深入，我国资本配置效率有所改善。樊纲等（2011）通过考察市场化进程对经济增长的贡献，发现市场化程度的提高显著提升了资源配置效率，促进了经济增长。于是，可以推断外资进入会通过影响市场化程度间接影响资源配置。

第二，外资进入的资源配置效应。关于外资进入对资源配置影响的直接证据也非常多，成力为和孙玮（2007）对比了内资企业和外资企业的资源配置效率，发现内资企业的劳动配置效率高于外资企业，但资本配置效率低于外资企业。更多的研究专注于外资进入对工资水平和资本配置效率的影响，研究普遍认为外资进入对东道国工资水平有显著的正向影响（杨泽文等，2004；许和连等，2009；冼国明等，2009），且改善了资本配置水平（赵奇伟，2010）。

上述研究虽然对外资企业的资源配置效应给出了初步结论和证据，但他们并没有按照外资异质的市场选择行为分别进行讨论。以劳动要素为例，市场导向型外资企业吸纳就业人员尤其是低技能工人的数量理应会低于以加工、代工为主的出口导向型外资企业。同时，资本与劳动的投入结构也是两类企业的重要差异。市场导向型外资企业因注重市场和技术，可能会增加资本投入减少劳动投入；而出口导向型外资企业倾向于多使用劳动要素，资本要素使用可能偏低。劳动和资本是企业生产使用的重要要素，也是市场导向型外资企业和出口导向型外资企业异质性的重要来源。此处，在外资企业市场选择行为基础上，构建测度外资进入引致的要素配置及福利变化的一般化研究框架，并运用微观数据对劳动要素进行实证研究。

第二节　外资市场选择与要素资源配置：模型设定

资源配置是经济学研究的基本问题，主要原因在于资源的稀缺性。在新古典经济学语境下，要素的边际产出可以反映出资源配置水平。若要素边际产出较大，说明该要素配置水平较低；反之，若要素边际产出较小甚至为负，说明该要素配置过度。因此，测度要素边际产出是这里要解决的首要问题。

一　要素边际产出与潜在福利改善

为不失一般化，这里首先引入一个具有四要素投入的科布—道格拉斯（Cobb – Douglas）生产函数：

$$Q_{it} = e^{\varepsilon it} L_{it}^{\beta_1} K_{it}^{\beta_k} M_{it}^{\beta m} V_{it}^{\beta_V} \tag{7-1}$$

式中，i 为企业标识，t 代表时间，L、K、M、V 分别代表劳动力、资本、中间投入品和企业购买的中间服务，相应的 β 值为各要素的产出弹性，$e^{\varepsilon_{it}}$ 为技术水平。以劳动要素为例，要素的边际产出可以通过下式求得：

$$\frac{\partial Q_{it}}{\partial L} = \beta_l e^{\varepsilon_{it}} L_{it}^{\beta-1} K_{it}^{\beta_K} M_{it}^{\beta m} V_{it}^{\beta_V} = \beta_l \frac{Q_{it}}{L_{it}} \tag{7-2}$$

要素的边际产出只能在一定层面上反映要素的稀缺程度。完全竞争条件下，企业使用一单位要素带来的边际产品价值等于企业使用该单位要素的边际成本，即工资率。现实经济中，尤其是在中国，劳动要素市场在一定程度上是买方市场，劳动力被迫接受低价，因此劳动要素的边际产品价值可能大于工资率。于是，可以将劳动的边际产品价值与实际工资水平之

间的差额视为产出缺口，并作为潜在福利改善的替代指标。劳动的产出缺口可以写为：①

$$Q_{gap}^L = \left| P_{it}\frac{\partial Q_{it}}{\partial L} - P_{iL} \right| \qquad (7-3)$$

式中，P_{it} 为产品价格，用工业品出厂价格指数代替；P_{iL} 为劳动力价格，用总劳动力成本除以劳动力数量近似得到。同理，也可以得到其他要素的产出缺口水平。

为消除价格水平波动带来的影响，我们采用相应年度消费者价格指数（CPI）对上式进行平减：

$$Q_{real\_gap}^L = \left| P_{it}\frac{\partial Q_{it}}{\partial L} - P_{iL} \right| / CPI_t \qquad (7-4)$$

二 要素产出弹性的半参数矩估计方法

要素边际产出与产出缺口计算的关键是对要素产出弹性 β 进行正确估计。② 生产函数的估计面临的最大障碍是处理要素投入带来的内生性和联立性问题，国内学者普遍采用基于半参数估计的 Olley 和 Pakes（1996）以及 Levinsohn 和 Petrin（2003）方法③来矫正上述问题带来的偏误，从而获得要素产出弹性的无偏估计值。

为了获得更稳健的估计值，本节在这两种方法基础上，运用 Wooldridge（2009）修正范式，回归采用矩估计法。采用资本（K_{it}）和中间投入品（M_{it}）的二阶多项式近似估计不可观测的企业创新水平，并用劳动力（L_{it}）和企业购买的中间服务变量（V_{it}）的一阶、二阶滞后项及中间投入变量（M_{it}）的二阶滞后项作为工具变量，以获得要素产出弹性的稳健估计。④

三 外资市场选择与劳动要素配置

根据分析，市场导向型外资企业和出口导向型外资企业可能对要素配置水平产生不同的影响，在计算出劳动边际产出和劳动的产出缺口后，设定如下两个计量模型：

第一，采用全样本，考察外资企业整体是否影响劳动要素的配置水

---

① 劳动边际产品收益在某些情形下可能会小于劳动力工资水平，这种情况下，减少劳动要素使用同样带来产出的增加，也是潜在的福利改善，所以此处写为绝对值的形式。

② 估计要素产出弹性时，采用各变量的自然对数值。

③ 关于生产函数估计的 Olley 和 Pakes（1996）以及 Levinsohn 和 Petrin（2003）方法，可参见鲁晓东和连玉君（2012）。

④ 详细的估计过程可以参见第六章相关内容。

平，回归模型如下：

$$L_{alloc} = \beta_0 + \beta_1 OWNER_{it} + \beta_2 \omega_{it} + \beta_3 Ind_{it} + \beta_4 D_T + \beta_5 D_P + \varepsilon_{it} \qquad (7-5)$$

式中，i 表示企业，t 表示年份。L_{alloc} 为劳动要素配置水平，分别用劳动的边际产出和真实产出缺口来表示。$Owner_{it}$ 为企业所有制属性，在全样本中划分为国有企业、外资企业、私营企业和其他企业，回归中以其他企业为基准，建立外资企业、国有企业和私营企业三个虚拟变量。企业特性由 ω_{it} 表示，ω_{it} 为企业层面生产率水平，采用 Wooldridge（2009）方法估计出的生产函数的残差表示；产业特征由所在产业的产出增长率（Ind_{it}）表示，按照两位数代码产业计算；D_T 和 D_p 分别为年份和省级区域虚拟变量，用来控制年份效应和地区效应。ε_{it} 为标准白噪声序列。

第二，只采用外资企业样本，考察外资企业市场选择行为是否影响劳动要素的配置水平，剔除所有制结构影响，采用如下模型：

$$L_{alloc} = \beta'_0 + \beta'_1 Mkt_{it} + \beta'_2 \omega_{it} + \beta'_3 Ind_{it} + \beta'_4 D_T + \beta'_5 D_p + \xi_{it} \qquad (7-6)$$

式中，Mkt_{it} 为市场导向型外资企业虚拟变量，如果企业为市场导向型，变量取值为 1；出口导向型外资企业取值为 0。其他变量与公式（7-5）相同，ξ_{it} 为标准白噪声序列。

四　数据来源与变量定义

1. 数据来源及处理

企业层面数据来源于国泰安中国非上市公司数据库，以中国制造业为研究对象，考察期间为 1998—2007 年。数据缺失值与不合逻辑值的处理标准如下：（1）2004 年各企业的总产值数据缺失，采用 2005 年和 2006 年的数据均值代替；（2）剔除行业代码、年平均固定资产净值、工业中间投入缺失的观测值；（3）剔除职工人数少于 8 个的微型企业样本；（4）剔除应付工资总额小于 0、出口交货值小于 0、工业中间投入小于 0、工业中间投入大于总产值、本年折旧大于累计折旧的样本。

2. 变量定义与讨论

企业总产值（Q_{it}）。用两位数代码制造业工业品出厂价格指数平减，数据来源于《中国统计年鉴》。

劳动力人数（L_{it}）。由"就业职工数量"表示。劳动力成本由"支付工人工资"及"支付工人福利"两部分加总，并采用"制造业平均实际工资指数"平减，该指数来源于《中国劳动统计年鉴》。

资本存量（K_{it}）。采用永续盘存法计算，[1] 并用固定资产价格指数平减，该指数来源于国际货币基金组织（IMF）。

中间投入品（M_{it}）。用"工业中间投入"代理，使用原材料购进价格指数进行平减，该指数来源于《中国统计年鉴》。

企业购买的中间服务（V_{it}）。采用"营业费用"，具体包括运费、装卸费、包装费、保险费、展览费和广告费等。用各年度国内生产总值平减指数（GDP Deflator）对其进行平减。

市场导向型与出口导向型企业的界定。在运用的数据库中，根据企业是否有出口交货值判定其市场选择行为。若外资企业无出口交货值数据，认定其为市场导向型企业；否则，认定为出口导向型企业。

第三节 外资企业市场选择与要素构成：统计证据

表 7 - 1 给出了样本中外资企业数量及市场选择的情况。从中可以看出，样本考察期间，外资进入中国的企业数量不断增长，由 1998 年的 23735 家上升至 2007 年的 64123 家。同时，外资企业的市场选择行为也在不断变化，越来越多的外资企业从事出口行为，出口导向型外资企业比重逐渐升高，市场导向型外资企业比重逐渐减少。根据前文分析，外资企业市场选择行为的变化对劳动要素的需求会产生较大影响。

表 7 - 1　　　　　　各年度外资企业市场选择行为统计

年份	外资企业数量	出口导向型外资企业数	占比（%）	市场导向型外资企业数	占比（%）
1998	23735	11778	49.62	11957	50.38
1999	25511	14979	58.72	10532	41.28
2000	27376	16507	60.30	10869	39.70
2001	29927	18345	61.30	11582	38.70
2002	32560	19892	61.09	12668	38.91

---

① 此处沿用赖俊平（2012）的处理方式，初始资本存量按照企业首次出现在数据库中的平均固定资产净值确定；投资额采用相邻年份企业固定资产原值的差额计算。

续表

年份	外资企业数量	出口导向型外资企业数	占比（%）	市场导向型外资企业数	占比（%）
2003	37935	23630	62.29	14305	37.71
2004	57437	35651	62.07	21786	37.93
2005	55746	34185	61.32	21561	38.68
2006	59294	36688	61.87	22606	38.13
2007	64123	38735	60.41	25388	39.59

资料来源：经过笔者筛选后的样本计算所得。

如前所述，市场导向型外资企业应该更注重技术，资本与劳动比值高；出口导向型外资企业应该更注要素使用重成本，资本与劳动比值低。就吸纳劳动力数量来看，出口导向型外资企业就业人数应当系统性高于市场导向型外资企业。我们计算了两类外资企业平均使用的员工人数和资本劳动比重，发现外资企业市场选择行为的不同与要素使用结构确实存在关联性。

由表7-2可以看出：第一，出口导向型外资企业平均员工人数系统性大于市场导向型外资企业，而资本劳动比则系统性小于市场导向型外资企业；第二，随着时间的变化，出口导向型外资企业平均使用的劳动力规模逐年增大，而市场导向外资型企业平均劳动力规模基本保持不变。表7-1和表7-2的描述统计提供了市场选择与要素使用关联的证据。

表7-2　　　　　　　　外资企业市场选择与要素使用情况

年份	出口导向型外资企业		市场导向型外资企业	
	平均员工数	资本劳动比	平均员工数	资本劳动比
1998	374	294.059	225	427.544
1999	366	309.508	208	431.673
2000	376	278.974	193	440.569
2001	369	254.752	194	406.583
2002	384	258.183	191	400.088
2003	407	257.991	197	416.028
2004	479	254.779	241	336.671
2005	421	256.223	218	413.484
2006	438	289.292	209	446.105
2007	443	289.889	220	454.467

资料来源：经过笔者筛选后的样本计算所得。

一 劳动要素边际产出

出口导向型外资企业使用的劳动力多，效率相对较低，劳动要素边际产出低；市场导向型外资企业使用的劳动力少，效率相对较高，劳动要素边际产出高。根据方程（7-2），估计了各类企业各年度平均劳动边际产出水平（见表7-3）。

表 7-3　　　　　　各年度外资企业的平均劳动边际产出

年份	出口导向型外资企业	市场导向型外资企业
1998	13.8000	14.1741
1999	14.5984	15.5322
2000	16.2321	18.6145
2001	16.2513	19.8031
2002	20.3861	21.4456
2003	21.9313	23.0296
2004	24.0982	26.1612
2005	23.1695	25.3671
2006	27.4626	28.4285
2007	28.5405	30.3094
全样本平均值	23.9942	25.4832

注：表中数值单位为1998基期年的1000元。

结果显示，增加一单位额外劳动投入，对出口导向型外资企业来说，平均可以给每个企业带来23994元的边际产出；对市场导向型外资企业来说，则平均给每个企业带来25483元的边际产出。进一步，由表7-3可以观察到：

第一，样本考察期间，两类外资企业的平均劳动边际产出都呈逐年增大趋势。可能的解释来自劳动要素禀赋的变化和技术的进步。城市化进程改变着劳动要素禀赋结构，农村剩余劳动力已经大规模转移，使得劳动要素越来越稀缺，要素稀缺表现为边际产出的增加。同时，技术水平的进步也使得相同要素投入下的产出水平提高。

第二，出口导向型外资企业的平均劳动边际产出系统性略低于市场导向型外资企业。这体现了两类企业市场选择行为的异质性，出口导向型企业主要利用中国低成本劳动力优势，使用的多为低技能劳动者；市场导向型外资企业专注于市场开拓，使用的多为中、高技能劳动者。

二　劳动要素产出缺口

根据新古典经济学的生产者理论，企业选择要素的原则是要素的边际产品价值等于要素的边际使用成本。因此，除劳动的边际产出外，也要考虑劳动的边际成本。近年来劳动力成本不断上涨的事实表明，如果忽略劳动力边际成本，将无法全面窥视劳动要素的资源配置真实变动水平。根据公式（7-4），计算了劳动要素的产出缺口真实值（见表7-4）。

表7-4　　　　　　　　各年度外资企业的平均劳动产出缺口

年份	出口导向型外资企业	市场导向型外资企业
1998	13.2478	12.2115
1999	11.7421	12.3315
2000	11.8488	13.5488
2001	11.3444	13.9687
2002	11.7842	14.0713
2003	13.0227	14.2732
2004	13.7411	16.0020
2005	13.5723	15.7670
2006	15.6315	17.7467
2007	15.5220	18.5692
全样本平均值	13.9961	16.1428

注：表中数值为经过 CPI 平减后的真实值，单位为 1998 基期年的 1000 元。

结果显示，如果劳动力向"正确"方向流动一单位，对出口导向型外资企业来说，每个企业的平均福利可以提高 13996 元；对市场导向型外资企业来说，平均福利则可以提高 16143 元。出口导向型外资企业的平均劳动产出缺口几乎在各年度均小于市场导向型外资企业。

从劳动产出缺口的年度变化角度来看，出口导向型外资企业并没有非常显著的变动，但市场导向型外资企业表现出逐年增大趋势，表明在市场导向型外资企业中，劳动资源配置水平正在恶化。若矫正劳动投入存在的资源误置，可以给市场导向型外资企业带来更大的福利改善。

第四节　外资市场选择与劳动资源
配置：经验证据

一　实证结果分析

基于两类样本检验结果，以上结论证明外资的市场选择与劳动资源配置水平变动密切相关，并解释了观测到的劳动要素配置差异。观测到的劳动要素配置水平变动，是否因外资企业市场选择行为不同而存在显著差异呢？控制其他影响劳动要素配置的因素后，外资的市场选择行为是否依然重要？为此，根据方程（7-5）和方程（7-6），运用全样本和外资企业样本计量了劳动资源配置的影响因素，控制了产业特征、企业特性、年份效应和地区效应对劳动要素配置可能存在的潜在影响，表7-5给出了两个样本下的详细回归结果。

表7-5　　　　　　　　外资属性与劳动要素配置关系回归结果

自变量	全样本		外资企业样本	
	劳动边际产出	劳动产出缺口	劳动边际产出	劳动产出缺口
外资企业	6.012***	2.151***		
	(0.293)	(0.080)		
国有企业	-3.782***	-2.062***		
	(0.205)	(0.083)		
私营企业	-0.802***	-0.355***		
	(0.143)	(0.056)		
市场导向型外资			1.819***	2.415***
			(0.498)	(0.142)
企业生产率	4.871***	2.319***	4.002***	1.993***
	(0.069)	(0.027)	(0.169)	(0.059)
产业产出增长率	-0.076***	-0.178***	-0.252***	-0.267***
	(0.013)	(0.008)	(0.042)	(0.024)
地域效应	控制	控制	控制	控制
年份效应	控制	控制	控制	控制
观测值数	890349	725914	192721	134846

注：括号内为稳健标准误差，***、**、*分别表示在1%、5%和10%统计水平上显著。

1. 全样本结果分析

从全样本回归结果来看，企业的所有制属性对劳动要素资源配置有显著影响。关键变量外资企业的进入对劳动边际产出影响系数为正，并且在1%的统计水平上显著；同时，外资的进入还显著增大了劳动产出缺口。因此，总体上看，外资的进入显著影响了企业的劳动要素配置水平。国有企业对劳动边际产出和劳动产出缺口的影响为负，且在1%的统计水平上显著，这个结果与国有企业低效率的研究结论一致。一个意外的发现是，私营企业对劳动边际产出和劳动产出缺口的影响也显著为负。传统观点认为私营企业更有效率，因而可能要素边际产出也会越高，但本节结论证明私营企业的存在却使得劳动要素的边际产出水平降低。可能的解释是本节样本中私营企业的规模较小，大部分从事劳动密集的加工制造业，从而劳动的边际产出小，表7-6提供了直观的证据。从表7-6可以看出，私营企业的平均规模在几种所有制企业中最小，其资本劳动比也是最低的。证明要素投入结构中，私营企业的策略是选择多投入劳动力。

表7-6　　　　　　　　　按企业所有制分企业规模与要素投入结构

企业类型	企业平均规模（真实总产值）	资本劳动投入比（K/L）
外资企业	142387.4	333.8519
国有企业	101632.2	245.1068
私营企业	39630.4	175.5436
其他企业	77966.2	226.7953

注：表中企业平均规模的单位为1998基期年的1000元。

表示企业特性的企业生产率对劳动边际产出影响系数为正，在1%统计水平上显著，说明企业生产率的提高带来了劳动要素边际产出的增加，这与樊纲等（2011）的研究结论具有内在逻辑上的一致性。生产率提高对劳动产出缺口的正向显著性影响，劳动产出缺口增大表明，相对资本而言，劳动变得相对稀缺。意味着，随着生产率发展，企业的要素投入越来越偏向资本，而不是劳动。生产率增长改变了资本和要素的边际产出替代率，因而不具有希克斯中性特征。同时，这也说明，估计生产函数时，如果忽略企业生产率导致要素投入变化带来的要素内生性问题、继续采用普通最小二乘法（OLS），将会导致估计偏误，采用Wooldridge（2009）方法具有合理性。

产出增长率在此处用来控制产业层面的需求冲击，对劳动要素边际产出和产出缺口的影响为负，也在1%的统计水平上显著。

2. 外资企业样本结果分析

我们已证实外资的进入提高了劳动的边际产出和产出缺口，但更重要的是解释为什么外资的进入会导致这样的结果，市场导向型和出口导向型外资企业对劳动资源配置的影响是否一致？外资企业样本回归结果提供了解答。

从外资企业样本回归结果来看，市场导向型外资企业的存在使劳动的边际产出上升，其系数为1.819，且在1%的统计水平上显著。这个结果与表7-3的结果具有一致性。市场导向型外资企业的存在，也显著增大了劳动要素的产出缺口，而劳动要素产出缺口的增大意味着调整劳动要素的使用带来的潜在福利改善越多。从这个视角来看，市场导向型外资企业实际上降低了劳动要素配置水平，与表7-4得到的结论一致。所以可以推断出，出口导向型企业吸纳劳动力的能力可能会强于市场导向型外资企业。企业特性、产业特征变量对劳动边际产出和产出缺口的影响与全样本回归结果类似，没有显著差异。

二 稳健性检验

对公式（7-5）和公式（7-6）的参数估计，前面采用了混合面板OLS方法，实际上劳动要素的配置可能会与截面和时间因素有关。为了检验上述实证结果是否稳健，此处利用面板数据提供的丰富信息，分别用固定效应模型和随机效应模型重新估计全样本和外资企业样本。表7-7报告了新方法下重估公式（7-5）和公式（7-6）后主要变量的回归结果。

表7-7　　　　　　　　　　主要变量稳健性检验结果

样本	自变量	劳动边际产出		劳动产出缺口	
		固定效应	随机效应	固定效应	随机效应
全样本	外资企业	6.012*** (0.209)	6.629*** (0.209)	2.151*** (0.072)	2.521*** (0.072)
	企业生产率	4.871*** (0.071)	5.238*** (0.071)	2.319*** (0.024)	2.565*** (0.024)
	产业产出增长率	-0.076 (0.050)	-0.150*** (0.047)	-0.179*** (0.017)	-0.241*** (0.016)
	Hausman 检验	固定效应		固定效应	

续表

样本	自变量	劳动边际产出		劳动产出缺口	
		固定效应	随机效应	固定效应	随机效应
外资企业样本	市场导向型外资	1.819***	1.789***	2.415***	2.404***
		(0.552)	(0.552)	(0.136)	(0.136)
	企业生产率	4.002***	4.329***	1.993***	2.135***
		(0.235)	(0.233)	(0.058)	(0.057)
	产业产出增长率	−0.252	−0.287	−0.267***	−0.302***
		(0.193)	(0.181)	(0.048)	(0.045)
	Hausman 检验	固定效应		固定效应	

注：括号内为标准误，***、**、*分别表示在1%、5%和10%统计水平上显著。

与表7-5相比，各变量系数大小没有太大变化。除产业产出增长率变量外，其他变量的显著性保持一致。所有 Hausman 检验结果都表明，选用样本均适宜采用固定效应模型来估计。固定效应模型回归结果得到的主要结论保持不变，证明我们的结果具有稳健性。

第五节　外资市场选择行为规制策略

外资企业大量涌入中国制造业，对外资效应的全面评估有助于外资政策的制定和调整。本章运用1998—2007年中国制造业微观企业数据，考察了外资市场选择行为引致的要素配置效应，以劳动要素为例，计算了劳动边际产出水平和劳动要素误置的程度。

本章的研究结果表明：

第一，外资企业市场选择行为的不同与要素使用结构存在关联性。相对于出口导向型外资企业，市场导向型外资企业资本与劳动投入比更高，平均雇员数量更少。

第二，外资的进入会影响劳动要素的配置，但影响方向和程度因外资企业的市场选择行为而异。与出口导向型外资企业相比，市场导向型外资企业的劳动要素边际产出较高、产出缺口更大且逐年增长。

第三，从福利角度来看，若矫正劳动要素投入存在的错配，市场导向型外资企业的福利改善空间更大。

本研究对于外资政策的制定和调整以及劳动要素优化配置具有重要的理论和现实意义,引申的政策含义主要有以下几点:

第一,外资政策的制定应当考虑外资市场选择行为的异质性。外资市场选择行为可能还对企业其他决策行为产生影响,比如市场导向型外资企业会更加注重研发创新,更希望获取东道国市场垄断地位。若不对外资的市场选择加以区分,外资政策最终可能会与产业政策和竞争政策产生潜在冲突。

第二,外资政策与就业政策的协调。吸引外资的政策与促进就业的政策并不总是一致的,研究结论表明,出口导向型外资企业促进低技能工人就业的能力更高,市场导向型外资企业倾向于多使用资本来代替劳动。外资政策应当兼顾就业政策,需要平衡协调。

第三,建立一个劳动力充分流动的自由要素市场尤为重要。劳动要素市场存在资源错配现象,劳动要素的自由流动可以带来福利水平的提升,本研究结论提供了经验证据。

第四,重新审视外部需求变动、外资撤离和劳动要素流动的关系。金融危机以来,长三角、珠三角许多代工厂因外资迁移到劳动力更便宜的东南亚国家而纷纷倒闭。研究结论提供了一个解释:出口导向型外企劳动要素配置优化带来的福利改善空间小,外部需求变动对出口导向型外资企业的劳动要素流动影响更大。外部需求变动带来的影响因外资企业的市场选择而异,是政策制定时需要考虑的因素之一。

第八章　中国对外开放的市场
势力效应研究

大规模对外市场开放是把"双刃剑",既引入竞争活力又输入垄断势力。本章提供了一个对外开放与市场势力关系的理论框架,从实证产业组织视角构建中国对外开放市场势力效应的评价模型,并采用1999—2007年中国36个总体产业和268个细分产业数据进行了检验。研究发现,中国产业总体与细分产业存在显著的市场势力;总体和细分产业对中国市场开放以及伴生的贸易体系转型的敏感程度存在差异,总体产业层面的贸易体系转型滞后于细分产业;中国对外开放具有显著的市场势力效应,垄断与竞争效应并存:在两位数代码产业层面,对外开放提高了总体产业市场势力溢价水平,表明对外开放输入了垄断势力;而控制四位数代码产业群组效应后,对外开放却显著降低了细分产业市场势力溢价水平,表明对外开放引入了竞争活力。本研究结论对构建开放型经济新体制有着重要政策含义:对外开放政策体系需要与国内产业发展、产业竞争以及反垄断政策协调匹配;"负面清单管理"制度下,外资监管应注意总体与细分产业开放的层次性;同时,外资政策与产业政策的关注重心宜"下移"至细分产业层面。

第一节　大规模对外开放的市场效应

自加入世界贸易组织(WTO)后,中国的市场边界和规模实现了双向、纵深拓展,与之相伴的贸易体系转型及制度调整,重构了企业跨国交易的市场规则,改变了企业间的竞争合作关系。破除垄断、优化竞争成为中国市场的主题词,竞争性市场环境成为影响产业成长的决定性因素(刘世锦,2008),这在很大程度上源于对外开放对产业组织变革的深层影响。短期内中国市场对外开放广度和深度前所未有，对外市场开放到底引入竞争还是输入垄断？这是构建开放型经济新体制应当深入思考和回答的重要现实问题，也是调整外资政策、协调产业政策以及反垄断政策的重要参考依据。市场势力溢价是实证产业组织关于竞争与垄断的核心概念，被定义为价格高于边际成本的程度。从产业组织视角看，上述问题等价于：对外开放降低了产业市场势力溢价（引入竞争）还是提高了市场势力溢价（输入垄断）？研究中国对外开放的市场势力效应，无疑具有重要的理论和现实意义。

　　对外开放的市场势力效应是国际商务和产业组织研究领域的交叉话题，已有研究聚焦于贸易自由化、市场边界扩展对产业市场势力的影响。Melitz和 Ottaviano（2008）的研究表明，自由贸易的扩展改变了产业结构与绩效，市场扩展意味着更激烈的市场竞争，进而导致更低的市场势力溢价水平。这一结论也得到了以美国（Feenstra 和 Weinstein，2010）、土耳其（Levinsohn，1993）以及科特迪瓦（Harrison，1994）为研究对象的经验证据支持。1993 年欧盟 12 个成员国启动的单一市场计划（The Single Market Programme）是对外市场全面开放的典型，而有关其影响产业市场势力的实证研究却提供了多样化的经验证据。多数研究发现单一市场建设促进竞争、降低了产业垄断势力和溢价水平（Allen、Gasiorek 和 Smith，1998；Bottasso 和 Sembenelli，2001；Badinger，2007）。Badinger 和 Breuss（2005）却利用 1995 年奥地利加入欧盟这一事件，证实了单一市场扩大、贸易更自由确实也表现出了反竞争效应。另有研究认为，单一市场对产业市场势力溢价水平的影响是非线性和非对称的：Sauner – Leroy（2003）发现单一市场的影响并非是线性的，产业市场势力溢价水平随单一市场建设呈先减后增的趋势。Badinger（2007）则发现这种影响具有非对称性：单一市场降低了建筑制造业的市场势力溢价而提高了服务业的市场势力溢价水平。已有文献揭示了市场经济成熟国家贸易自由、市场开放与产业绩效的复杂关系，但基于实证产业组织测度市场势力溢价的研究偏少，定性分析仍较多。而国内文献多聚焦于市场开放对产业竞争力的影响研究，蔡昉等（2003）和金碚等（2006）考察了加入 WTO 如何以及是否提高了中国工业竞争力。因此，现有研究尚缺乏中国对外开放影响产业市场势力的可靠经验证据。

　　中国加入 WTO 为研究对外开放与产业绩效关系提供了一个天然经济学实验。简泽、张涛和伏玉林（2014）借此考察了中国加入 WTO 后进口竞争对本土企业全要素生产率的影响。本章使用中国加入 WTO 前后多年的产业层面数据，实证检验了对外开放对不同产业层面市场势力的影响。本研究的边际贡献在于：在实证产业组织框架下测度产业市场势力溢价水平，并首次为世界上最大新兴经济体对外开放的市场势力效应提供了经验证据；研究发现的对外开放市场势力效应、对贸易体系转型敏感程度均因产业层次而异，为分层次"负面清单管理"的外资政策以及产业政策调整提供了理论支持。

第二节　对外开放与产业市场势力：理论框架

对外开放的市场势力效应指的是市场对外开放带来的竞争和反竞争（垄断）效应，需在开放经济条件下运用产业组织理论进行分析。对外开放与产业市场势力之间的关系，并无显而易见的共性结论和相对成熟的理论体系，但国际商务和产业组织相关理论与实证却提供了分析这一关系的框架和基础。而其困境在于跨国企业理论、外商直接投资理论等国际商务理论提供的是对外开放与微观企业效率的分析，因而无法回答对外开放如何影响市场势力溢价水平。"自给自足"的封闭经济体实行大规模对外市场开放，将是一个渐进有序的开放过程。中国加入 WTO 带来的对外市场开放就表现出明显的层次性特征，表现为贸易体系转型伴生的制度规则层开放、以市场扩容为主的宏观经济层开放和外资竞争带来的微观企业层开放三个层次。理论表明，这三个层次的开放均对产业组织变革产生深层次影响，改变了产业内企业间的竞合关系，从而影响产业市场势力溢价水平。按照这一逻辑，构建的分析框架如图 8-1 所示。

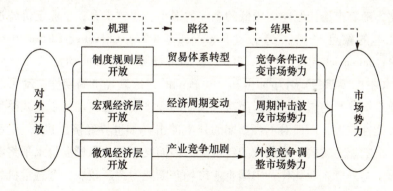

图 8-1　对外开放影响市场势力的机理与路径

一　制度规则层开放带来贸易体系转型

制度规则层开放带来贸易体系转型，竞争约束条件转变影响竞争与合作的博弈均衡状态。加入 WTO 带来的市场开放，促使中国贸易体系发生转型，贸易制度和行为规则也在不断调整。从制度经济学和转型经济理论来看，但这个转型调整过程并不是即时、突变的。贸易体系通常会在未来 3 年内发生渐变（Badinger 和 Breuss，2005）。从博弈论的视角来分析，制度与规则的调整，事实上改变的是企业在竞争决策时面临的约束条件，约束条件变动也将改变企业竞争的均衡状态。在封闭经济条件下，企业竞争局限在国内市场；在开放经济条件下市场的边界大大拓展，企业在全球市场范围内进行竞争。竞争约束条件的变化，改变了企业竞争的对象、规则和重心：竞争从国内走向国际、竞争规则从一元变为多元、竞争重心从以数量和价格为主转向以品质和技术为主。旧的博弈竞争均衡打破、新的博弈竞争均衡形成。这一过程从中观产业层面表现为市场开放对封闭状态下企业原有竞争和合作关系的重塑，毫无疑问将改变产业竞争格局以及产业市场势力溢价水平。

二　宏观经济层开放带来经济周期性调整

宏观经济层开放改变国内原有经济周期，而经济周期波动可能会波及市场势力。从历史的发展经验来看，与世界经济的联系越密切，对外贸易依存度越高，一国的宏观经济周期波动就越容易受世界经济周期的影响。若经济周期对产业的市场势力溢价水平有显著影响，那么由于开放导致的经济周期性波动就会引致产业市场势力波动。在经济衰退周期，低效率企业大量退出经营，在经济上升周期又有许多新设立企业开始经营，而市场中企业数量变动会导致产业市场势力波动（Jaimovich，2007）。在经济衰退期，随着市场控制能力较低的企业的退出，总体来看，企业定价超过边际成本的幅度呈增大趋势（Jaimovich，2007；Chevalier 和 Scharfstein，1994；Jaimovich 和 Floetotto，2008），即市场势力溢价波动是逆经济周期的。（不可预期的）外生冲击和（可预期的）宏观经济周期性波动可能对产业市场势力的影响不同。面对可预期的经济周期性波动，企业调整生产的可能性较大，而面对不可预期的外生冲击（如世界经济危机），企业调整生产的能力较弱，短期内的定价能力因而被削弱，市场溢价水平将明显回落。与外资企业相比，中国企业市场垄断能力普遍较弱，金融危机外生冲击下中国企业的短期市场势力溢价水平在下降（陈甫军、杨振，

2012）。

三　微观企业层开放加剧市场竞争程度

微观企业层开放主要源于外资企业与本土企业竞争行为，理论上既可能因竞争加剧导致市场势力溢价降低，又可能因外资对产业或产业链关键环节控制而输入市场势力，从而提高市场势力溢价。短期内大规模的市场开放是把"双刃剑"，对于市场经济体制并不完善的中国来说更是如此：一方面，中国地方政府竞争性的"招商引资"引入了大量外资企业参与竞争，市场竞争活力被激发。以跨国公司为代表的外国直接投资进入，对中国制造业的增长机制、增长速度、增长质量和增长效益作出了重要贡献（李海舰，2003）。但产业层面竞争加剧，会削弱企业将价格定在边际成本之上的能力，这将系统地降低产业市场势力溢价水平；另一方面，随着市场快速对外开放，本土企业短期内仍对传统贸易体系和交易制度产生"路径依赖"，在外资企业大量涌入的情形下，短期内难以形成与垄断外资企业竞争的抗衡势力。国际行业巨头也会迅速占领国内广阔的市场，具有垄断势力的外资企业形成对产业整体和产业链关键环节的控制（卜伟，2011），外资很可能将其在国外的垄断势力传导到国内市场中来，形成大企业主导市场的竞争格局。在这种情形下，市场对外开放反而在一定程度上降低了市场的竞争程度，市场势力溢价水平由此随市场开放而有所提高。市场开放还降低了企业进入壁垒，同时竞争改变了企业生产率及市场溢价在产业间的分布。简泽等（2014）发现中国加入WTO后进口竞争促进了本土企业平均全要素生产率的增长，而全要素生产率高的企业倾向于制定较高的溢价水平（Bernard、Jonathan、Jensen和Kortum，2003）。因而该结论提供了进口自由化可能导致产业市场势力波动的间接经验证据。市场势力溢价水平在产业间的分布也因市场开放而发生改变，具有高市场势力溢价水平的产业规模扩大、低市场势力溢价水平的产业规模缩小，产业总体市场势力可能就呈上升趋势。这种情况下，对外开放就表现出反竞争效应，可能导致新的资源扭曲和误置从而降低福利水平（Epifani和Gancia，2011）。

在设计的理论分析框架中，三个层次的对外开放分别带来的贸易体系转型、经济周期变动和产业竞争加剧，构成对外开放影响产业市场势力溢价的三个重要传导路径，也提供了实证模型和变量选择的理论基础。

第三节 市场势力溢价与贸易体系转型：模型设定

关于市场势力溢价水平的测度，一直以来是实证产业组织的重要话题。本节首先介绍市场势力溢价测度的一个基本模型，并根据研究需要，通过一个转型经济模型来反映贸易体系转型带来的市场势力效应。

一 市场势力溢价测度模型

此处采用 Roeger（1995）在 Hall（1988）基础上发展的市场势力测度方法。Hall（1988）证实，在市场势力溢价不变的假设下，通过分解索洛余值下述方程可以用来估计产业内系统市场势力是否存在：

$$\Delta q_t - \alpha_t \Delta n_t = (\mu_t - 1)\alpha_t \Delta n_t + \Delta e_t \tag{8-1}$$

其中，q_t 为单位资本净产出（Q_t/K_t）的对数形式，α_t 是劳动在总产出中的份额，n_t 是劳动与资本之比（L_t/K_t），μ_t 是市场势力溢价水平，即价格与边际成本之比（P_t/MC_t），e_t 是希克斯中性技术进步，Δ 是相关变量的差分形势。Q_t、K_t 和 L_t 分别代表 t 时期的总产出、资本和劳动投入。

对方程（8-1）进行 OLS 回归面临着内生性问题：$\Delta \ln l_t$ 也是因变量的一部分。为此，要寻找与自变量相关但外生于误差项的工具变量来解决内生性问题。Hall（1988）为此采用军事支出费用、世界石油价格以及总统的党派来构建工具变量，但 Roeger（1995）认为这些并不是严格的外生变量。Roeger（1995）通过解决其对偶问题拓展了 Hall（1988）的模型，他认为方程（8-1）的构建可以被视为基于数量的索洛余值，其对偶形式可以通过基于价格的索洛余值。他从 Hall（1988）方程（8-1）中得到类似的表达式：

$$(\Delta \ln Q_t - \Delta \ln K_t) - \alpha_t(\Delta \ln L_t - \Delta \ln K_t)$$
$$= \beta(\Delta \ln Y_t - \Delta \ln K_t) + (1-\beta)\Delta \ln e_t \tag{8-2}$$

在方程（8-2）中，Y_t 是产业总产出，β 为勒纳指数，是市场势力溢价的方程：$\mu = 1/(1-\beta)$。基于价格的成本方程如下式：

$$\alpha_t \Delta \ln W_t + (1-\alpha_t)\Delta \ln R_t - \Delta \ln P_t$$
$$= -\beta(\Delta \ln P_t - \Delta \ln P_t) + (1-\beta)\Delta \ln e_t \tag{8-3}$$

其中，W_t 为工资水平，R_t 则为资本成本。如果市场是完全竞争的，边际成本应当与市场价格相等，由此市场势力溢价为1、勒纳指数为0。在这种情况下，数量法和价格法测得的技术进步应当一致。但在非完全竞争下，市场势力将扭曲价格与边际成本的一致性，意味着市场势力溢价大于1。由上面两个方程，技术进步可以被分解为技术更新项和资本生产率变动比率与 β 乘积的和，或者是产出价格减去资本成本变动率与 β 乘积的余值。

根据方程（8-2）和方程（8-3），可以消去 $\Delta \ln e_t$ 项，于是得到下式：

$$(\Delta \ln Q_t + \Delta \ln P_t) - \alpha_t(\Delta \ln L_t + \Delta \ln W_t) - (1 - \alpha_t)(\Delta \ln K_t + \Delta \ln R_t)$$

$$= \beta[(\Delta \ln Q_t + \Delta \ln P_t) - (\Delta \ln K_t + \Delta \ln R_t)] + u_t \qquad (8-4)$$

其中，u_t 是随机扰动项，方程（8-4）的左手项是两类索洛余值算法的差，这部分在完全竞争市场下应当为0，在非完全竞争下则不为0。为便于标记，定义这个差额为 z_t，则有如下方程：

$$z_t = \beta x_t + u_t \qquad (8-5)$$

其中，x_t 为方程（8-4）的右手项差额部分，是名义产出与资本之比的增长率。至此，方程的内生性问题得到解决。

但是，Hall（1988）和 Roeger（1995）都假设规模报酬不变，这个假定在中国十几年来的市场开放经历中可能并不满足。Hylleberg 和 Jorgensen（1998）认为规模报酬也是市场势力的表现，也会导致市场势力溢价水平的提升，因而放松了这一假定：

$$z_t = [\lambda(\beta - 1) + 1]x_t + u_t \qquad (8-6)$$

此处，λ 指代的是规模收益，按照 Hylleberg 和 Jorgensen（1998）的界定，为平均成本与边际成本的比值。在规模报酬递增的情形下，β 将会被估计下偏。更进一步，考虑到固定成本、快速计提贬值而低估的资本存量以及劳动力窖藏（labor hoarding）现象，市场势力溢价也会被低估。由此可见，Martin 等（1996）主张应视方程（8-5）估算的市场势力溢价水平为真实值的下限。

二　贸易体系转型效应模型

中国加入 WTO，并非在一开始就放开了所有行业的准入，而是一个逐渐有序开放的阶段性转型。Badinger 和 Breuss（2005）的结论说明，贸易体系转型本身是否会对产业系统的市场势力溢价产生影响是需要考虑的一个重要因素。同时，短期的经济外部冲击也可能导致估计偏误[1]，由此

---

[1]　这也是本书选择使用2007年之前数据的原因：以避免金融危机冲击对市场势力溢价的影响。

要求模型能够剔除宏观经济周期性波动。除此之外，还需要尽可能分离出时间效应，以剔除共同受时间影响的因素。

本模型使用总体和非总体两类产业层面的数据，实证模型可由方程（8-5）进行拓展：

$$z_u = \alpha_i + \beta_1 x_{it} + u_{it} \tag{8-7}$$

其中，下标 i 表示不同的产业（群），t 表示年份。贸易体系或经济转型并非短期影响，而是在一个相对较长的时间内发生质变的过程，表现为结构性突变。找到贸易体系转型的"结构断裂点"是本研究的一项主要任务。若允许模型随时间或事件发生结构性变化，那么如下方程可以捕捉这一特性：

$$z_{it} = \alpha_i + \beta_1 x_{it} + \beta_2 WTO_T x_{it} + u_{it} \tag{8-8}$$

其中，WTO_T 是时间虚拟变量，用来指代贸易体系转型起作用的具体年份，可以被理解为产业层面的贸易体系转型年，被定义为：

$$WTO_T = \begin{cases} 0 & if \quad t < T \\ 1 & if \quad t \geq T \end{cases} \tag{8-9}$$

在此分别运用2001—2007年作为 T 进行检验，选择能最小化该虚拟变量 P 值的年份作为贸易转型的关键年份。在测度加入 WTO 对产业市场势力溢价的影响前，还有如下几个因素需要考虑，否则估计将可能产生变量遗漏偏误：

一是产业的集中度，这个代表产业内竞争程度的指标，有可能会改变产业的市场势力溢价水平。数据限制，这里选择产业内企业数量（D_T）作为产业集中程度的代理指标。Jaimovich 和 Floetotto（2008）指出，市场上存活企业数量波动改变企业间的竞争程度进而导致市场势力发生变化。由此市场势力可看作企业数量的函数：$\beta = f(D_t) = \varphi_o + \varphi_1 D_t + \xi$，这里的 ξ 为残差。将其代入方程(8-8)得到：

$$z_{it} = \alpha_i + \beta_1 x_{it} + \beta_2 WTO_T x_{it} + \beta_3 D_T x_{it} + u_{it} \tag{8-10}$$

二是模型应当考虑那些随产业不变和时间不变的一些因素，因而共同冲击因素在一定程度上可以被控制住。由此可见，加入 WTO 对产业市场势力溢价水平的影响不会随产业和时间不变的因素影响而冲散，由此模型进一步调整为：

$$z_{it} = \alpha_i + \beta_1 x_{it} + \beta_2 WTO_T x_{it} + \beta_3 D_T x_{it} + \beta_4 h_i + \beta_5 \eta_t + u_{it} \tag{8-11}$$

其中，h_i 为产业效应，η_t 为控制年份效应。

三是宏观经济周期性的波动导致的影响也应确认。需要说明的是，（不可预期的）外生冲击和（可预期的）周期性波动①可能对产业市场势力的影响不同。面对可预期的经济周期性波动，企业调整生产的可能性较大，而面对不可预期的外生冲击（如经济危机），企业调整生产的能力较弱，定价能力被削弱。因而，模型尽可能减少外生冲击，而应考虑经济周期性的波动。对我们最终的实证模型如下：

$$z_{it} = \alpha_i + \beta_1 x_{it} + \beta_2 WTO_T x_{it} + \beta_3 D_T x_{it} + \beta_4 GAP_t + \beta_5 h_i + \beta_6 \eta_t + u_{it} \quad (8-12)$$

其中，GAP_t 为 t 年的产出缺口，即真实经济增长与潜在经济增长之间的产出差额。此处运用 H-P 滤波法来估算真实产出与潜在产出的缺口数据来表示。

第四节　数据来源与变量设定

一　数据来源

此处采用两位数代码总体产业和四位数代码细分产业数据进行实证分析，两个层面的产业数据均来源于中国数据在线（China Data Online），这里选用的样本涵盖了 36 个两位数代码和 268 个四位数代码产业。在考察区间上选取了 1999—2007 年数据，之所以在时间区间上做出这一特别限定，主要原因在于：第一，这一区间涵盖了中国加入 WTO 前后的多年份数据，中国贸易制度体系在这个区间内基本完成转换并定型，这一时间区间已经能够很好地捕捉中国对外开放对产业市场势力和溢价水平带来的影响；第二，选择 2008 年之前数据，尽量避免了世界性金融危机这一重大外部冲击对实证检验结果产生的不确定性影响。研究表明，金融危机冲击的确系统性削弱了产业的市场势力溢价水平（陈甫军、杨振，2012）。因此，选择这个时间区间来研究，能够更精准计量中国加入 WTO 带来的对外市场开放对产业市场势力的系统性影响。

选用数据的处理：一是关键变量缺失样本处理，剔除行业代码、总产值、工人工资、年平均固定资产净值缺失的观测值；二是数据库样本的匹

---

① 这里估算产出缺口，使用的是经济实际增长率和潜在增长率之间的差异，这个差异在一定程度上是可以被计算和预期的。

配与整合，由于统计标准在 2002 年后发生变更，该数据库被分为两个独立部分，部分产业代码和产业隶属发生微调。我们按照产业名称重新匹配了前后两个统计区间的产业代码，同时只保留了在前后两个统计区间内都存续的产业。

二　变量定义

选用的关键变量主要涉及资本投入及资本成本、固定资产计量、员工数量及工资支出、行业总产出等指标。关于资本投入的有效计量，按照 Badinger（2007）的处理方式，实际资本投入由下式计算：

$$K_{it} = K_{i,t-1}(1 - \delta_i) + I_{i,t-1} \qquad\qquad (8-13)$$

其中，K_{it} 为 i 产业在 t 期的资本存量，此处选用固定资产数据。$I_{i,t-1}$ 为 i 产业在上年度（$t-1$）的资本投入。δ_i 为 i 产业的折旧率，不同于现有文献按照所有产业统一采用每年折旧 5% 或 10% 等类似标准，这里按照中国数据在线年度数据库中各产业的平均服务年限来计算折旧率，这样的处理使得计算更为科学。

资本成本（价格）采用 Martins 等（1996）的处理方式，使用如下方程：

$$R_{it} = \left[(r - \pi^e) + \delta_i\right] P_{it} \qquad\qquad (8-14)$$

其中，R_{it} 为 i 行业在 t 年度的资本使用成本，r 为名义利率，采用 10 年期公共部门贷款基准利率进行计算，该数据来源于中国债券数据库。π^e 是预期通胀水平，P_{it} 采用国内生产总值折算指数，相关指数均来源于国际货币基金组织（IMF）。

员工总数、工人工资、总资产等数据均可以直接从数据库中获取。但因为缺乏工作小时数据，可能存在一定的估计偏误。[①] 平均工资 W_t 可以通过工人总工资与员工总数之比计算所得。经过样本的筛选，所使用的数据基本情况如表 8-1 所示。从表 8-1 的基本描述性统计来看，相对于指标均值，各项数据的波动性（方差）仍较大。数据表现出较大的异质性，是计量研究的一个良好特征。

---

① 因此，在解释市场势力溢价估计结果时，应当注意得到的估计结果可能存在系统性上偏。

表 8 - 1 两位数与四位数代码产业样本描述性统计

变量	观测值	均值	方差	最小值	最大值
Z	288 (2144)	8. 2209 (0. 1307)	0. 6244 (0. 2860)	6. 6872 (- 2. 2557)	10. 1531 (2. 9998)
X	288 (2144)	3. 9945 (- 0. 0193)	0. 3441 (0. 3379)	3. 0208 (- 4. 4360)	5. 3697 (2. 1638)
产业增加值 (亿元)	288 (2144)	15471. 4747 (1029. 4065)	16860. 2387 (2550. 3411)	347. 3974 (0. 3076)	90071. 4289 (44475. 1098)
固定资产 (亿元)	288 (2144)	25007. 0836 (1585. 2412)	40309. 5900 (4446. 5430)	1251. 7784 (0. 2524)	357772. 6458 (64576. 9780)
资本成本率 (%)	288 (2144)	16. 3253 (41. 4391)	9. 8527 (155. 5739)	1. 2002 (1. 2886)	51. 1269 (2332. 2930)
员工人数 (人)	288 (2144)	1685355. 7743 (134354. 9804)	1377597. 7122 (354297. 1227)	145360. 0000 (136. 000)	6262598. 0000 (4507540. 0000)
工资支出 (亿元)	288 (2144)	2588. 7107 (192. 1457)	2615. 0065 (561. 7464)	181. 5384 (0. 0779)	17988. 1531 (12142. 6052)
平均工资率 (万元/人/年)	288 (2144)	15. 5780 (14. 1474)	7. 9755 (7. 1286)	6. 0674 (2. 4344)	65. 6263 (96. 1320)
企业数量 (个)	288 (2144)	6265. 1940 (479. 5662)	5683. 7250 (915. 5987)	82. 0000 (3. 0000)	27914. 0000 (13911. 0000)

注: 括号内数据为四位数代码产业样本统计结果, 其他为两位数代码产业样本统计结果。

第五节 对外开放市场势力效应的经验证据

尽管中国贸易体系实现了由封闭到开放的系统转型, 并逐步完成了系列制度转换, 但西方发达经济体普遍实行的"负面清单管理"制度, 2013 年才因中国 (上海) 自由贸易试验区的成立而引入中国。经调研发现, 该自贸区在制作外资"负面清单"管理目录时, 在哪个产业层次制定"负面清单"是个需要回答的重要现实问题。其逻辑在于: 对外开放的市场势力效应可能因产业层次而异。虽然中国在 2001 年加入 WTO, 但是国内外企业也早有预期, 这一事件程度之深、范围之广, 使得从技术层面估计加入 WTO 对产业市场势力变动的影响，需要拓展到更长的年份中去观察。因而，根据方程（8 - 12），此处分别采用 2001—2007 年循环计算，以捕捉贸易体系的变迁和转型效应，通过寻找使得 P 值最小的年份作为贸易体系转型的替代变量。需要注意的是，宏观层面和微观层面的主体对贸易体系转型的敏感程度是不同的：一般来说，企业的决策更灵活，应变能力更强，因此微观层面对贸易体系的转型可能更加敏感；而宏观层面，如产业政策的调整和优化，则对贸易体系转型的敏感程度则比较弱。由此可知，分别从两位数和四位数代码层次考察中国对外开放的市场势力效应，并分别使用总体和细分数据来寻找贸易体系的转型关键年份，作为其替代变量。

一　两位数代码产业总体实证结果

这里采用两位数代码产业总体数据进行分析。为观测前述重要变量可能产生的影响，设计了 7 个分模型进行逐项回归。为了解当前中国产业是否存在系统的市场势力、测度产业总体市场势力溢价水平的大小，模型 1 在不控制任何因素下估计中国产业总体层面的市场势力溢价水平；考虑到加入 WTO 带来的体制性转换，模型 2 控制了贸易体系转型效应因素，以剔除贸易体系和贸易制度全面转型对产业系统市场势力的影响；前述文献已经证实（Jaimovich，2007；Jaimovich 和 Floetotto，2008），产业集中可能加强产业垄断势力，由此模型 3 加入了产业集中效应，用来剔除产业内企业竞争行为带来的垄断势力调整；模型 4 加入了可预测的宏观经济周期替代变量：产出缺口，用以剔除宏观经济周期对产业系统市场势力的影响；模型 5 在模型 4 的基础上控制了年份效应，用以剔除时间效应；模型 6 在模型 4 的基础上控制了产业隶属（两位数代码层面）因素，用以剔除产业组群（随产业不变因素）的共同影响；模型 7 则对所有影响因素进行控制。剔除这些影响因素后，中国对外开放的市场势力效应可以由变量 WTO_T（具体年份需测度）系数的符号和显著性来表示。模型回归的结果如表 8 - 2 所示。

贸易体系转型测度及总体产业对贸易体系转型的敏感性分析。虽然中国在 2001 年加入 WTO，但是国内外企业对此也早有预期。赵伟和黄上国（2004）的研究表明，履行"入世"承诺对中国市场化制度转型进程的加速效应表现有两方面：一个是市场准入效应，另一个是公平竞争效应。这一事件影响程度之深、范围之广，使得从技术层面估计加入 WTO 对产业

表8-2　　　　　　　两位数代码产业样本回归结果

变量	模型1	模型2	模型3	模型4	模型5	模型6	模型7
X	0.7346*** (23.1826)	0.6841*** (19.2438)	0.6832*** (18.2268)	0.6839*** (28.3518)	0.6827*** (32.2795)	0.6548*** (37.8923)	0.6436*** (40.2932)
产业集中效应			-0.0104 (-0.8236)	0.0206 (1.0649)	0.0147 (1.2478)	-0.0134 (-1.4387)	0.0130 (1.4586)
WTO_{2003}		0.1138*** (5.2495)	0.1226*** (7.3435)	0.1048*** (6.3567)	0.0732** (2.1667)	0.0817** (2.1324)	0.1318*** (8.0245)
产出缺口				-0.0235 (-1.2384)	0.0163 (0.9634)	0.0132 (1.2945)	0.0124 (0.9275)
年份效应					控制		控制
产业群组效应						控制	控制
常数项	0.0326*** (4.2052)	0.0418* (1.7245)	0.0335 (1.2256)	0.1206 (1.2384)	0.0836*** (5.0134)	0.1632 (1.2435)	0.0125 (1.2578)
R^2	0.9213	0.9328	0.9346	0.9401	0.9433	0.9434	0.9448
观测值	288	288	288	288	288	288	288

注：*、**和***分别表示在10%、5%和1%的显著性水平下通过显著性检验。模型4、模型5和模型7均控制了产业隶属（两位数代码层面）因素。

市场势力变动的影响，需要拓展到更长的年份中去观察。根据方程（8-12），此处分别采用2001—2007年循环计算，以捕捉贸易体系的变迁和转型效应。根据前述选择标准，我们发现总体产业层面上贸易体系转型的关键作用年份为2003年，即中国加入WTO之后两年，两位数代码产业总体上才对贸易体系转型变得敏感。这一结论与Badinger和Breuss（2005）关于贸易转型速度的发现是基本一致的。所以对两位数代码总体产业，运用WTO_{2003}作为贸易体系转型的替代变量来考察其对市场势力溢价水平的影响。根据方程（8-9），早于2003的年份定义为0，而晚于（含）2003的年份则定义为1。

从产业的市场垄断势力测度来看，X的系数在1%的显著性水平下为正，表明总体产业层面呈现相对垄断的情形，经计算后的市场势力溢价水平为3.77（勒纳指数为0.7346），远高于竞争性价格水平。WTO_{2003}的系数在所有模型中均为正并且在1%的水平下显著，表明中国加入WTO这一重大事件，显著地提高了产业总体层面的市场势力溢价水平。即便是控制了其他可能影响产业市场势力溢价水平的诸多因素后，这一效应仍十分显著。考虑到这是一个较短的时间跨度，这一影响是非常大的。年份效应总体不显著，只有 2002 年和 2005 年是显著的。中国开放市场的"入世"承诺已在 2005 年前后大规模兑现，得到这一估计结果也是意料之中的。

自 20 世纪 90 年代末亚洲金融危机以来，中国开始了大规模的国有企业改革，随后经济衰退一直持续到 2004 年，然后逐步进入经济上升周期，直到 2008 年世界金融危机的爆发。直观的感觉是，显著的宏观经济周期波动应当对产业市场势力溢价水平有显著影响，但产出缺口系数并不显著，表明在样本考察区间内，可预测的宏观商业经济周期对总体产业层面市场势力并无显著影响。可能的原因在于可预测的经济周期条件下，经济将会发生周期波动这一信息成为企业的共有知识（Common Knowledge），所以竞争并未因此加剧或减弱。这也从侧面证实，十几年来中国总体产业市场势力溢价水平的提高，大部分可以由加入 WTO 导致的市场大规模开放来解释。在模型 7 中，控制了所有因素后，得到的市场势力溢价水平仍高达 2.81（勒纳指数为 0.6436）。

早期产业组织理论证实了产业集中会对市场势力产生影响。由于缺乏产业层面的集中度指标，我们使用企业数量来代理产业集中度。从数据库中可以观测到，大多数产业在考察期间的企业数量都呈上升趋势，市场中的竞争应当更加激烈从而产业的市场势力溢价水平降低。遗憾的是，在所有的回归模型中，并未发现企业数量对总体产业层面市场势力溢价水平的显著影响（Jaimovich，2007），企业数量可能并不是产业集中程度有效代理变量。

二　四位数代码细分产业实证结果

与两位数代码产业回归模型设计类似，此处同样设计 7 个模型来考察中国对外开放对细分产业市场势力的影响。四位数代码产业市场势力之所以不同，很大程度上是因为其所属的两位数代码产业具有不同的垄断性质，因而在控制产业隶属影响因素的时候，根据产业隶属关系构建了两个层次的产业隶属虚拟变量来控制产业群组效应：一是两位数代码产业隶属层面作为产业群组效应控制变量；二是四位数代码产业隶属层面作为产业群组效应控制变量。

选择两位数代码产业隶属层面控制产业群组效应，估计结果如表8－3所示。结果表明：第一，细分产业存在显著市场势力且市场势力溢价水平较高。从模型1结果来看，X 的系数仍在1%的显著性水平下为正，1999—2007年累计的细分产业市场势力溢价水平为4.35（勒纳指数为0.7701），系统地高于总体产业层面数据得到的结论。本研究与现有文献发现总体数据会低估市场势力估计的结论具有一致性（Hall，1988）。同时，细分产业市场势力溢价水平较高这一结论还从侧面证实，产业间和产业内的市场势力溢价水平并不一致，资源从市场势力溢价水平低的产业流向市场势力溢价水平高的产业，将导致产业总体市场势力溢价水平的上升。第二，中国对外开放导致细分产业市场势力溢价水平提升，并且细分产业对贸易体系转型更敏感。宏观层面和微观层面主体对贸易体系转型的敏感程度是不同的。一般来说，企业的决策更灵活，应变能力更强，故而微观层面对贸易体系的转型可能更加敏感；而宏观层面，如产业政策的调整和优化，对贸易体系转型的敏感程度则比较弱。因此，应当分别使用总体和细分产业数据来寻找对应于相应产业层面的贸易体系转型关键年份，作为其替代变量。按照前述贸易体系转型关键年份选择标准，细分产业中贸易体系转型关键年份则为2001年（最小化 P 值，并在1%的显著性水平下通过检验）。年份效应结果（模型5和模型7）显示，2002年和2003年也有显著效应，这证明细分产业对加入 WTO 这一事件反映更快、更灵敏。中国产业结构分布的非均衡特征在一定程度上可以解释这个结果：有些产业对市场开放敏感，而有些则不那么敏感，所以总体数据与细分数据的估计结果显示出差异性。

表8－3　细分产业样本回归结果（控制两位数代码产业效应）

变量	模型1	模型2	模型3	模型4	模型5	模型6	模型7
X	0.7701 *** (31.5578)	0.5826 *** (29.3246)	0.5815 *** (27.2345)	0.5804 *** (19.3684)	0.5431 *** (20.1442)	0.5783 *** (22.5437)	0.5426 *** (27.1356)
产业集中效应			0.0145 *** (3.3546)	0.0123 *** (3.2509)	0.0117 ** (1.7967)	0.0109 *** (4.4628)	0.0105 ** (1.8367)
WTO_{2001}		0.2143 *** (6.2462)	0.2127 *** (7.3064)	0.2118 *** (6.3256)	0.2632 *** (8.1943)	0.2141 *** (7.0325)	0.2629 *** (8.3295)

变量	模型 1	模型 2	模型 3	模型 4	模型 5	模型 6	模型 7
产出缺口				0.0328 (1.1324)	0.0216 (1.0825)	0.0218 (1.4025)	0.0223 (1.3824)
年份效应					控制		控制
产业群组效应						控制	控制
常数项	0.0349 *** (5.2578)	−0.0213 (−1.5254)	−0.0215 (−1.4825)	−0.0406 (−1.3096)	−0.0340 * (−1.7084)	−0.0435 (−1.3010)	−0.0128 (−1.2751)
R^2	0.7018	0.7109	0.7223	0.7307	0.7342	0.7323	0.7421
观测值	2144	2144	2144	2144	2144	2144	2144

注：* 、** 和 *** 分别表示在 10% 、5% 和 1% 的显著性水平下通过显著性检验。

其他控制变量结果显示：与总体层面估计结果相比，在细分产业数据中，产业集中对市场势力溢价水平的影响则较为显著。此处暗含了这样一个解释：产业内的市场势力溢价水平差异更大，或者说产业内市场势力溢价水平的异质性更为突出。因而细分产业数据的结果更支持市场势力溢价水平总体上升的结论。与总体层面数据结果类似，可预测的宏观经济周期波动的影响依然不显著，证明中观和微观层面的市场势力溢价水平受宏观经济波动的影响较弱。

选择四位数代码产业隶属层面控制产业群组效应，在更细致产业领域考察中国市场开放对细分产业势力溢价水平的影响，得到的结果稍有不同，表 8 – 4 给出了详细估计结果。结果表明，控制了四位数代码产业群组效应后，中国市场对外开放显著降低了四位数代码产业的市场势力溢价水平。虽然四位数代码产业的贸易体系转型年份仍为 2001 年，但这里我们观测到贸易体系转型却带来了市场势力溢价水平的下降。WTO_{2001} 的系数为负，且在 1% 的显著性水平下通过检验，说明大规模的市场开放带来更多的是竞争活力而不是输入垄断。这个结论值得思考：这意味着，在更细致的产业领域内，企业对市场开放反映更加敏感，四位数代码产业内企业的异质性程度要大于两位数代码产业内企业的异质性。之所以在控制四位数代码产业层面的产业群组效应后，贸易体系转型导致产业市场势溢价水平下降，可能的原因在于中国对市场开放承诺的次序性：并非所有的产业层次都同时开放，而是逐步、有序、渐进地开放。加入 WTO 后中国允许基础服务与贸易进入，随后三年才较大规模地放开了对主要产业市场进入的限制。

表 8 - 4　　　　　细分产业样本回归结果（控制四位数代码产业效应）

变量	模型1	模型2	模型3	模型4	模型5	模型6	模型7
X	0.7718 *** (31.4367)	0.7712 *** (30.2851)	0.7709 *** (28.1053)	0.7802 *** (27.0985)	0.7795 *** (26.5365)	0.7803 *** (25.3246)	0.7805 *** (23.4367)
产业集中效应			0.0142 *** (7.2393)	0.0131 *** (5.3674)	0.0127 ** (1.9893)	0.0214 *** (4.7822)	0.0207 *** (3.2593)
WTO_{2001}		-0.0318 ** (-2.2901)	-0.0313 ** (-2.1892)	-0.0304 *** (-4.3926)	-0.0276 * (-1.8245)	-0.0311 *** (-4.1242)	-0.0306 ** (-2.1592)
产出缺口				0.0242 (1.3642)	0.0129 (1.3984)	0.0135 (1.2932)	0.0143 (1.1084)
常数项	0.0324 *** (8.0223)	0.0146 (1.1590)	-0.0132 (-0.9723)	-0.1116 (-0.8324)	0.0136 (1.0235)	-0.1312 (-1.2317)	-0.1147 (-1.0251)
年份效应					控制		控制
产业群组效应						控制	控制
R^2	0.7014	0.7105	0.7221	0.7319	0.7382	0.7342	0.7397
观测值	2144	2144	2144	2144	2144	2144	2144

注：*、** 和 *** 分别表示在 10%、5% 和 1% 的显著性水平下通过显著性检验。

　　理论上，从自给自足的封闭体系转向对外开放的贸易体系，市场的竞争应当更加激烈，产业市场势力溢价水平应当降低。但总体数据显示市场开放导致垄断增强，细分产业数据显示市场开放带来竞争活力。结果看似矛盾，实则不然，原因在于：第一，本模型没有企业层面的产量和产品的品种多样性数据。Feenstra 和 Weinstein（2010）运用美国企业数据，证实了过去几十年美国产业市场势力溢价水平因产品多样性选择而系统性降低了。随着中国市场经济的快速发展，市场提供的产品多样性越来越广，尤其是加入 WTO 带来的市场开放以后。因而，对产品多样性的偏好理论上也应放入模型，考虑到中国产品多样性程度，总体市场势力溢价水平可能并没有那么高。第二，中国在加入 WTO 之前的 20 多年里，市场明显缺乏竞争。即便是改革开放以后，随着资本积累和技术引进，中小企业快速成长，但充分竞争的市场格局仍没有形成。在加入 WTO 之前，中国刚刚进行了一轮国有企业改革。融入世界贸易体系从两方面鼓励市场竞争：一是更多的生产总量刺激，二是更多的产品种类。与此同时，一些寡头垄断企业将低效率企业排挤出市场，从而比较容易获得市场势力。加入 WTO 之前的市场势力源于行政垄断体制，而加入 WTO 之后总体层面的市场势力上升可能源于外商投资企业市场势力的跨（国）区域传导。

第六节　结论与政策建议

本章在现有关于发达经济体市场开放与产业市场势力关系研究的基础上，构建了中国对外开放的市场势力效应关系的理论框架和评价模型，并利用 1999—2007 年中国总体和细分产业数据，实证检验了中国对外市场开放的市场势力效应。在当前构建开放型经济新体制的战略部署下，本研究是一次有益的尝试。

主要结论如下：（1）中国产业层面总体存在显著的市场势力，细分产业的市场势力溢价水平高于总体产业的水平；（2）中国贸易体系转型非常迅速，不同产业层次对贸易体系转型的敏感程度表现出差异性，总体产业层面的贸易体系转型滞后于细分产业的贸易体系转型；（3）以加入WTO 为标志、以贸易体系转型为特征的中国对外市场开放，具有显著的市场势力效应，垄断与竞争效应并存于市场开放进程中。在两位数代码产业水平，对外开放提高了市场势力溢价水平；在四位数代码产业水平，控制了两位数代码产业群组效应后，对外开放仍显著提高了细分产业市场势力溢价水平，表明对外市场开放的同时输入了垄断势力；但控制了更细分的四位数代码产业群组效应后，对外开放却显著降低了细分产业的市场势力溢价水平，表明对外市场开放的同时引入了竞争。

上述研究结论对于中国构建开放型经济新体制具有重要的政策含义：

（1）对外市场开放政策体系要与国内产业发展、产业竞争以及反垄断政策协调匹配。中国实现从"工业大国"向"工业强国"的转变，需要"内外兼修"：既离不开市场对外开放，也离不开产业发展和竞争政策的培育。那么，是否可以通过市场开放带来的竞争激励来促进产业发展而不需要设计单独的产业政策？这就需要实证测度对外市场开放到底是引入竞争还是输入垄断，不同的研究结论暗含着不同的政策取向。本研究结论说明，细分产业发展可以依靠对外开放提高竞争活力来实现，同时也要通过总体层面设计产业竞争政策来避免因开放带来的外资对相关产业的控制。当然，这并不意味着开放市场的脚步应当停止。市场势力溢价水平可能因模型缺乏计量产品的多样性偏好而被扩大了。加入产品多样性偏好后，实际的市场势力并没有想象中的那么大（Melitz，2003）。考虑到开放市场下外资企业进入可能带来的各种不利效应，依靠市场全面开放促进产业发展，可能会导致产业被外资控制的局面，因而需要适时运用反垄断政策。市场开放带来的垄断，在很大程度上是由外资企业垄断势力传导。近两年中国反垄断调查的对象中，外资企业所占比重较大，恰恰说明了这个问题的严重性。而外资企业在成熟的市场经济体制下运行多年，积累了丰富的应对反垄断调查和指控的经验。当发现某些产业具有较高的市场势力溢价时，应及时实施和开展反垄断调查。因而，对外市场开放政策体系应当与产业发展、产业竞争和反垄断政策协调匹配。

（2）在"负面清单管理"为特征的外资管理新体制下，外资监管应注意总体与细分产业开放的层次性问题。中国外资监管正在向以"负面清单管理"为特征的新管理体制转变，与 Badinger（2007）的研究结论相似，中国市场开放对不同层次产业影响是非对称的。那么，应当在什么产业层次设立"负面清单"？根据本研究结论，以两位数代码产业来看，市场开放输入垄断则应当慎重对外市场开放；但以四位数代码产业来看，市场开放引入竞争则应进一步扩大开放范围。若不区分产业层次，对外开放的市场势力效应可能"似是而非"：从总体产业层面来看抑制竞争的外资，却可能在事实上推进了细分产业的竞争水平。因此，在细分产业层次设立"负面清单"，可能更好地反映了竞争的实质和本意。中国（上海）自由贸易试验区就经历了一个从总体产业层面"负面清单"向细分产业层面"负面清单"的转换过程，恰恰印证了研究结论。政府在"负面清单管理"为特征的外资监管过程中，尤其需要注意产业开放的层次性问题。

（3）外资政策与产业政策的关注重心宜"下移"。中国构建开放型经济新体制，就是要优化制度体系、实现外贸管理体制的"二次转型"。本研究结论显示，不同产业层次对中国贸易体系转型的敏感程度是不同的。因此，设计和评价开放型经济新体制的战略举措，不宜宽泛建立在总体或较高的产业层次上，要求"重心下移"，在细分产业层面进行研究；同时，本研究表明，产业集中程度对市场势力的影响也因产业层次而异，产业内较之产业间的市场势力溢价水平的异质性更为突出。随着市场分工细化，竞争的产业边界正在不断收窄，企业越来越专注于更细致的产业内分类。针对某一产业设计的产业发展和竞争政策，也要求"重心下移"，在更细致的产业内评价和测度产业的垄断势力，进而根据产业政策的微观效应有的放矢地调整和优化政策设计。

第九章　研究结论与展望

外资企业及其影响，是学术界和理论界多年追踪的热点问题。已有研究提供了多样化的视角和研究结论，本书以外资进入的市场效应为切入点，重点讨论了其产业市场势力效应、生产率外溢效应、资源配置及其福利效应等重要方面。本章对全书的核心研究内容（第三章至第八章）进行观点性总结，并在此基础上提出一个外资管制的基本框架，最后对可能存在的后续研究方向进行展望。

第一节　主要研究结论

本研究将外资的竞争与垄断效应、生产率外溢效应、技术效应、资源配置效应、福利变动效应统称为广义的市场效应，运用新实证产业组织理论研究外资进入的市场效应，揭示了外资进入对市场竞争影响方式、描述了外资进入对生产效率影响方式和渠道、提出了外资进入引致福利效应测度方法，最终为外资管制提供一个基本框架。

全书基本结论如下：

第一，中国制造业各细分行业存在显著的市场势力，制造业外部经济环境的变化与外资进入对产业市场势力溢价水平有显著影响，外资进入同时表现出竞争特征和垄断特征，引致的福利效应正负兼有，净福利效应为正。第三章估计了制造业整体及各细分产业市场势力溢价水平，检验了FDI的垄断竞争效应，并测度了FDI的垄断竞争引致的福利问题。结果显示，制造业各行业存在显著的市场势力，但市场势力受制造业外部经营环境影响较明显，此次金融危机前后市场势力溢价水平波动较大。全样本结果显示制造业市场势力溢价水平约为6.2%，但危机前样本表明市场势力溢价高达22.1%。从制造业总体来看，外资进入与市场势力之间表现出

U 形非线性关系，拐点基本稳定在外资比重为 0.473—0.540 的区间内。FDI 总体上具有促进竞争的效应，福利效应为正；只在三个产业中① FDI 表现出反竞争效应而福利减少。通过本研究的测算，1999—2010 年，FDI 的进入所带来的竞争，使得这些产业潜在的垄断福利损失降低了 3334.69 亿元，但 FDI 的反竞争效应使得部分行业垄断福利损失增加了 2407.44 亿元。

第二，外资来源的异质性和外资组织形式选择的内生性对不同所有制企业生产率外溢效应是存在显著差异的，存在一个最优的考虑外资来源、组织形式选择和本土所有制结构的效率外溢组合框架。第四章的实证部分在外资来源异质性、外资企业组织形式内生选择的语境下大致给出了一个"外资来源 + 不同所有制内资企业"组合的效率框架。通过检验外资来源异质性和外资企业组织形式差异性对国有企业和私营企业的生产率外溢效应，发现外资来源的异质性对不同所有权类型的内资企业生产率影响是不同的。对国有企业来说，西方外资和港、澳、台资的进入均显著提高了其生产率水平，但港、澳、台资的生产率溢出效应更大；对私营企业来说，西方外资和港、澳、台资的进入对其生产率影响有实质性差异：西方外资的进入不但没有提高私营企业的生产率水平，反而显著抑制了私营企业生产率的提高，而港、澳、台资的进入则显著提升了私营企业的生产率水平。此外，外资采取的企业组织形式的差异对不同所有制类型的内资企业生产率影响也存在差别。合作形式的外资对企业生产率的影响最大，合资形式的外资对国有企业的影响大于私营企业，而独资形式的外资对私营企业的影响大于国有企业。

第三，中国制造业整体总生产率的增长主要源于资源再配置效率，而外资的进入是资源配置效率提升的重要渠道之一。第五章引入一个与传统索洛余值方法相一致，同时具有微观基础的总生产率增长分析框架，实证考察了中国制造业增长的来源、外资进入带来的技术效率和资源配置效率。研究发现：制造业的增长主要来源是资源的再配置效应。在样本考察期内，实证结果显示企业的资源配置效率总体上大于技术效率，这表明中国制造业增长的首要源泉可能不是来自企业技术效率的提高，而是资源的

---

① 分别为印刷业和记录媒介的复制、化学纤维制造业和通信设备、计算机及其他电子设备制造业。

再配置带来的效率提升；而外资的进入是中国制造业增长的重要渠道。外资企业的总生产率增长高于制造业整体水平，其技术效率和资源配置效率也高于制造业整体均值。外资进入制造业引致的增长同时源于外资企业较高的技术效率和较优的资源配置水平，其中外资企业更高的资源配置效率起到了更重要的作用。

第四，劳动要素在制造业两位数代码产业内、产业间均存在不同程度的配置扭曲，外资的进入会影响劳动要素的配置，但影响方向和程度因外资企业的市场选择行为而异。若矫正劳动要素投入存在的错配，不同市场选择的外资企业的福利改善空间有所差异。第六章发展了一个要素资源误置引致福利损失测度的模型，定义资源误置引致的福利损失为潜在产出缺口，即实际产出与帕累托最优配置情形下潜在产出的差额。通过对中国制造业数据进行分析，发现劳动要素在制造业两位数代码产业内、产业间均存在不同程度的配置扭曲。对制造业整体来说，劳动要素向"正确"的方向流动一单位，将给每个企业平均带来 12041—13426 元的福利改善。样本考察期间，劳动要素的边际产品价值增长快于工资率增长，已经扭曲的劳动要素配置状况进一步恶化。第七章的研究结论表明，外资的进入会影响劳动要素的配置，但影响方向和程度因外资企业的市场选择行为而异。与出口导向型外资企业相比，市场导向型外资企业的劳动要素边际产出较高、产出缺口更大且逐年增长。

第五，中国需要市场开放、需要外资竞争，外资进入门槛降低是大势所趋，但市场开放具有层次性，市场开放对不同层面的产业冲击影响亦有所区别。同时应构建恰当的监管机制，协调外资政策与产业政策及反垄断政策的潜在冲突。第八章利用中国加入 WTO 这一天然实验，发现大规模的市场开放在带来竞争活力的同时也输入了垄断势力，出现新时期的"马歇尔冲突"难题，如何既有效利用外资，又可以降低外资垄断势力带来的风险，是摆在我们面前的一大难题。

第二节　外资监管政策与启示

对外资的监管是各个国家对外经济政策的一个重要方面，即便在市场经济发达的欧美国家，对外资的进入和运营也有各式各样的限定。中国作为最大的发展中国家和新兴经济体，改革开放后30多年高速经济增长与外资企业在中国的活动是密不可分的。在建立市场经济体系过程中，应当从制度上防范外资进入带来的各种负面影响，从数量和质量上优化外资的利用。

一 外资监管是一个多目标和综合性的政策体系

外资的监管政策，绝不是孤立的。现实中吸引外资的政策可能和现有的一些经济政策存在潜在冲突，合理制定外资政策，保持外资政策与其他政策的兼容性，从而形成一个外资监管的政策体系。

第一，注重外资政策、产业政策与反垄断政策的协调。目前制造业外资比重在33%左右，仍处于本研究提出的U形曲线的下行方向，外资促进竞争的效应占主导，可以判定近期外资政策的基本方向应当仍然是鼓励投资。但吸引外资不是越多越好，FDI在进入初始阶段促进竞争作用占主导，但随着竞争中低效率企业的退出，FDI最终会表现出反竞争效应，从而进入U形曲线的上升通道。根据测算结果，外资比重在47.3%以下时，外资的竞争性特征才能表现出来，因此控制外资进入规模仍是有必要的。之前的外资政策，基本出发点是尽可能多地吸引外资，但量化政策下的外资企业，可能带来的是垄断地位的延伸，本研究的实证结果为FDI的反竞争性提供了证据。还有观点认为，要发展壮大本土产业，除制定产业政策外，还需要放宽外资进入限制，引进外资加强竞争。这一观点需要重新审视，忽视了外资的反竞争效应而盲目引入外资以期带来本土产业的良性竞争和发展，最终则可能会"揠苗助长"，让具有垄断势力的外商企业得以在本土市场拓展其市场势力。在制造业转型和升级的过程中，外资政策、产业政策和反垄断政策关系的协调意义重大。

第二，外资政策与就业政策的协调。吸引外资政策与促进就业政策并不总是一致的，第七章的研究结论表明，出口导向型外资企业促进低技能工人就业的能力更高，市场导向型外资企业倾向于多使用资本来代替劳动。在失业率水平较高的情况下，解决失业问题是当务之急，此时外资政策应注重吸引能够充分使用劳动力的出口导向型企业；当失业率水平下降，外资政策应调整到吸引市场导向型外资企业上来。这种政策方向的转变并不存在地域上的冲突，比如在劳动力成本逐渐提高的东南沿海地区，外资政策应以吸引市场导向型企业为主；中西部劳动力成本较低的地区，外资政策应以吸引出口导向型外资企业为主。外资政策应当兼顾就业政策，需要平衡协调，才能保证外资企业促进经济增长和促进就业目标的实现。

第三，吸引外资要防范其带来的负向影响。研究结果提供了证据显示 FDI 存在反竞争效应，如果没有相应的管制体系，外资进入最终会降低消费者剩余，增大无谓损失。在我们识别的 FDI 具有反竞争效应的三个行业中，1999—2010 年，因为 FDI 的反竞争效应，给这三个产业带来的福利损失高达 2407.44 亿元。如果对这些产业外资的进入适当管制，可以增加近 2500 亿元的社会福利。如果外资比重扩大到 U 形曲线右侧，反竞争效应占主导时，社会福利的损失将进一步增大。因此，制定一套外资反竞争效应的监管机制尤为重要。

第四，对外资的监管政策应考虑外部市场环境的变化。金融危机对制造业造成了冲击，由于制造业整体面临外部需求下降，部分外资也因为逐渐上升的用人成本而撤离中国。第三章的研究结果显示，本次金融危机后，制造业市场势力明显下降，外资对制造业的竞争效应也不再那么明显。这给我们的启示是，外资的管制政策需要根据外部市场环境变化予以调整。在经济活跃期，产业市场势力溢价水平较高，外资更容易参与市场，此时可以采取稍严格的外资进入管制；而在经济衰退期，市场势力倾向于降低，外资参与市场的程度有所减弱，因此对外资的管制可以适当放松以活跃经济。根据外部市场环境和经济周期的变化修正外资监管政策是必要的。

此外，应重新审视外部需求变动、外资撤离和劳动要素流动的关系。金融危机以来，长三角、珠三角许多代工厂因外资迁移到劳动力更便宜的东南亚国家而纷纷倒闭。本研究的实证结论提供了一个解释：出口导向型外企劳动要素配置优化带来的福利改善空间小，外部需求变动对出口导向型外资企业的劳动要素流动影响更大。外部需求变动带来的影响因外资企业的市场选择而异，是政策制定时需要考虑的因素之一。

二　异质性条件下的外资需分类监管并合理引导

鉴于外资来源存在异质性、外资企业组织形式存在内生性以及本土企业的异质性特征，对外资的监管宜采取分类、引导和干预措施，从而最大化外资企业的生产率溢出。

第一，外资来源于哪里是外资政策制定时需要考虑的因素之一。首先，研究结果支持港、澳、台资企业生产率外溢效应较大的结论，说明总体层面上我们应当加强"华人、华侨"资本的引进，文化差异较小利于内外资企业的交流；其次，外资企业可能将其垄断地位延伸至国内市场

（陈甬军、杨振，2012），西方外资进入导致内资私营企业生产率下降便是其中证据之一；最后，西方外资势力可能需要国有企业来抗衡，在某些情况下，国企可能会从西方外资企业中受益更多。

第二，外资政策应考虑对不同行业外资企业组织形式的引导、干预和限定。当前外资政策的重要文件中，《外商投资产业指导目录》对外资企业组织形式的限定可能是出于资源可持续发展、产业战略和安全层面的考虑，比如有些产业不允许外商独资经营。事实上，出于效率和生产率外溢的考虑，也应当引导、干预和限定外资企业的经营组织形式，并且，对西方外资和港、澳、台资本可以采用不同的标准。这将是完善我国外资利用政策的一个重要措施。

第三，从外资管制角度来看，对外资实施分类管制可能更有效率。中国的市场化进程离不开外资对内资企业产生的竞争压力，但随着外资深入制造业的方方面面，来源于西方、采取独资形式的外资企业应当成为管制的重点。对于港、澳、台资企业，则可视情况放松管制。港、澳、台资的进入在培育中国中小企业、提升中小企业生产率水平和竞争力方面的贡献要大于西方外资企业。同时，如王成岐等（2006）指出的，港、澳、台资企业还带来了传统体制下最缺乏的企业家精神。

第四，来源异质性外资与不同所有制内资企业的组合将产生不同的合作效率。第四章的实证结果大致给出了一个"外资来源 + 不同所有制内资企业"组合的效率框架。一般地，西方外资企业与国有企业的合资或合作效率较高，港、澳、台资企业与私营企业的合资或合作效率较高。在制定引资政策时，这个效率溢出组合策略可以作为一个参考标准。

三　外资监管职能部门构建与监管法律体系完善

在一些产业中，外资的进入已经构成了对产业垄断的态势，从而带来了产业安全的隐患，对外资进入的监管应当提升到保障产业安全的高度上。事实上，同其他发展中国家外资进入管制相比，中国对外资进入的实际限制要更宽泛。[①] 但同欧美发达国家相比，中国对外资的监管则显得不透明，主要原因在于中国缺乏明确的外资监管职能部门和完善的法律监管框架。

第一，关于外资监管职能部门的构建，应当成立一个专门对外资各项

---

① 美国商务部对此颇有怨言，认为中国对外资的限制比美国海外投资委员会对外资的限制更宽泛。

活动进行监管的部门。目前，中国没有一个专门的部门实施外资的监管，外资监管呈现出多头领导的特征。其中，涉及的主要职能部门有国家发展和改革委员会、商务部、国家国有资产管理委员会、国家工商总局、国家外汇管理局以及其他行业性的监管部门（如证监会等）。美国的经验给我们提供了一个很好的借鉴。

美国于1975年成立了一个专门监管外资各项活动的部门——美国海外投资委员会（The Committee on Foreign Investment in the United States），该委员会人员构成来自16个职能部门，包括国务院、国防部、商务部、国土安全部等部门。美国总统拥有对外资审查的权力，但通常将此权力授予该委员会。该委员会的主要职能有四个方面：（1）分析美国外资活动的趋势及重大发展；（2）对外国政府的投资项目提供指导；（3）对可能损害美国国家利益的外资活动进行评估和审查；（4）如果需要，提供新的外资监管措施和管制法案。

表9-1　美国海外投资委员会关于外资并购审查案件的处理

年度	并购审查申请	法律审查	通知撤资	总统裁决
1988	14	1	0	1
1989	204	5	2	3
1990	295	6	2	4
1991	152	1	0	1
1992	106	2	1	1
1993	82	0	0	0
1994	69	0	0	0
1995	81	0	0	0
1996	55	0	0	0
1997	62	0	0	0
1998	65	2	2	0
1999	79	0	0	0
2000	72	1	0	1
2001	55	1	1	0
2002	43	0	0	0
2003	41	2	1	1

续表

年度	并购审查申请	法律审查	通知撤资	总统裁决
2004	53	2	2	0
2005	65	2	2	0
2006	111	7	19	2
2007	138	6	15	0
2008	155	23	23	0
2009	65	25	7	0
2010	93	35	12	0
总计	2155	121	89	14

资料来源：Graham，Edward M.，David M. Marchick，*US National Security and Foreign Direct Investment*，Peterson Institute，May 2006，p. 57.

以外资并购为例，如果一项交易涉及外国企业对本土企业的并购，应事先通知美国海外投资委员会，如果交易进行前没有事先通知，委员会仍有权利对交易进行监管。该委员会接到通知后 30 天内公布审核结果，若需要进行进一步法律审查的，审查开始 45 天内委员会要裁定允许并购还是撤资。① 如表 9 – 1 所示，美国海外投资委员会关于外资并购的审查情况显示，大部分的外资并购审查在承诺的 30 天之内进行，但自金融危机以来，美国对外资并购的审查趋紧，对大量的企业进行为期 45 天的法律审查。

中国在外资监管部门的设置上做了初步尝试，2011 年 2 月 3 日，国务院办公厅发布了《国务院办公厅关于建立外国投资者并购境内企业安全审查制度的通知》，其中建立外国投资者并购境内企业安全审查部际联席会议制度的想法与美国设置的海外投资委员会有一致性。但以制度形式设置的会议，其效果和效力可能不如单独设置外资监管部门。因此，未来对外资的监管，还应当向独立的外资监管部门设置方向努力。

第二，关于外资监管法律体系的完善，应当加强外资进入、并购以及业务经营范围的法律和法规体系。事实上，中国也有关于外资并购审查的法规，但是监管部门不唯一。关于外资并购内资企业的安全审查，早在 2006 年 8 月 8 日，商务部、国有资产管理委员会、国家税务总局、国家

———————————

① 事实上，很少有并购交易需要进行为期 45 天的法律审查。

工商总局、证监会、外管局六部委就发布了《关于外国投资者并购境内企业的规定》，其中就有关于对关键行业和企业并购的相关规定。2008 年实施的《中华人民共和国反垄断法》中关于外资并购内资企业的表述则十分含糊，其中第三十一条规定："对外资并购境内企业或者以其他方式参与经营者集中，涉及国家安全的，除依照本法规定进行经营者集中审查外，还应当按照国家有关规定进行国家安全审查。"而国家有关规定指代什么，该法并没有指出。

此外，还有一些零散的关于外资并购和审查的制度，但缺乏一个完整的法律体系。如国务院办公厅发布了《国务院办公厅关于建立外国投资者并购境内企业安全审查制度的通知》、商务部发布了《商务部实施外国投资者并购境内企业安全审查制度的规定》等。

外资监管职能部门的建立与监管法律体系的完善，将促进中国合理利用外国资本的效率，发挥外资对中国经济的促进作用，抑制外资进入带来的负面效应，也是长期内协调外资进入与本国经济发展的重要制度性保障。

四　外资监管需应对现实挑战并进行策略性调整

随着中国开放型经济新体系的深入构建，开放外资监管已成必然之势。但与此同时，葛兰素史克商业贿赂、外资车企反垄断等事件表明外资企业对中国产业安全和竞争秩序仍存在重大影响，监管仍属必要。在此背景下，外资监管审查体系亟待调整，应扩大外资监管审查部际联席会议的协商和决策范围、设置独立的外资监管审查委员会、组建外资监管审查委员会下独立的法学家和经济学家队伍，共同服务于对外资影响国家和产业安全的评估和审查。

（一）外资监管面临的新形势与重大挑战

外资准入制度正发生重大转变。随着自贸区战略的有序实施，我国的外资准入制度正在发生系统性和制度性改变。"肯定列表"式的外资准入制度正全面让位于"负面清单"式的外资准入制度，这种转变实质上扩大了外资可进入的范围和领域，拓展了外资竞争的产业空间，也相应提升了监管要求。当前产业技术革新速度加快，一些影响国家安全和经济命脉发展的新技术、新产业未必能及时列入"负面清单"。因此，负面清单管理制度对外资活动的监管要求大幅提升。而新技术、新产业是我国产业升级的主要动力和方向，外资企业容易在这些领域凭借其在国外的垄断地位以限制竞争。

内外资企业市场地位趋于一致。内外资企业所适用的法律体系逐步统一，市场竞争规则逐渐完善且更加公平，"准入前国民待遇"的实施使市场主体地位差异将逐步消失。内外资企业身份趋同的改变，给我国的外资政策和产业升级带来两方面重要影响：一是外资"超国民"优惠政策的取消在一定程度上降低了我国对外资的吸引力，可能导致外资的跨境产业转移。在我国产业没有成功转型升级之前的外资撤离，可能延缓我国产业技术升级的速度。但毫无疑问，这为外资政策由"引量"向"引质"转变提供了一个重要窗口时机，提高外资质量监管是当前必须应对的重要挑战。二是内外资企业享受同样优惠政策的前提下，对国内弱质产业的保护难度加大，政府难以再出台专门针对内资企业的产业升级系列优惠政策。于是政府对外资的监管存在两难选择：放松外资监管，全面增加优惠政策，本土企业可能在竞争中失利；加强外资监管，全面减少优惠政策，也同时抑制了本土企业的成长。外资监管适度性不易把握，监管难度不断加大，这也要求我们提高对外资的监管能力。

外资监管与产业政策协调难度加大。开放条件下，外资政策与产业政策（如产业升级与反垄断政策）之间的协调难度进一步加大。限制外资进入、设计产业升级政策导向促使本土企业和产业的技术进步，可能因外资竞争的缺失保护了国内低效率者和既得利益者，封闭型外资政策与产业升级等政策之间存在潜在冲突；而鼓励外资进入、寄希望于依靠外资竞争推动国内产业升级，又可能出现外资垄断国内产业的竞争格局，需要反垄断政策的跟进并加强管制，因而开放型外资政策与反垄断政策之间也存在潜在冲突。现实中，具有垄断势力的企业又大多是与外资相关的企业。于是，大规模运用反垄断规制来规范竞争秩序，容易错误引导外界对我国利用外资政策调整的预期，向外界传递错误和非清晰的政策信号。这些政策之间的协调难度加大，给外资监管的策略性安排带来重大挑战。

（二）外资反竞争效应阻碍我国产业升级

外资反竞争效应识别的现实困境及其主因。自2008年《反垄断法》实施以来，我国管制机构针对反垄断的调查案件中，几乎到处可见外资企业的身影。但对外资企业反竞争行为的识别、认定和监管难度却非常大，主要原因在于：第一，外资企业通常在母国积累了丰富的反垄断合规经验，具有一定的"反侦查"能力。如美国早在1890年就颁布实施了第一部反垄断法《谢尔曼法》，百余年来美国企业防范和应对反垄断指控的经验已经非常丰富，美资跨国公司一般都设有法律和合规部门来协调可能引致反垄断指控的企业行为；第二，我国反垄断执法还缺乏专业的经济分析作为证据支撑，国内对因垄断导致的经济效应及其福利测度还没有一致的方法，还没有固定的经济学家和法学家队伍参与辅助决策；第三，即便认定了外资反竞争行为，对其监管难度也较大。管制机构无法像监管国企一样让外资企业主动承担社会责任并对其进行经济性管制。与国内企业相比，监管机构与外资企业之间的信息不对称问题更严重。基于上述判断，外资反竞争行为对我国产业的影响也是不易觉察和测度的。

外资反竞争行为限制产业升级所需的技术溢出。外资对产业整体控制能力增强，并进一步限制技术向本土企业的溢出。我们的研究表明，行业中的外资市场份额进入47%—54%的区间后，外资将表现出反竞争效应。即外资对产业的垄断和控制能力增强，垄断定价能力大幅提升。以制造业为例，2013年制造业合同外资金额占全国所有合同外资金额的比重高达56.33%，外资已在多个制造业细分子行业中表现出显著的反竞争效应。制造业尤其是高端制造业的发展是我国实现由经济大国向经济强国转变的重要途径，而外资在制造业中的反竞争行为使得技术溢出效应进一步削弱。如汽车制造业中的外资核心技术溢出正在经历这样的困局：一汽集团与德国大众股东双方25年的合资合作协议，被认为付出了市场却没有换来核心技术，而中方要求德方提供大众和奥迪品牌技术换取调整股东持股比例的谈判也一度停滞。

外资反竞争行为固化本土企业产业链低端锁定。外资企业凭借对先进技术的广泛应用提高并攫取低端制造环节的附加值，进一步缩减"纯加工制造"环节的利润。若没有相应的抗衡势力，我国企业可能被低端、深层次锁定，产业升级将更加困难。比如，在互联网、大数据等的应用正在使加工制造环节服务化，基于加工组装环节的附加值变得更低。而国内互联网与大数据的应用才刚刚兴起，中小企业还无法与外资企业的信息化应用能力抗衡。利用新技术促进产业升级，必然要面对外资企业对信息技术竞争的限制。外资在信息技术应用领域的反竞争行为，可能固化本土企业对低端加工环节的依赖。

外资反竞争行为控制产业升级依赖的核心通道。外资对产业链核心和关键环节控制能力正在增强，逐步形成产业链纵向垄断势力。外资的垄断势力从产业整体向产业链的核心和关键环节转移，外资对产业链上下游环节的控制能力正在不断加强。而产业链的上下游环节处于"微笑曲线"的两端，正是我国产业努力升级的方向。外资对上游研发、专利等环节以及下游营销、服务等关键环节的控制，使得我国企业沿着产业链升级的努力被遏制住，也降低了我国企业在产业升级中的垂直渠道整合能力。比如高通凭借其技术专利对手机生产厂商收取不公平的高价专利许可费，因滥用市场支配地位实施排除、限制竞争被罚款 60. 88 亿元人民币；零售巨头沃尔玛则对销售渠道进行控制，利用其市场垄断势力对进场的企业收取"通道费"。外资对零售业的控制甚至引发了一场关于产业安全的辩论。

（三）外资监管审查体系的完善与重构

针对外资监管出现的新形势，考虑到外资竞争对产业安全和产业升级的重大影响，应将外资监管和审查提高到产业安全的战略高度上，适时调整和完善外资监管审查体系。对现有工作机制、部门设置以及决策咨询方式进行构建和完善，更好地服务于我国产业升级。

完善外资反竞争监管、审查和追踪工作机制。外资经营过程中对产业和产业链关键环节的垄断控制值得追踪和监管，应扩大外资监管审查部际联席会议的协商和决策范围，有效做好对外资企业行为的事前、事中和事后监管，并就外资政策、产业政策和反垄断政策之间的潜在冲突进行协调，兼顾外资利用质量、产业良性发展和规范竞争秩序多重目标。考虑设置独立的外资监管审查委员会，加强外资活动对产业安全和产业升级影响的全面审查。独立外资监管审查机构的设立，也是国际通行的做法。如美国1975 年就设立了"美国海外投资委员会"，澳大利亚也设有独立的"外资审查委员会"，日本则在财政部设立"外资审议会"行使这一职能。我国对外资审查虽有制度性规定，但没有一个独立、权威的常设机构执行审查任务，设立外资监管审查委员会能够更好地兼顾政治和经济安全双重目标。

加强外资反竞争效应的经济分析与法律溯源。组建外资监管审查委员会下独立的法学家和经济学家队伍，协助甄别和认定外资的反竞争行为。外资企业的反竞争效应需要法学家和经济学家的推定和分析，才能判断外资对市场垄断和产业链的垄断行为。法学家和经济学家团队服务于国家安全、产业安全和反垄断审查，也早已成为发达国家的普遍做法。我国亟须组建稳定的法学家和经济学家队伍，服务于外资监管审查委员会，提高外资监管和审查决策的科学性和有效性。

规制外资反竞争以疏通我国产业升级的通道。通过合理运用反垄断这一"经济宪法"，优化内外资企业的竞争和合作关系。在产业升级的技术动力支撑方面，为内外资企业技术性合作搭建公平的竞合平台；在产业升级的低端锁定方面，鼓励企业运用信息技术对传统产业进行改造，充分利用互联网、大数据和云计算等先进的技术与算法抢占智能制造的制高点；在产业升级的路径优化方面，打破外资企业对关键环节的纵向渠道控制，提高内资企业的产业链垂直整合能力。通过规制外资反竞争行为以创造良好的竞争环境，我国的产业升级步伐将不再沉重。

第三节　研究展望

外资进入中国已有很久的历史，但近几年来出现了两个比较重要的趋势，这可能将对学界考察外资进入的市场效应产生影响。第一个重要的趋势是外资利用的规模可能发生变动。随着中国低成本劳动力的终结，外资实际利用额整体规模存在下降的压力。数据显示，2012 年中国实际使用外资金额为 1117.2 亿美元，同比下降了 3.7%，是自 2009 年以来的首次年度下降。实际利用外资下降，对中国经济将带来什么样的影响？外资进入与外资的撤离对中国经济的影响可能并不是对称的，中国经济发展是否对"外资带动经济发展模式"产生路径依赖？第二个重要的趋势是外资利用的结构可能发生变化。中国利用外资的一个重要特点是制造业中外资的大量进入，但金融危机发生后，中国利用外资的结构发生了一些显著的变化，表现为传统制造业利用外资规模下降，而高端制造业中外资利用规模则上升，同时，2011 年以来，服务业利用外资的规模开始超过制造业。产业间外资利用结构变化是否与我国经济发展方式的调整存在显著关系？服务业中外资的垄断和竞争效应与制造业中外资的垄断和竞争效应可能存在质的差异，而基于制造业构造的生产函数，并不能直接套用在服务业中。因此，测度外资进入对中国服务业的垄断和竞争效应，可能需要重新构造生产函数及其架构。

从产业层面评估外资进入的效应，还有两个非常重要的内容需要在今后的研究中进行分析。第一，外资进入是否加速了产业升级？从价值链角度来讲，外资在中国市场的活动多体现在附加价值较低的生产加工环节，在外资利用过程中，本土企业可能享受到了外资的技术溢出和生产率溢出，这个过程是否有助于中国产业升级，需要进一步的经验证据。第二，本土产业的市场结构如何影响外资的进入？现有文献多集中于考察外资进入对中国产业结构的影响，事实上，东道国产业结构、市场竞争特征可能影响了外资进入的速度和规模。比如，在一个进入壁垒较高、市场呈垄断特征的产业，外资进入将比较困难，能够进入该市场的外资企业通常规模较大；在一个低进入壁垒、市场竞争较充分的产业，外资进入则相对容易，外资企业进入更迅速、规模可能更小。对这个问题的计量，还有一个重要的意义：若经验证据表明市场结构特征影响外资进入的规模和速度，那么，现有分析外资进入对产业结构影响而没有考虑外资进入内生性问题的文献，将普遍面临着估计偏误的批判。

现实经济运行情况下的外资政策制定可能要综合考虑多种因素，比如当评价外资政策是好还是坏时，需要确定研究的立场问题，对中国来说是好的外资政策，可能给其他国家带来竞争，这意味着从世界范围内来看外资政策存在一个国际协调问题。同样，对不同外资实施标准不同的监管又涉嫌公平性问题，后续研究将在外资监管的国际经验、国际协调与公平性问题等方面继续深入研究这些问题。

附　录

附录1　工业行业代码及名称①

行业代码	行业类别名称	行业代码	行业类别名称	行业代码	行业类别名称
06	煤炭开采和洗选业	0912	铅锌矿采选	0933	放射性金属矿采选
0610	烟煤和无烟煤的开采洗选	0913	镍钴矿采选	0939	其他稀有金属矿采选
0620	褐煤的开采洗选	0914	锡矿采选	10	非金属矿采选业
0690	其他煤炭采选	0915	锑矿采选	1011	石灰石、石膏开采
07	石油和天然气开采业	0916	铝矿采选	1012	建筑装饰用石开采
0710	天然原油和天然气开采	0917	镁矿采选	1013	耐火土石开采
0790	与石油和天然气开采有关的服务活动	0919	其他常用有色金属矿采选	1019	黏土及其他土砂石开采
08	黑色金属矿采选业	0921	金矿采选	1020	化学矿采选
0810	铁矿采选	0922	银矿采选	1030	采盐
0890	其他黑色金属矿采选	0929	其他贵金属矿采选	1091	石棉、云母矿采选
09	有色金属矿采选业	0931	钨钼矿采选	1092	石墨、滑石采选
0911	铜矿采选	0932	稀土金属矿采选	1093	宝石、玉石开采

---

① 资料来源：本代码表依据国家统计局"国民经济行业分类与代码 GBT4754—2002"整理。

行业代码	行业类别名称	行业代码	行业类别名称	行业代码	行业类别名称
1099	其他非金属矿采选	1370	蔬菜、水果和坚果加工	1453	蔬菜、水果罐头制造
11	其他采矿业	1391	淀粉及淀粉制品的制造	1459	其他罐头食品制造
1100	其他采矿业	1392	豆制品制造	1461	味精制造
13	农副食品加工业	1393	蛋品加工	1462	酱油、食醋及类似制品制造
1310	谷物磨制	1399	其他未列明的农副食品加工	1469	其他调味品、发酵制品制造
1320	饲料加工	14	食品制造业	1491	营养、保健食品制造
1331	食用植物油加工	1411	糕点、面包制造	1492	冷冻饮品及食用冰制造
1332	非食用植物油加工	1419	饼干及其他焙烤食品制造	1493	盐加工
1340	制糖	1421	糖果、巧克力制造	1494	食品及饲料添加剂制造
1351	畜禽屠宰	1422	蜜饯制作	1499	其他未列明的食品制造
1352	肉制品及副产品加工	1431	米、面制品制造	15	饮料制造业
1361	水产品冷冻加工	1432	速冻食品制造	1510	酒精制造
1362	鱼糜制品及水产品干腌制加工	1439	方便面及其他方便食品制造	1521	白酒制造
1363	水产饲料制造	1440	液体乳及乳制品制造	1522	啤酒制造
1364	鱼油提取及制品的制造	1451	肉、禽类罐头制造	1523	黄酒制造
1369	其他水产品加工	1452	水产品罐头制造	1524	葡萄酒制造

续表

行业代码	行业类别名称	行业代码	行业类别名称	行业代码	行业类别名称
1529	其他酒制造	1722	毛纺织	1763	丝针织品及编织品制造
1531	碳酸饮料制造	1723	毛染整精加工	1769	其他针织品及编织品制造
1532	瓶（罐）装饮用水制造	1730	麻纺织	18	纺织服装、鞋、帽制造业
1533	果菜汁及果菜汁饮料制造	1741	缫丝加工	1810	纺织服装制造
1534	含乳饮料和植物蛋白饮料制造	1742	绢纺和丝织加工	1820	纺织面料鞋的制造
1535	固体饮料制造	1743	丝印染精加工	1830	制帽
1539	茶饮料及其他软饮料制造	1751	棉及化纤制品制造	19	皮革、毛皮、羽毛（绒）及其制造业
1540	精制茶加工	1752	毛制品制造	1910	皮革鞣制加工
16	烟草制品业	1753	麻制品制造	1921	皮鞋制造
1610	烟叶复烤	1754	丝制品制造	1922	皮革服装制造
1620	卷烟制造	1755	绳、索、缆的制造	1923	皮箱、包（袋）制造
1690	其他烟草制品加工	1756	纺织带和帘子布制造	1924	皮手套及皮装饰制造品制造
17	纺织业	1757	无纺布制造	1929	其他皮革制品制造
1711	棉、化纤纺织加工	1759	其他纺织制成品制造	1931	毛皮鞣制加工
1712	棉、化纤印染精加工	1761	棉、化纤针织品及编织品制造	1932	毛皮服装加工
1721	毛条加工	1762	毛针织品及编织品制造	1939	其他毛皮制品加工

续表

行业代码	行业类别名称	行业代码	行业类别名称	行业代码	行业类别名称
1941	羽毛（绒）加工	2130	金属家具制造	24	文教体育用品制造业
1942	羽毛（绒）制品加工	2140	塑料家具制造	2411	文具制造
20	木材加工及木、竹、藤、棕、草制品业	2190	其他家具制造	2412	笔的制造
2011	锯材加工	22	造纸及纸制品业	2413	教学用模型及教具制造
2012	木片加工	2210	纸浆制造	2414	墨水、墨汁制造
2021	胶合板制造	2221	机制纸及纸板制造	2419	其他文化用品制造
2022	纤维板制造	2222	手工纸制造	2421	球类制造
2023	刨花板制造	2223	加工纸制造	2422	体育器材及配件制造
2029	其他人造板、材制造	2231	纸和纸板容器的制造	2423	训练健身器材制造
2031	建筑用木料及木材组件加工	2239	其他纸制品制造	2424	运动防护用具制造
2032	木容器制造	23	印刷业和记录媒介的复制	2429	其他体育用品制造
2039	软木制品及其他木制品制造	2311	书、报、刊印刷	2431	中乐器制造
2040	竹、藤、棕、草制品制造	2312	本册印刷	2432	西乐器制造
21	家具制造业	2319	包装装潢及其他印刷	2433	电子乐器制造
2110	木质家具制造	2320	装订及其他印刷服务活动	2439	其他乐器及零件制造
2120	竹、藤家具制造	2330	记录媒介的复制	2440	玩具制造

续表

行业代码	行业类别名称	行业代码	行业类别名称	行业代码	行业类别名称
2451	露天游乐场所游乐设备制造	2624	复混肥料制造	2663	林产化学产品制造
2452	游艺用品及室内游艺器材制造	2625	有机肥料及微生物肥料制造	2664	炸药及火工产品制造
25	石油加工、炼焦及核燃料加工业	2629	其他肥料制造	2665	信息化学品制造
2511	原油加工及石油制品制造	2631	化学农药制造	2666	环境污染处理专用药剂材料制造
2512	人造原油生产	2632	生物化学农药及微生物农药制造	2667	动物胶制造
2520	炼焦	2641	涂料制造	2669	其他专用化学产品制造
2530	核燃料加工	2642	油墨及类似产品制造	2671	肥皂及合成洗涤剂制造
26	化学原料及化学制品制造业	2643	颜料制造	2672	化妆品制造
2611	无机酸制造	2644	染料制造	2673	口腔清洁用品制造
2612	无机碱制造	2645	密封用填料及类似品制造	2674	香料、香精制造
2613	无机盐制造	2651	初级形态的塑料及合成树脂制造	2679	其他日用化学产品制造
2614	有机化学原料制造	2652	合成橡胶制造	27	医药制造业
2619	其他基础化学原料制造	2653	合成纤维单（聚合）体的制造	2710	化学药品原药制造
2621	氮肥制造	2659	其他合成材料制造	2720	化学药品制剂制造
2622	磷肥制造	2661	化学试剂和助剂制造	2730	中药饮片加工
2623	钾肥制造	2662	专项化学用品制造	2740	中成药制造

行业代码	行业类别名称	行业代码	行业类别名称	行业代码	行业类别名称
2750	兽用药品制造	2930	橡胶零件制造	31	非金属矿物制品业
2760	生物、生化制品的制造	2940	再生橡胶制造	3111	水泥制造
2770	卫生材料及医药用品制造	2950	日用及医用橡胶制品制造	3112	石灰和石膏制造
28	化学纤维制造业	2960	橡胶靴鞋制造	3121	水泥制品制造
2811	化纤浆粕制造	2990	其他橡胶制品制造	3122	砼结构构件制造
2812	人造纤维（素纤维）制造	30	塑料制品业	3123	石棉水泥制品制造
2821	锦纶纤维制造	3010	塑料薄膜制造	3124	轻质建筑材料制造
2822	涤纶纤维制造	3020	塑料板、管、型材的制造	3129	其他水泥制品制造
2823	腈纶纤维制造	3030	塑料丝、绳及编织品的制造	3131	黏土砖瓦及建筑砌块制造
2824	维纶纤维制造	3040	泡沫塑料制造	3132	建筑陶瓷制品制造
2829	其他合成纤维制造	3050	塑料人造革、合成革制造	3133	建筑用石加工
29	橡胶制品业	3060	塑料包装箱及容器制造	3134	防水建筑材料制造
2911	车辆、飞机及工程机械轮胎制造	3070	塑料零件制造	3135	隔热和隔音材料制造
2912	力车胎制造	3081	塑料鞋制造	3139	其他建筑材料制造
2913	轮胎翻新加工	3082	日用塑料杂品制造	3141	平板玻璃制造
2920	橡胶板、管、带的制造	3090	其他塑料制品制造	3142	技术玻璃制品制造

续表

行业代码	行业类别名称	行业代码	行业类别名称	行业代码	行业类别名称
3143	光学玻璃制造	32	黑色金属冶炼及压延加工业	3329	其他贵金属冶炼
3144	玻璃仪器制造	3210	炼铁	3331	钨钼冶炼
3145	日用玻璃制品及玻璃包装容器制造	3220	炼钢	3332	稀土金属冶炼
3146	玻璃保温容器制造	3230	钢压延加工	3339	其他稀有金属冶炼
3147	玻璃纤维及制品制造	3240	铁合金冶炼	3340	有色金属合金制造
3148	玻璃纤维增强塑料制品制造	33	有色金属冶炼及压延加工业	3351	常用有色金属压延加工
3149	其他玻璃制品制造	3311	铜冶炼	3352	贵金属压延加工
3151	卫生陶瓷制品制造	3312	铅锌冶炼	3353	稀有稀土金属压延加工
3152	特种陶瓷制品制造	3313	镍钴冶炼	34	金属制品业
3153	日用陶瓷制品制造	3314	锡冶炼	3411	金属结构制造
3159	园林、陈设艺术及其他陶瓷制品制造	3315	锑冶炼	3412	金属门窗制造
3161	石棉制品制造	3316	铝冶炼	3421	切削工具制造
3162	云母制品制造	3317	镁冶炼	3422	手工具制造
3169	耐火陶瓷制品及其他耐火材料制造	3319	其他常用有色金属冶炼	3423	农用及园林用金属工具制造
3191	石墨及碳素制品制造	3321	金冶炼	3424	刀剪及类似日用金属工具制造
3199	其他非金属矿物制品制造	3322	银冶炼	3429	其他金属工具制造

续表

行业代码	行业类别名称	行业代码	行业类别名称	行业代码	行业类别名称
3431	集装箱制造	3499	其他未列明的金属制品制造	3543	阀门和旋塞的制造
3432	金属压力容器制造	35	通用设备制造业	3544	液压和气压动力机械及元件制造
3433	金属包装容器制造	3511	锅炉及辅助设备制造	3551	轴承制造
3440	金属丝绳及其制品的制造	3512	内燃机及配件制造	3552	齿轮、传动和驱动部件制造
3451	建筑、家具用金属配件制造	3513	汽轮机及辅机制造	3560	烘炉、熔炉及电炉制造
3452	建筑装饰及水暖管道零件制造	3514	水轮机及辅机制造	3571	风机、风扇制造
3453	安全、消防用金属制品制造	3519	其他原动机制造	3572	气体、液体分离及纯净设备制造
3459	其他建筑、安全用金属制品制造	3521	金属切削机床制造	3573	制冷、空调设备制造
3460	金属表面处理及热处理加工	3522	金属成形机床制造	3574	风动和电动工具制造
3471	工业生产配套用搪瓷制品制造	3523	铸造机械制造	3575	喷枪及类似器具制造
3472	搪瓷卫生洁具制造	3524	金属切割及焊接设备制造	3576	包装专用设备制造
3479	搪瓷日用品及其他搪瓷制品制造	3525	机床附件制造	3577	衡器制造
3481	金属制厨房调理及卫生器具制造	3529	其他金属加工机械制造	3579	其他通用设备制造
3482	金属制厨房用皿及餐具制造	3530	起重运输设备制造	3581	金属密封件制造
3489	其他日用金属制品制造	3541	泵及真空设备制造	3582	紧固件、弹簧制造
3491	铸币及贵金属制实验室用品制造	3542	气体压缩机械制造	3583	机械零部件加工及设备修理

续表

行业代码	行业类别名称	行业代码	行业类别名称	行业代码	行业类别名称
3589	其他通用零部件制造	3631	食品、饮料、烟草工业专用设备制造	3662	电子工业专用设备制造
3591	钢铁铸件制造	3632	农副食品加工专用设备制造	3663	武器弹药制造
3592	锻件及粉末冶金制品制造	3633	饲料生产专用设备制造	3669	航空、航天及其他专用设备制造
36	专用设备制造业	3641	制浆和造纸专用设备制造	3671	拖拉机制造
3611	采矿、采石设备制造	3642	印刷专用设备制造	3672	机械化农业及园艺机具制造
3612	石油钻采专用设备制造	3643	日用化工专用设备制造	3673	营林及木竹采伐机械制造
3613	建筑工程用机械制造	3644	制药专用设备制造	3674	畜牧机械制造
3614	建筑材料生产专用机械制造	3645	照明器具生产专用设备制造	3675	渔业机械制造
3615	冶金专用设备制造	3646	玻璃、陶瓷和搪瓷制品生产专用设备制造	3676	农、林、牧、渔业机械配件制造
3621	炼油、化工生产专用设备制造	3649	其他日用品生产专用设备制造	3679	其他农、林、牧、渔业机械制造及机械修理
3622	橡胶加工专用设备制造	3651	纺织专用设备制造	3681	医疗诊断、监护及治疗设备制造
3623	塑料加工专用设备制造	3652	皮革、皮毛及其制品加工专用设备制造	3682	口腔科用设备及器具制造
3624	木材加工机械制造	3653	缝纫机械制造	3683	实验室及医用消毒设备和器具的制造
3625	模具制造	3659	其他服装加工专用设备制造	3684	医疗、外科及兽医用器械制造
3629	其他非金属加工专用设备制造	3661	电工机械专用设备制造	3685	机械治疗及病房护理设备制造

续表

行业代码	行业类别名称	行业代码	行业类别名称	行业代码	行业类别名称
3686	假肢、人工器官及植（介）入器械制造	3721	汽车整车制造	3761	飞机制造及修理
3689	其他医疗设备及器械制造	3722	改装汽车制造	3763	航天器制造
3691	环境污染防治专用设备制造	3723	电车制造	3769	其他飞行器制造
3692	地质勘查专用设备制造	3724	汽车车身、挂车的制造	3791	潜水及水下救捞设备制造
3693	邮政专用机械及器材制造	3725	汽车零部件及配件制造	3792	交通管理用金属标志及设施制造
3694	商业、饮食、服务业专用设备制造	3726	汽车修理	3799	其他交通运输设备制造
3695	社会公共安全设备及器材制造	3731	摩托车整车制造	39	电气机械及器材制造业
3696	交通安全及管制专用设备制造	3732	摩托车零部件及配件制造	3911	发电机及发电机组制造
3697	水资源专用机械制造	3741	脚踏自行车及残疾人座车制造	3912	发动机制造
3699	其他专用设备制造	3742	助动自行车制造	3919	微电机及其他电机制造
37	交通运输设备制造业	3751	金属船舶制造	3921	变压器、整流器和电感器制造
3711	铁路机车车辆及动车组制造	3752	非金属船舶制造	3922	电容器及其配套设备制造
3712	工矿有轨专用车辆制造	3753	娱乐船和运动船的建造和修理	3923	配电开关控制设备制造
3713	铁路机车车辆配件制造	3754	船用配套设备制造	3924	电力电子元器件制造
3714	铁路专用设备及器材、配件制造	3755	船舶修理及拆船	3929	其他输配电及控制设备制造
3719	其他铁路设备制造及设备修理	3759	航标器材及其他浮动装置的制造	3931	电线、电缆制造

续表

行业代码	行业类别名称	行业代码	行业类别名称	行业代码	行业类别名称
3932	光纤、光缆制造	3979	灯用电器附件及其他照明器具制造	4051	电子真空器件制造
3933	绝缘制品制造	3991	车辆专用照明及电气信号设备装置制造	4052	半导体分立器件制造
3939	其他电工器材制造	3999	其他未列明的电气机械制造	4053	集成电路制造
3940	电池制造	40	通信设备、计算机及其他电子设备制造业	4059	光电子器件及其他电子器件制造
3951	家用制冷电器具制造	4011	通信传输设备制造	4061	电子元件及组件制造
3952	家用空气调节器制造	4012	通信交换设备制造	4062	印刷电路板制造
3953	家用通风电器具制造	4013	通信终端设备制造	4071	家用影视设备制造
3954	家用厨房电器具制造	4014	移动通信及终端设备制造	4072	家用音响设备制造
3955	家用清洁卫生电器具制造	4019	其他通信设备制造	4090	其他电子设备制造
3956	家用美容、保健电器具制造	4020	雷达及配套设备制造	41	仪器仪表及文化、办公用机械制造业
3957	家用电力器具专用配件制造	4031	广播电视节目制作及发射设备制造	4111	工业自动控制系统装置制造
3959	其他家用电力器具制造	4032	广播电视接收设备及器材制造	4112	电工仪器仪表制造
3961	燃气、太阳能及类似能源器具制造	4039	应用电视设备及其他广播电视设备制造	4113	绘图、计算及测量仪器制造
3969	其他非电力家用器具制造	4041	电子计算机整机制造	4114	实验分析仪器制造
3971	电光源制造	4042	计算机网络设备制造	4115	试验机制造
3972	照明灯具制造	4043	电子计算机外部设备制造	4119	供应用仪表及其他通用仪器制造

续表

行业代码	行业类别名称	行业代码	行业类别名称	行业代码	行业类别名称
4121	环境监测专用仪器仪表制造	4159	其他文化、办公用机械制造	4290	其他未列明的制造业
4122	汽车及其他用计数仪表制造	4190	其他仪器仪表的制造及修理	43	废弃资源和废旧材料回收加工业
4123	导航、气象及海洋专用仪器制造	42	工艺品及其他制造业	4310	金属废料和碎屑的加工处理
4124	农、林、牧、渔专用仪器仪表制造	4211	雕塑工艺品制造	4320	非金属废料和碎屑的加工处理
4125	地质勘探和地震专用仪器制造	4212	金属工艺品制造	44	电力、热力的生产和供应业
4126	教学专用仪器制造	4213	漆器工艺品制造	4411	火力发电
4127	核子及核辐射测量仪器制造	4214	花画工艺品制造	4412	水力发电
4128	电子测量仪器制造	4215	天然植物纤维编织工艺品制造	4413	核力发电
4129	其他专用仪器制造	4216	抽纱刺绣工艺品制造	4419	其他能源发电
4130	钟表与计时仪器制造	4217	地毯、挂毯制造	4420	电力供应
4141	光学仪器制造	4218	珠宝首饰及有关物品的制造	4430	热力生产和供应
4142	眼镜制造	4219	其他工艺美术品制造	45	燃气生产和供应业
4151	电影机械制造	4221	制镜及类似品加工	4500	燃气生产和供应业
4152	幻灯及投影设备制造	4222	鬃毛加工、制刷及清扫工具的制造	46	水的生产和供应业
4153	照相机及器材制造	4229	其他日用杂品制造	4610	自来水的生产和供应
4154	复印和胶印设备制造	4230	煤制品制造	4620	污水处理及其再生利用
4155	计算器及货币专用设备制造	4240	核辐射加工	4690	其他水的处理、利用与分配

附录 2 企业注册类型代码①

注册类型代码	注册类型
100	内资企业
110	国有企业
120	集体企业
130	股份合作企业
140	联营企业
141	国有联营企业
142	集体联营企业
143	国有与集体联营企业
149	其他联营企业
150	有限责任公司
151	国有独资公司
159	其他有限责任公司
160	股份有限公司
170	私营企业
171	私营独资企业
172	私营合伙企业
173	私营有限责任公司
174	私营股份有限公司
190	其他企业
200	港、澳、台商投资企业
210	合资经营企业（港或澳、台资）

① 资料来源：国泰安信息技术有限公司：《国泰安中国非上市公司数据库使用指南》（2011年版），第 19 页。

注册类型代码	注册类型
220	合作经营企业（港或澳、台资）
230	港、澳、台商独资经营企业
240	港、澳、台商投资股份有限公司
300	外商投资企业
310	中外合资经营企业
320	中外合作经营企业
330	外资企业
340	外商投资股份有限公司

参考文献

[1] 卜伟：《我国产业外资控制与对策研究》，《管理世界》2011 年第 5 期。

[2] 蔡昉、王德文、王美艳：《工业竞争力与比较优势——WTO 框架下提高我国工业竞争力的方向》，《管理世界》2003 年第 2 期。

[3] 蔡昉：《中国劳动力市场发育与就业变化》，《经济研究》2007 年第 7 期。

[4] 曾先峰、李国平：《资源再配置与中国工业增长：1985—2007 年》，《数量经济技术经济研究》2011 年第 9 期。

[5] 陈琳、林珏：《外商直接投资对中国制造业企业的溢出效应：基于企业所有制结构的视角》，《管理世界》2009 年第 9 期。

[6] 陈甬军、杨振：《制造业外资进入与市场势力波动：竞争还是垄断》，《中国工业经济》2012 年第 10 期。

[7] 陈甬军、周末：《市场势力与规模效应的直接测度》，《中国工业经济》2009 年第 11 期。

[8] 成力为、孙玮：《我国制造业内外资资本与劳动配置效率差异的实证研究》，《中国软科学》2007 年第 12 期。

[9] 樊纲、王小鲁、马光荣：《中国市场化进程对经济增长的贡献》，《经济研究》2011 年第 9 期。

[10] 方军雄：《市场化进程与资本配置效率的改善》，《经济研究》2006 年第 5 期。

[11] 谷克鉴：《外贸政策同外资政策的宏观协调》，《国际贸易》1993 年第 12 期。

[12] 谷克鉴：《中国利用外资实践的功能评价与战略选择——基于经济与管理学视角的实证描述》，《财贸经济》2005 年第 3 期。

[13] 简泽、张涛、伏玉林：《进口自由化、竞争与本土企业的全要素生

产率——基于中国加入 WTO 的一个自然实验》，《经济研究》2014
年第 8 期。

[14] 简泽：《从国家垄断到竞争：中国工业的生产率增长与转轨特征》，
《中国工业经济》2011 年第 11 期。

[15] 江小涓、李蕊：《FDI 对中国工业增长和技术进步的贡献》，《中国
工业经济》2002 年第 7 期。

[16] 江小涓：《跨国投资、市场结构与外商投资企业的竞争行为》，《经
济研究》2002 年第 9 期。

[17] 金碚、李钢、陈志：《加入 WTO 以来中国制造业国际竞争力的实证
分析》，《中国工业经济》2006 年第 10 期。

[18] 赖俊平：《市场竞争程度与中国工业生产率分布变化》，《产业经济
研究》2012 年第 1 期。

[19] 李国栋：《新实证产业组织理论的方法及应用研究》，博士学位论
文，上海财经大学，2009 年。

[20] 李海舰：《跨国公司进入及其对中国制造业的影响》，《中国工业经
济》2003 年第 5 期。

[21] 李平、简泽、江飞涛：《进入退出、竞争与中国工业部门的生产
率》，《数量经济技术经济研究》2012 年第 9 期。

[22] 李铁立：《外商直接投资技术溢出效应差异的实证分析》，《财贸经
济》2006 年第 4 期。

[23] 李小平、卢现祥：《中国制造业的结构变动和生产率增长》，《世界
经济》2007 年第 5 期。

[24] 刘世锦：《市场开放、竞争与产业进步》，《管理世界》2008 年第
12 期。

[25] 刘伟巍、秦双全：《中国制造业总量生产率增长的来源——基于 PL
方法的分析》，《经济管理》2012 年第 3 期。

[26] 刘忠、袁莎：《市场力量检测的要素模型发展综述》，《经济学动
态》2011 年第 11 期。

[27] 隆娟洁、陈治亚：《不同来源地 FDI 的技术溢出效应》，《系统工
程》2009 年第 4 期。

[28] 鲁晓东、连玉君： 《中国工业企业全要素生产率估计：1999—
2007》，《经济学》（季刊）2012 年第 2 期。

[29] 罗德明、李晔、史晋川:《要素市场扭曲、资源错置与生产率》,《经济研究》2012 年第 3 期。

[30] 毛其淋、盛斌:《中国制造业企业的进入退出与生产率动态演化》,《经济研究》2013 年第 4 期。

[31] 聂辉华、贾瑞雪:《中国制造业企业生产率与资源误置》,《世界经济》2011 年第 7 期。

[32] 平新乔、关晓静、邓永旭、李胤、梁爽、陈工文、章椹元、周艺艺:《外国直接投资对中国企业的溢出效应分析:来自中国第一次全国经济普查数据的报告》,《世界经济》2007 年第 8 期。

[33] 平新乔:《FDI 在中国的分布、市场份额与享受的税收优惠》,《经济社会体制比较》2007 年第 4 期。

[34] 邵敏、包群:《外资进入是否加剧中国国内工资扭曲:以国有工业企业为例》,《世界经济》2012 年第 10 期。

[35] 邵敏、黄玖立:《外资与我国劳动收入份额——基于工业行业的经验研究》,《经济学(季刊)》2010 年第 4 期。

[36] 盛誉:《贸易自由化与中国要素市场扭曲的测定》,《世界经济》2005 年第 6 期。

[37] 田素华:《外商直接投资对中国技术进步效应的结构分析》,《世界经济研究》2007 年第 3 期。

[38] 涂正革、肖耿:《中国的工业生产力革命——用随机前沿生产模型对中国大中型工业企业全要素生产率增长的分解及分析》,《经济研究》2005 年第 3 期。

[39] 汪敬虞、聂宝璋:《关于中国第一代产业工人的斗争的资料》,《经济研究》1962 年第 3 期。

[40] 汪敬虞:《关于十九世纪外国在华船舶修造工业的史料》,《经济研究》1965 年第 5 期。

[41] 汪敬虞:《十九世纪外国在华金融活动中的银行与洋行》,《历史研究》1994 年第 1 期。

[42] 汪敬虞:《十九世纪外资对中国工矿企业的侵略活动》,《经济研究》1965 年第 12 期。

[43] 王成岐、张建华、徐文忠:《谁从谁获益:中国制造业中的外商直接投资》,《中国工业经济》2006 年第 10 期。

[44] 王德文、王美艳、陈兰：《中国工业的结构调整、效率与劳动配置》，《经济研究》2004 年第 4 期。

[45] 王玲、涂勤：《中国制造业外资生产率溢出的条件性研究》，《经济学（季刊）》2007 年第 10 期。

[46] 王志鹏、李子奈：《外资对中国工业企业生产效率的影响研究》，《管理世界》2003 年第 4 期。

[47] 魏后凯、贺灿飞、王新：《外商在华直接投资动机与区位因素分析——对秦皇岛市外商直接投资的实证研究》，《经济研究》2001 年第 2 期。

[48] 武超：《关于我国吸收外商直接投资的分析》，《管理世界》1991 年第 3 期。

[49] 夏业良、程磊：《外商直接投资对中国工业企业技术效率的溢出效应研究》，《中国工业经济》2010 年第 7 期。

[50] 冼国明、杨长志：《外资所有权与工资升水关系研究评述》，《经济学动态》2009 年第 3 期。

[51] 谢千里、罗斯基、张轶凡：《中国工业生产率的增长与收敛》，《经济学（季刊）》2008 年第 3 期。

[52] 徐康宁、王剑：《外商直接投资地理性聚集的国（地区）别效应：江苏例证》，《经济学（季刊）》2006 年第 2 期。

[53] 许和连、亓朋、李海峥：《外商直接投资、劳动力市场与工资溢出效应》，《管理世界》2009 年第 9 期。

[54] 杨丹辉：《跨国公司进入对中国市场结构变动的影响》，《经济理论与经济管理》2004 年第 3 期。

[55] 杨帆、徐长生：《中国工业行业市场扭曲程度的测定》，《中国工业经济》2009 年第 9 期。

[56] 杨泽文、杨全文：《FDI 对中国实际工资水平的影响》，《世界经济》2004 年第 12 期。

[57] 杨振、陈甬军：《外资进入、市场选择与劳动要素配置——基于微观数据对制造业的研究》，《经济学动态》2013 年第 1 期。

[58] 杨振、陈甬军：《中国制造业资源误置与福利损失测度》，《经济研究》2013 年第 3 期。

[59] 杨振、陈甬军：《外资进入的市场效应研究进展》，《经济学动态》

2014 年第 11 期。

[60] 杨振、李陈华：《外资来源、内生组织形式与生产率溢出》，《经济管理》2013 年第 3 期。

[61] 杨振：《外资进入的技术效率与资源配置效率研究》，《产业经济研究》2014 年第 6 期。

[62] 姚战琪：《生产率增长与要素再配置效应：中国的经验研究》，《经济研究》2009 年第 11 期。

[63] 余淼杰：《加工贸易、企业生产率和关税减免——来自中国产品面的证据》，《经济学（季刊）》2011 年第 7 期。

[64] 余淼杰：《中国的贸易自由化与制造业企业生产率》，《经济研究》2010 年第 12 期。

[65] 袁堂军：《中国企业全要素生产率水平研究》，《经济研究》2009 年第 6 期。

[66] 张海洋：《R&D 两面性、外资活动与中国工业生产率增长》，《经济研究》2005 年第 5 期。

[67] 张建华、欧阳轶雯：《外商直接投资、技术外溢与经济增长——对广东数据的分析》，《经济学（季刊）》2003 年第 2 期。

[68] 张军、陈诗一、Jefferson，G. H.：《结构改革与中国工业增长》，《经济研究》2009 年第 7 期。

[69] 张于喆：《"负面清单"管理有助于接轨国际投资发展趋势》，《上海证券报》2013 年 11 月 12 日。

[70] 张宇：《外资企业股权结构与 FDI 技术外溢效应——理论与实证》，《世界经济研究》2006 年第 11 期。

[71] 赵奇伟：《金融发展、外商直接投资与资本配置效率》，《财经问题研究》2010 年第 9 期。

[72] 赵伟、赵金亮：《生产率决定中国企业出口倾向吗？——企业所有制异质性视角的分析》，《财贸经济》2011 年第 5 期。

[73] 赵伟、黄上国：《加入 WTO 的制度变迁效应——基于产业组织的分析》，《数量经济技术经济研究》2004 年第 2 期。

[74] 赵自芳、史晋川：《中国要素市场扭曲的产业效率损失——基于 DEA 方法的实证分析》，《中国工业经济》2006 年第 10 期。

[75] 周末、王璐：《产品异质条件下市场势力估计与垄断损失测度》，

《中国工业经济》2012 年第 6 期。

[76] 周末:《反垄断与政府经济管制的理论基础: 新实证产业组织理论研究》, 博士学位论文, 中国人民大学, 2012 年。

[77] 周燕、齐中英:《基于行业特征的外商直接投资溢出效应分析》,《中国软科学》2005 年第 9 期。

[78] Agarwal, S., Ramaswami, S. N., "Choice of Foreign Market Entry Mode: Impact of Ownership, Location and Internalization Factors", *Journal of International Business Studies*, Vol. 23, No. 1, 1992.

[79] Aghion, P., Blundell, R., Griffith, R., Howitt, P. and Prantl, S., "Entry and Productivity Growth: Evidence from Microlevel Panel Data", *Journal of the European Economic Association*, Vol. 2, No. 2 – 3, 2004.

[80] Aitken, Brain, Harrison, Ann, Lipsey, Robert, "Wages and Foreign Ownership: A Comparative Study of Mexico, Venezuela, and the United States", *Journal of International Economics*, Vol. 40, No. 3 – 4, 1996.

[81] Aitken, Brian, Harrison, A. E., "Do Domestic Firms Benefit from Direct Foreign Investment?", *American Economic Review*, Vol. 89, No. 3, 1999.

[82] Alfaro, L., Chanda, A., Kalemli – Ozcan, S., Sayek, S., "FDI and Economic Growth: The Role of Local Financial Markets", *Journal of International Economics*, Vol. 64, No. 1, 2004.

[83] Alfaro, Laura, Chanda, Areendam, Kalemli – Ozcan, Sebnem, Sayek, Selin, "How Does Foreign Direct Investment Promote Economic Growth? Exploring the Effects of Financial Markets on Linkages", *NBER Working Paper*, No. 12522, 2006.

[84] Allen, C., M. Gasiorek and A. Smith, "European Single Market: How The Programme Has Fostered Competition", *Economic Policy*, No. 27, 1998.

[85] Arnold, J. M., Javorcik, B. S., "Gifted Kids or Pushy Parents? Foreign Direct Investment and Plant Productivity in Indonesia", *Jonrnal of International Economics*, Vol. 79, No. 1, 2009.

[86] Azman – Saini, W. N. W., Law, S. H., Ahmad, A. H., "FDI and economic growth: New evidence on the role of financial markets", *Eco-*

nomics Letters, Vol. 107, No. 2, 2010.

[87] Badinger, H., "Has the EU's Single Market Programme Fostered Competition? Testing for a Decrease in Markup Ratios in EU Industries", *Oxford Bulletin of Economics and Statistics*, Vol. 69, No. 4, 2007.

[88] Badinger, H., F. Breuss, "Has Austria's Accession to the EU Triggered an Increase in Competition? A Sectoral Markup Study", *Empirica*, Vol. 32, No. 2, 2005.

[89] Baily, M. N., Hulten, C., and Campbell, D., "Productivity Dynamics in Manufacturing Plants", *Brookings Papers on Economic Activity: Microeconomics*, No. 4, 1992.

[90] Baltagi, B. H. Egger, P., Pfaffermayr, M., "Estimating models of complex FDI: Are there third – country effects?", *Journal of Econometrics*, Vol. 140, No. 1, 2007.

[91] Banister, Judith, Cook, George, "China's Employment and Compensation Costs in Manufacturing through 2008", *Monthly Labor Review*, No. 3, 2011.

[92] Barrell, Ray, Pain, Nigel, "Foreign Direct Investment, Technological Change and Economic Growth within Europe", *The Economic Journal*, Vol. 107, No. 445, 1997.

[93] Barros, P. P., Cabral, L., "Competing for Foreign Direct Investment", *Review of International Economics*, Vol. 8, No. 2, 2000.

[94] Bartelsman, Eric J., Doms, Mark, "Understanding Productivity: Lessons from Longitudinal Microdata", *Journal of Economic Literature*, Vol. 38, No. 3, 2000.

[95] Basu, S., John, G. F., "Returns to Scale in U. S. Production: Estimates and Implications", *Journal of Political Economy*, Vol. 105, No. 2, 1997.

[96] Basu, S., Fernald, J., "Aggregate Productivity and Aggregate Technology", *European Economic Review*, Vol. 46, No. 6, 2002.

[97] Bernard, A. B., Jonathan, E., Jensen, J. B., Kortum, Samuel, "Plants and Productivity in International Trade", *American Economic Review*, Vol. 93, No. 4, 2003.

[98] Blalock, Garrick, Gertler, Paul J. , "Welfare Gains from Foreign Direct Investment through Technology Transfer to Local Suppliers", *Journal of International Economics*, Vol. 74, No. 2, 2008.

[99] Blomström, M. , "Multinationals and Market Structure in Mexico", *World Development*, Vol. 14, No. 4, 1986.

[100] Blonigen, B. A. , "A Review of the Empirical Literature on FDI Determinants", *Atlantic Economic Journal*, Vol. 33, No. 4, 2005.

[101] Borensztein, E. , De Gregorio, J. , Lee, J. W. , "How Does Foreign Direct Investment Affect Economic Growth?", *Journal of International Economics*, Vol. 45, No. 1, 1998.

[102] Bottasso, A. , A. Sembenelli, "Market Power, Productivity and the EU Single Market Programme: Evidence From A Panel of Italian Firms", *European Economic Review*, Vol. 45, No. 1, 2001.

[103] Branstetter, Lee, Feenstra, Robert, "Trade and Foreign Direct Investment in China: A Political Economy Approach", *NBER Working Paper*, No. 7100, 1999.

[104] Branstetter, Lee, "Is Foreign Direct Investment a Channel of Knowledge Spillovers? Evidence from Japan's FDI in the United States", *Journal of International Economics*, Vol. 68, No. 2, 2006.

[105] Buckley, P. J. Casson, M. C. , "Analyzing Foreign Market Entry Strategies: Extending the Internalization Approach", *Journal of International Business Studies*, Vol. 29, No. 3, 1998.

[106] Buckley, P. J. , Clegg, J. , & Wang, C. , "Is the Relationship Between Inward FDI and Spillover Effects Linear? An Empirical Examination of the Case of China", *Journal of International Business Studies*, Vol. 38, No. 3, 2007.

[107] Buckley, P. J. , Clegg, J. , Wang, C. , "The Impact of Inward FDI on the Performance of Chinese Manufacturing Firms", *Journal of International Business Studies*, Vol. 33, No. 4, 2002.

[108] Buckley, P. J. , Clegg, J. , Wang, C. , Cross, A. R. , "FDI, Regional Differences and Economic Growth: Panel Data Evidence from China", *Transnational Corporations*, Vol. 11, No. 1, 2002.

[109] Cheung, Kui－yin. , Lin, Ping, "Spillover Effects of FDI on Innovation in China: Evidence from the Provincial Data", *China Economic Review*, Vol. 15, No. 1, 2004.

[110] Chevalier, J. A. , D. S. , "Scharfstein. Capital Market Imperfections and Countercyclical Markups: Theory and Evidence", *NBER Working Paper*, No. W4614, 1994.

[111] Chowdhury, Abdur, Mavrotas, George, "FDI and Growth: What Causes What?", *The World Economy*, Vol. 29, No. 1, 2006.

[112] Chung, Wilbur, "Identifying Technology Transfer in Foreign Direct Investment: Influence of Industry Conditions and Investing Firm Motives", *Journal of International Business Studies*, Vol. 32, No. 2, 2001.

[113] Co, C. Y. , "Trade, Foreign Direct Investment and Industry Performance", *International Journal of Industrial Organization*, Vol. 19, No. 1 －2, 2001.

[114] Djankov, Simeon Hoekman, Bernard, "Foreign Investment and Productivity Growth in Czech Enterprises", *The World Bank Economic Review*, Vol. 14, No. 1, 2000.

[115] Domar, E. D. , "On the Measurement of Technological Change", *The Economic Journal*, Vol. 71, No. 284, 1961.

[116] Domowitz, I. , Hubbard, R. G. , Bruce C. Petersen, "Market structure and cyclical fluctuations in U. S. manufacturing", *Review of Economic Statistics*, Vol. 70, No. 2, 1988.

[117] Driffield, N. , "Inward Investment and Host Country Market Structure: The Case of the U. K. ", *Review of Industrial Organization*, Vol. 18, No. 4, 2001.

[118] Driffield, Nigel, Munday, Max, "The Impact of Foreign Direct Investment on UK Manufacturing: Is There a Profit Squeeze in Domestic Firms?", *Applied Economics*, Vol. 30, No. 5, 1998.

[119] Dunning J. H. , Lundan, S. M. , "The Geographic Sources of Competitiveness of Multinational Enterprises: An Economic Analysis", *International Business Review*, Vol. 7, No. 2, 1998.

[120] Dunning, J. H. , "Toward An Eclectic Theory of International Produc-
tion: Some Empirical Tests", *Journal of International Business Studies*,
Vol. 11, No. 1, 1980.

[121] Dunning, J. H. , Rugman, A. M. , "The Influence of Hymer's Dis-
sertation on the Theory of Foreign Direct Investment", *The American E-
conomic Review*, Vol. 75, No. 2, 1985.

[122] Easterly, W. , King, R. , Levine R. , Rebelo, S. , "Policy, Tech-
nology Adoption and Growth", *NBER Working Paper*, No. 4681, 1994.

[123] Egger, Peter, Pfaffermayr, Michael, "Distance, Trade and FDI: A
Hausman—Taylor SUR Approach", *Journal of Applied Econometrics*,
Vol. 19, No. 2, 2004.

[124] Ekeledo, I. , Sivakumar, K. , "Foreign Market Entry Mode Choice of
Service Firms: A Contingency Perspective", *Journal of the Academy of
Marketing Science*, Vol. 26, No. 4, 1998.

[125] Epifani, P. , Gancia, G. , "Trade, Markup Heterogeneity and Misal-
locations", *Journal of International Economics*, Vol. 83, No. 1, 2011.

[126] Feenstra, R. C. , D. E. , "Weinstein. Globalization, Markups, and
the US Price Level", *NBER Working Paper*, No. W15749, 2010.

[127] Feenstraa, R. C. , Hanson, G. H. , "Foreign Direct Investment and
Relative Wages: Evidence from Mexico's Maquiladoras", *Journal of
International Economics*, Vol. 42, No. 3 - 4, 1997.

[128] Gastanaga, V. M. , Nugent, J. B. , Pashamova, B. , "Host country
reforms and FDI inflows: How much difference do they make?", *World
Development*, Vol. 26, No. 7, 1998.

[129] Girma, Sourafel, "Absorptive Capacity and Productivity Spillovers
from FDI: A Threshold Regression Analysis", *Oxford Bulletin of Eco-
nomics and Statistics*, Vol. 67, No. 3, 2005.

[130] Görg, Holger, Greenaway, David, "Much Ado about Nothing? Do
Domestic Firms Really Benefit from Foreign Direct Investment?", *The
World Bank Research Observer*, Vol. 19, No. 2, 2004.

[131] Graham, Edward M. , Marchick, David M. , US National Security
and Foreign Direct Investment *Peterson Institute*, May 2006.

[132] Greer, Douglas F., Rhoades, Stephen A., "Concentration and Productivity Changes in the Long and Short Run", *Southern Economic Journal*, Vol. 43, No. 2, 1976.

[133] Griliches, Z., Regev, H., "Productivity and Firm Turnover in Israeli Industry: 1979 – 1988", *Journal of Econometrics*, Vol. 65, No. 1, 1995.

[134] Grosse, R. Trevino, L. J., "Foreign Direct Investment in the United States: An Analysis by Country of Origin", *Journal of International Business Studies*, Vol. 27, No. 1, 1996.

[135] Haddad, Mona, Ann Harrison, "Are There Positive Spillovers From Direct Foreign Investment?", *Journal of Development Economics*, Vol. 42, No. 1, 1993.

[136] Hall, R. E., "Invariance Properties of Solow's Productivity Residual", *NBER Working Papers*, No. 3034, 1991.

[137] Hall, R. E., "Market Structure and Macroeconomic Fluctuations", *Brookings Papers on Economic Activity*, No. 2, 1986.

[138] Hall, R. E., "The Relation between Price and Marginal Cost in U. S. Industry", *Journal of Political Economy*, Vol. 96, No. 5, 1988.

[139] Hansen, Henrik, Rand, John, "On the Causal Links between FDI and Growth in Developing Countries", *The World Economy*, Vol. 29, No. 1, 2006.

[140] Harrison, A. E., "Productivity, Imperfect Competition and Trade Reform: Theory and Evidence", *Journal of International Economics*, Vol. 36, No. 1, 1994.

[141] Haskel, Jonathan E., Sonia C. Pereira, Matthew J. Slaughter, "Does Inward Foreign Direct Investment Boost the Productivity of Domestic Firms?", *NBER Working Paper*, No. 8724, 2002.

[142] Head, Keith, Ries, John, "FDI as an Outcome of the Market for Corporate Control: Theory and Evidence", *Journal of International Economics*, Vol. 74, No. 1, 2008.

[143] Helpman, E., "Trade, FDI, and the Organization of Firms", *NBER Working Paper*, No. 12091, 2006.

[144] Helpman, E., Melitz, M. J., Yeaple, S. R., "Export VS FDI",

NBER Working Paper, No. 9439, 2003.

[145] Hermes, Niels, Lensink, Robert, "Foreign Direct Investment, Financial Development and Economic Growth", *The Journal of Development Studies*, Vol. 40, No. 1, 2003.

[146] Hoffmann, Robert, Lee, Chew – Ging, Ramasamy, Bala, Yeung, Matthew, "FDI and Pollution: A Granger Causality Test Using Panel Data", *Journal of International Development*, Vol. 17, No. 3, 2005.

[147] Hsieh, C. T., Klenow, J. P., "Misallocation and Manufacturing TFP in China and India", *The Quarterly Journal of Economics*, Vol. 124, No. 4, 2009.

[148] Hulten, C., "Growth Accounting with Intermediate Inputs", *The Review of Economic Studies*, Vol. 45, No. 3, 1978.

[149] Hylleberg, S., R. W. Jorgensen, "A Note on the Estimation of Markup Pricing in Manufacturing", *Centre for Non – linear Modelling in Economics*, *University of Aarhus*, *Denmark. Working Paper*, No. 1998 – 6, 1998.

[150] Hymer, S. H., "The International Operations of National Firms: A Study of Direct Foreign Investment", Ph. D Dissertation, 1960. Published by the MIT Press, 1976, Cambridge, Mass.

[151] Jaimovich, N., "Firm Dynamics and Markup Variations: Implications for Sunspot Equilibria and Endogenous Economic Fluctuations", *Journal of Economic Theory*, Vol. 137, No. 1, 2007.

[152] Jaimovich, N., M. Floetotto, "Firm Dynamics, Markup Variations, and the Business Cycle", *Journal of Monetary Economics*, Vol. 55, No. 7, 2008.

[153] Javorcik, B. S., "Does Foreign Direct Investment Increase the Productivity of Domestic Firms? In Search of Spillovers through Backward Linkages", *American Economic Review*, Vol. 94, No. 3, 2004.

[154] Javorcik, B. S., Spatareanu, M., "Does It Matter Where You Come From? Vertical Spillovers from Foreign Direct Investment and the Origin of Investors", *Journal of Development Economics*, Vol. 96, No. 1, 2011.

[155] Kogut, B., Singh, H., "The Effect of National Culture on the Choice of Entry Mode", *Journal of International Business Studies*, Vol. 19, No. 3, 1988.

[156] Kokko, Ari., Tansini, Ruben., Zejan, Mario, "Local Technological Capability and Productivity Spillovers from FDI in the Uruguayan Manufacturing Sector", *The Journal of Development Studies*, Vol. 32, No. 4, 1996, 32.

[157] Konings, J., Cayseele, P. V., Warzynski F., "The Effects of Privatization and Competitive Pressure on Firms' Price – Cost Margins: Micro Evidence from Emerging Economies", *The Review of Economics and Statistics*, Vol. 87, No. 1, 2005.

[158] Konings, Jozef, "The Effects of Foreign Direct Investment on Domestic Firms: Evidence from Firm Level Panel Data in Emerging Economies", *Economics of Transition*, Vol. 9, No. 3, 2001.

[159] Levinshohn, J., Petrin, "A. Estimating Production Functions Using Inputs to Control for Unobservables", *Review of Economic Studies*, Vol. 70, No. 2, 2003.

[160] Levinsohn, J., "Testing the Imports – As – Market – Discipline Hypothesis", *Journal of International Economics*, Vol. 35, No. 1, 1993.

[161] Lipsey, Robert E., Sjoholm, Fredrik, "Foreign Direct Investment and Wages in Indonesian Manufacturing", *NBER Working Paper*, No. 8299, 2001.

[162] List, J. A., "US County – Level Determinants of Inbound FDI: Evidence from a Two – Step Modified Count Data Model", *International Journal of Industrial Organization*, Vol. 19, No. 6, 2001.

[163] Liu, X., Song, H., Wei, Y., Romilly, P., "Country Characteristics and Foreign Direct Investment in China: A Panel Data Analysis", *Review of World Economics*, Vol. 133, No. 2, 1997.

[164] Liu, X., Wang, Siler, P., Wang, C., Wei, Y., "Productivity Spillovers from Foreign Direct Investment: Evidence From UK Industry Level Panel Data", *Journal of International Business Studies*, Vol. 31, No. 3, 2000.

[165] Markusen, James R., Venables, Anthony J., "Foreign Direct Investment as a Catalyst for Industrial Development", *European Economic Review*, Vol. 43, No. 2, 1999.

[166] Martins, J. O., Scarpetta, S., Platt, D., "Mark – up Ratios in Manufacturing Industries: Estimates for OECD Countries", *OECD Economics Department Working Paper*, No. 162, 1996.

[167] Melitz, M. J., "The Impact of Trade On Intra – Industry Reallocations and Aggregate Industry Productivity", *Econometrica*, Vol. 71, No. 6, 2003.

[168] Melitz, M. J., G. I. Ottaviano, "Market Size, Trade, and Productivity", *The Review of Economic Studies*, Vol. 75, No. 1, 2008.

[169] Mukherjee, Arijit, Suetrong, Kullapat, "Privatization, strategic foreign direct investment and host – country welfare", *European Economic Review*, Vol. 53, No. 7, 2009.

[170] Nair – Reichert, Usha., Weinhold, Diana, "Causality Tests for Cross – Country Panels: a New Look at FDI and Economic Growth in Developing Countries", *Oxford Bulletin of Economics and Statistics*, Vol. 63, No. 2, 2001.

[171] Neary, J. P., "Trade Cost and Foreign Direct Investment", *International Review of Economics & Finance*, Vol. 18, No. 2, 2009.

[172] Nocke, V., Yeaple, S., "Cross – Border Mergers and Acquisitions VS. Greenfield Foreign Direct Investment: The Role of Firm Heterogeneity", *Journal of International Economics*, Vol. 72, No. 2, 2007.

[173] Noorbakhsh, Farhad, Paloni, Alberto, "Human Capital and FDI Inflows to Developing Countries: New Empirical Evidence", *World Development*, Vol. 29, No. 9, 2001.

[174] Norrbin, S., "The Relation between Price and Marginal Cost in U. S. Industry: A Contradiction", *Journal of Political and Economy*, Vol. 101, No. 6, 1993.

[175] Olley, S., Pakes, A., "The Dynamics of Productivity in the Telecommunications Equipment Industry", *Econometrica*, Vol. 64, No. 6, 1996.

[176] Peltzman, S., "The Gains and Losses from Industrial Concentration",

Journal of Law and Economics, Vol. 20, No. 2, 1977.

[177] Petrin, A., Levinsohn, J., "Measuring Aggregate Productivity Growth Using Plant – Level Data", *NBER Working Paper*, No. 11887, 2005.

[178] Petrin, A., Sivadasan, J., "Estimating Lost Output from Allocative Inefficiency, with an Application to Chile and Firing Costs", *Working Paper, University of Minnesota*, 2011.

[179] Reis, A. B., "On the Welfare Effects of Froeign Investment", *Journal of International Economics*, Vol. 54, No. 2, 2001.

[180] Roeger, W., "Can Imperfect Competition Explain the Difference between Primal and Dual Productivity Measures? Estimates for US Manufacturing", *Journal of Political Economy*, Vol. 103, No. 2, 1995.

[181] Saggi, Kamal, "Entry into a Foreign Market: Foreign Direct Investment versus Licensing", *Review of International Economics*, Vol. 4, No. 1, 1996.

[182] Sauner – Leroy, J. B., "The Impact of the Implementation of the Single Market Programme on Productive Efficiency and on Mark – ups in the European Union Manufacturing Industry", European Commission Directorate – General for Economic and Financial Affairs, *Economic Papers*, No. 192, 2003.

[183] Schroath, F. W., Hu, M. Y., Chen, H., "Country – Of – Origin Effects of Foreign Investments in the People's Republic of China", *Journal of International Business Studies*, Vol. 24, No. 2, 1993.

[184] Sembenelli, A., Siotis, G., "Foreign Direct Investment and Mark – Up Dynamics: Evidence from Spanish Firms", *Journal of International Economics*, Vol. 76, No. 1, 2008.

[185] Shapiro, M., "Measuring market power in US industry", *NBER Working Paper*, No. 2212, 1987.

[186] Sinani, E., Meyer, K. E., "Spillovers of Technology Transfer from FDI: The Case of Estonia", *Journal of Comparative Economics*, Vol. 32, No. 3, 2004.

[187] Singh, Jatinder, "Inward Investment and Market Structure in an Open Developing Economy: A Case of India's Manufacturing Sector", *Jour-*

nal of Economics and Behavioral Studies, Vol. 2, No. 6, 2011.

[188] Sjöholm, Fredrik, "Technology gap, Competition and Spillovers from Direct Foreign Investment: Evidence from Establishment Data", *The Journal of Development Studies*, Vol. 36, No. 1, 1999.

[189] Solow, R. M., "Technical Change and the Aggregate Production Function", *Review of Economics and Statistics*, Vol. 39, No. 3, 1957.

[190] Syverson, Chad, "Market Structure and Productivity: A Concrete Example", *Journal of Political Economy*, Vol. 112, No. 6, 2004.

[191] Tihanyi, L., Griffith, A. D., Russell, C. J., "The Effect of Cultural Distance on Entry Mode Choice, International Diversification, and MNE Performance: A Meta - Analysis", *Journal of International Business Studies*, Vol. 36, No. 3, 2005.

[192] UNCTAD, "World Investment Report 2011", United Nations Press, New York and Geneva, 2011.

[193] Waldmann, R. J., "Implausible Results or Implausible Data? Anomalies in the Construction of Value - Added Data and Implications for Estimates of Price - Cost Markups", *Journal of Political Economy*, Vol. 99, No. 6, 1991.

[194] Wang, C., Clegg, J., Kafouros, M., "Country - of - Origin Effects of Foreign Direct Investment: An Industry Level Analysis", *Management International Review*, Vol. 49, No. 2, 2009.

[195] Wei, Y., Liu, X., "Productivity Spillovers from R&D, Exports and FDI in China's Manufacturing Sector", *Journal of International Business Studies*, No. 37, 2006.

[196] Weston, J. Fred, Steven Lustgarten, "Concentration and Wage - Price Changes", in Goldschmid, Mann, Weston eds., *Industrial Concentration: The New Learning*, Boston: Little, Brown and Co., 1974.

[197] Wooldridge, J., "On Estimating Firm - level Production Functions Using Proxy Variables to Control for Unobservables", *Economic Letters*, Vol. 104, No. 3, 2009.

[198] Zhang, H. L. Kevin, "Why Does so Much FDI from Hong Kong and Taiwan go to Mainland China?", *China Economic Review*, Vol. 16,

No. 3, 2005.

[199] Zhou, N., Yang, J., "The Determinants of Foreign Investment Size: The Role of Parent Firm and National Distance", *SSRN Working Paper*, No. 1946957, 2011.

后　记

　　本书是我在中国人民大学商学院攻读博士学位期间完成博士学位论文基础上进一步深化完善的成果。在人大的三年是改变我一生命运的三年，在那里遇到了良师、交到了益友。在这所中国社会科学领域的最高学府就读，是一种幸运，更是一笔财富。2013年博士毕业后入职中共中央党校经济学教研部，身份转变了、平台不同了，但不变的是"实事求是"的校训，不变的是对中国经济问题的观察和思考，不变的是对学术研究的孜孜追求。"纸上得来终觉浅"，在这里可以深切感受到各级政府官员对中国经济发展的独到见解，深切感受到中国经济体制改革"跳动的脉搏"。当前中国正在全面深化经济体制改革，新的外资利用规则和政策正在形成，尤其是准入前国民待遇和负面清单管理模式带来更大的政策性冲击，而政策的调整离不开深入的经济分析，这正是本书的立意所在。

　　本书付梓之际，要感谢的人很多，要铭记的人很多，要报恩的人也很多！

　　衷心地感谢我尊敬的博士生导师陈甫军教授。在陈老师门下就读，是幸运、是喜悦、是历练、是收获、是财富。陈老师治学严谨，思维活跃，在反垄断与管制研究领域为我们在学海中导航；陈老师心态年轻，寓教于乐，在人生道路上为我们指引方向。我在美访学期间，陈老师三次赴美，我们一同参加美国经济学年会、游览乔治·华盛顿故居，游学、畅谈，陈老师对我关爱有加，细微之处常让我感动。

　　感谢美国乔治·华盛顿大学商学院杨家文教授（Prof. Jiawen Yang）及师母隆女士。2011年8月23日夜，杨老师带着水饺去华盛顿里根机场接我的一幕仿佛就在昨日。我在美国访学期间，杨老师和师母在日常学习、生活中给予我莫大的关心，使我即使远离祖国也备感温暖。杨老师工作认真、学术严谨，带我走进国际商务这个宽广、迷人的领域进行研究，在模型选择、数据搜集、框架结构、语言锤炼等方面对我帮助颇多。近几年来，杨老师每次回国讲学之际都追问我的研究进展，我们也就当前中国经济的改革与发展进行讨论，闲谈之间流露出其赤子之心。本书的出版，离不开杨老师一直以来的支持，师恩难忘！

感谢所有授予我知识、给予我帮助的老师和同事。参加工作以来，中央党校研究生院院长赵振华教授，经济学教研部主任韩保江教授，副主任潘云良教授、梁朋教授，宏观室主任陈启清教授言传身教，他们的关爱和督促促成了本书的出版。经济学部党总支鲍永升书记，在我入职中央党校时亲自到人大帮我搬运行李，让我已然有了回家的感觉，他是长者也是朋友，为我们年轻人的成长提供了难得的优良氛围。部办公室刘淑琴老师、李曼老师为我们的科研和教学提供了各种便利条件，让我们能潜下心来伏案思索。本研究还得到中国人民大学商学院谷克鉴教授、王晓东教授、宋常教授、易靖韬副教授，中央财经大学唐宜红教授、周利国教授，中国社会科学院宋泓研究员的指导，提出许多建设性意见让本研究增色不少。南京审计学院李陈华教授亦师亦友，他多次提出宝贵意见，对本研究的肯定和支持给我增添了无限动力。

感谢国家留学基金委给予的资助，让我在美好的博士时代就有机会进入美国院校学习。乔治·华盛顿大学商学院国际商务系秘书 Thomas Larson 为我的访学提供了各种便利；冯国亮博士、包歌博士、朱文宇博士、李珊博士、吴旻博士等对本人的研究提供了有益的帮助。在美期间室友、康奈尔才子李广关爱有加，茶余饭后的讨论让我受益匪浅。Rick、Amy Oldejeans 以及 Cheryl Johnson 给予了慈父慈母般的关怀，Shane Barker 等朋友带我了解美国文化、政治，在此一并感谢。

挚友周一、宣昌勇、张昊、宋欣健、杨浩哲、唐成伟、周军杰、刘传扬、杜昕然、祁继鹏、王思文、周晓娜、严圣艳等人在生活学习上给予我很多帮助。感谢同门胡德宝师兄、张树林师兄等给我的帮助和支持。也感谢周末师兄组织的 NEIO 文献 Seminar，以及共同参加讨论的国庆等人，让我们得以在这个激动人心的领域探索。

感谢中国社会科学出版社侯苗苗编辑，同为人民大学培养的"国民表率、社会栋梁"，相识未深却已如同挚友。她的认真负责、精益求精让我着实感动，没有她的辛苦编辑，本书不可能如此完美呈现，深表谢意！

在人生最活泼、绚丽的青春时代，妻子韩磊博士九年来一直形影不离，一起保研、一起考博、一起赴美、一起饱尝奋斗的艰辛，也一起分享胜利的喜悦。在本研究基础数据整理中，她也付出了辛苦的劳动，特别感谢！弟弟杨宁，对待工作一丝不苟，为我这个刚刚从校园走入社会的长兄树立了一个良好榜样，对精品的追求，让我不敢有丝毫怠慢。

我小时候在农村生长，父辈因阶级成分问题没有一人受过高等教育，但他们给予我世间无私而又伟大的爱，支撑着我获得了博士学位。谨以此书献给已不再年轻的父亲母亲，虽然他们读不懂我的论著，但能读出我的一片孝子之心。

杨振

2015 年夏于颐和园北大有庄